普通高等教育"十四五"经济与管理类专业核心课程系列教材

计量经济学（第二版）

主　编　王　芹　康玉泉　田　杰
副主编　杨　勇　闫文娟　孙佳佳

内容提要

计量经济学在经济类学科中有着极其重要的地位和应用价值，并被确定为高等学校经济学类各专业的核心课程之一，在我国高等院校经济、管理类专业中普遍开设。

本书在作者多年教学经验的基础上编写而成，立足于计量经济学的基本理论思想，本着通俗易懂的原则，将数学公式的运用最少化，注重理论和方法的具体应用。本书的特色在于，十分强调计量经济学方法的实际运用，每讲述完一个计量经济学的理论方法，都会有一个案例操作，详尽地介绍了计量经济学软件包（EViews）的操作方法和步骤，并在此基础上，通过一些精心挑选出来的案例和课后题，使读者能够真正掌握计量经济学最基本的研究方法，学会如何使用计量经济学软件分析解决现实的经济问题，从而将计量经济学建模用于实证研究当中。

全书详细论述了经典的单方程计量经济学模型的理论方法，适当介绍了虚拟变量模型与联立方程模型的理论与应用、时间序列计量经济学模型的建模及其应用；以初级水平内容为主，适当吸收了中级和高级水平的内容；以经典线性模型为主，适当介绍了一些适用的非经典模型。全书形成了一个独具特色的内容体系，在详细介绍线性回归模型数学过程的基础上，各章弱化理论方法的数学推导与证明，强调对实际应用中出现的问题的处理，并尽可能与中国的现实模型实例相结合。

本书可作为高等院校经济学及相关专业本科生、研究生的教学用书，也可作为相关人员的参考用书。

第二版前言

《计量经济学》第一版自2017年8月出版以来,受到广大读者特别是高等院校教师和学生的广泛欢迎。大家在使用的过程中,通过各种方式对本书提出了许多宝贵的意见和建议,在此表示特别感谢。随着时间的推移,当代计量经济学愈加博大精深且发展迅猛,第一版的不足则显得越发清晰。厚爱本书的读者为此提出了不少合理化建议,这些意见和建议中,有些被采纳并在第二版中做了相应修改。为此,笔者从2020年暑期即着手第二版写作,冬去春来,到第二版初稿完成时,竟又接近西安的盛夏了。

第二版是第一版的重大升级。第二版新增了第十二章全新内容,即《如何进行课程论文写作》,使计量经济学模型建模和应用的全过程得以呈现。已有章节理论部分得到不少充实与完善,不胜枚举,课后案例和练习题得以全面更新,更符合新时代计量经济学课程的要求和特点。"论文以创新为要,而教材则以易懂为要"。为此,第二版秉承了第一版的写作风格,在深入浅出、通俗易懂方面痛下功夫。

本教材由西安工业大学经济管理学院王芹、康玉泉、田杰担任主编,杨勇、闫文娟、孙佳佳担任副主编。其中,王芹修订第1、2、3、4、9、10、11章理论部分和第2章案例分析和练习题,康玉泉修订第7、8、12章理论部分、案例分析和练习题,田杰修订第5、6章理论部分,杨勇修订第9、10、11章案例部分,闫文娟修订第3、4章练习题,孙佳佳修订第5、6章练习题。全书最后由王芹统一修改、定稿。本书的编写得到了西安工业大学经济管理学院诸位同事的支持与帮助,在此表示深深的谢意。

《计量经济学》教材的编写,一直得到了西安工业大学和西安交通大学出版社的直接指导和大力支持。本教材成功获批西安工业大学2020年校规划教材重点项目,得到校规划教材基金的资助,这是对我们极大的信任,使我们备受鼓舞。借第二版出版之际,对此表示衷心的感谢!在本书第二版即将付梓之际,我们又获悉,本书第一版荣获陕西省2022年职业教育和高等教育优秀教材二等奖。获奖是对我们的肯定,让我们信心倍增,更加追求对教材的完善。还要感谢西安交通大学出版社袁娟、史菲菲编辑在编写过程中给予的详尽指导与耐心说明。在编写过程中,我们也参考了国内外一些优秀教材,在此向这些教材的作者表示衷心的感谢。由于作者水平有限,书中错误和不足在所难免,请专家、读者批评指正。

王 芹

2023 年 5 月

第一版前言

计量经济学作为一门课程，在我国高等院校的经济学科、管理学科相关专业中开设，已经有20余年的历史，它的重要性也逐渐为人们所认识。1998年7月，教育部高等学校经济学学科教学指导委员会成立，在第一次会议上，讨论并确定了高等学校经济学类各专业的8门共同核心课程，即政治经济学、西方经济学、计量经济学、国际经济学、货币银行学、财政学、会计学、统计学，将计量经济学首次列入经济类专业核心课程。这是我国经济学学科教学走向现代化和科学化的重要标志，对我国经济学人才培养质量产生重要影响，也使我受到很大的鼓舞，来从事计量经济学课程的教学和课程建设。

随着我国经济的蓬勃发展，计量经济学的应用领域日渐拓宽，希望掌握和应用这一实证工具的经济学专业学生、经济研究工作者及经济管理工作者越来越多。然而，大多数计量经济学著作都会涉及较为复杂的数学和统计学知识，使想学习计量经济学的人望而却步。而一般情况下，非数学专业的经济类本科学生的数学基础都比较薄弱，学生在学习计量经济学时，总感觉这是一门数学课。还有一个有趣的小事件，一位经济学毕业的本科生几年后来母校，在楼道偶遇我时，忙乱中突然说："我想起来了，您就是教我们数学的老师，我还记得……"忽然我有一种说不出的感觉。为消除学生的这种印象，考虑到经济类专业学生的特点及其学习计量经济学的目的，我们在总结多年教学经验的基础上，编写了这本计量经济学教材，这也是我多年的愿望。本书是一本抛开了大部分数学证明细节、注重理论基础、以实用为目的的教材，因此，即使数理知识基础比较薄弱或数学训练不够充分的读者也能通过学习本书内容掌握计量分析问题的理论与方法。

自2004年起，我一直从事计量经济学的教学工作，从一开始的摸不着教学方法到现在计量经济学教学体系与教学思路的完善，有太多的心酸和艰辛的摸索，一度让我想放弃这门课的教学。我曾认为经济类本科生的数学基础太薄弱，不太能接受这门课，通过教学方法的调整，现在计量经济学已经被越来越多的学生接受和喜爱。这本教材来源于我十几年计量经济学讲义汇编，凝聚了十几年的心血。教材编写耗费了将近一年的时间,从隆冬之际到炎炎夏日,一路走来,感触良多。在编撰这本计量经济学教材的过程中,我与我的同事,还有参与帮忙的我的研究生都伴随着这本书的编写一起成长。为了力图使这本书通俗易懂而又不失深度,每个章节都经过了反复修改,每一页都进行了反复校对,字字句句都凝聚了无数的心血和精力。全书内容都做了精心的安排和布局,使之前后连贯,汇成一体,不仅用最大篇幅详细介绍了经典线性回归模型的理论与方法、虚拟变量模型、联立方程模型,还增加了中级计量经济学的时间序列计量经济学模型建模的内容。本书最大的特色是每章结尾增加了详细的案例说明和计量经济学软件包(EViews)的操作过程,使学生能更好地把握每章理论知识的具体应用和操作。

回首过去的岁月,徜徉于计量经济学的海洋,这是一个"痛并快乐着"的过程,时常伴有顿悟之喜悦。借山东大学陈强教授写给研究生的一首打油诗,献给苦心学习和钻研计量经济学的学子们:

计量啊计量

辛苦读研学计量,推来导去费思量。

只因成绩盼优良,折腾数据叫爹娘。

爱恨交加为哪般,实证研究是桥梁。

此情可待成佳酿,奈何当下心已凉。

本书的完成有赖于众多人士的帮助和支持。本教材是由西安工业大学经济管理学院计量经济学课程组共同编撰的,具体分工为:王芹负责第1、8、9、10、11章理论和第2章案例及附录的编写,康玉泉负责第7章理论和第7、8章课后题的编写,田杰负责第5、6章的编写,杨勇负责第9、10、11章案例和第11章课后题的编写,孙佳佳负责第3章的编写,闫文娟负责第4章的编写,高晓玲负责9、10章课后题和部分文字编辑工作,石春娜负责第2章部分内容的编写,全书最后由王芹统编、定稿。本书的编写得到了冯江红、张新丽等诸位同事的支持与帮助,在此表示深深的谢意。

感谢西安工业大学一如既往的鼓励和支持,本教材获批2017年校规划教材,得到校规划教材基金的资助。感谢西安交通大学出版社史菲菲编辑在编写过程中给予的详尽指导与耐心说明。在编写过程中,我们也参考了国内外一些优秀教材,在此向这些教材的作者表示衷心的感谢。由于编者水平有限,书中错误和不足在所难免,请专家、读者批评指正。

王芹

2017年6月

目 录

第1章 导 论 ... 1
1.1 计量经济学的产生和发展 ... 1
1.2 计量经济学的研究内容 ... 1
1.3 计量经济模型 ... 2
1.4 计量经济学的研究方法(建立计量经济模型的步骤) ... 5

第一篇 经典假设下的计量经济学模型

第2章 一元线性回归模型 ... 12
2.1 引入：一元线性回归模型 ... 12
2.2 线性回归模型基本假设 ... 14
2.3 一元线性回归模型的参数估计 ... 14
2.4 参数估计量的性质 ... 18
2.5 回归方程的显著性检验 ... 20
2.6 一元回归方程的应用 ... 22
2.7 可化为一元线性回归的情形 ... 23
2.8 案例分析 ... 24
思考与练习 ... 30

第3章 多元线性回归模型 ... 33
3.1 模型的建立 ... 33
3.2 最小二乘估计 ... 34
3.3 最小二乘估计量的统计特征 ... 37
3.4 多元线性回归模型的统计检验 ... 38
3.5 案例分析 ... 42
思考与练习 ... 48

第二篇 放宽假设的计量经济学模型

第4章 多重共线性 ... 52
4.1 多重共线性的概念 ... 52

4.2 多重共线性的来源与结果 ……………………………………………………… 53
   4.3 多重共线性的检验 ……………………………………………………………… 54
   4.4 多重共线性的修正方法 ………………………………………………………… 55
   4.5 案例分析：多重共线性的检验和处理 ………………………………………… 57
   思考与练习 ……………………………………………………………………………… 66

第5章 异方差 …………………………………………………………………………… 68
   5.1 异方差的概念 …………………………………………………………………… 68
   5.2 异方差的来源与后果 …………………………………………………………… 69
   5.3 异方差的检验 …………………………………………………………………… 70
   5.4 异方差性的补救措施 …………………………………………………………… 74
   5.5 案例分析：异方差的检验和处理 ……………………………………………… 74
   思考与练习 ……………………………………………………………………………… 80

第6章 序列自相关 ……………………………………………………………………… 82
   6.1 序列自相关的概念 ……………………………………………………………… 82
   6.2 序列自相关的来源与结果 ……………………………………………………… 83
   6.3 序列自相关的检验 ……………………………………………………………… 83
   6.4 序列自相关的修正方法 ………………………………………………………… 87
   6.5 案例分析：序列自相关的检验与处理 ………………………………………… 88
   思考与练习 ……………………………………………………………………………… 93

第三篇 虚拟变量模型与联立方程模型的理论与应用

第7章 虚拟变量模型 …………………………………………………………………… 98
   7.1 虚拟变量 ………………………………………………………………………… 98
   7.2 虚拟解释变量回归 ……………………………………………………………… 99
   7.3 虚拟被解释变量模型 …………………………………………………………… 105
   7.4 案例分析 ………………………………………………………………………… 109
   思考与练习 ……………………………………………………………………………… 112

第8章 联立方程模型 …………………………………………………………………… 116
   8.1 联立方程模型的概念 …………………………………………………………… 116
   8.2 联立方程模型的形式 …………………………………………………………… 118
   8.3 联立方程模型的识别 …………………………………………………………… 120
   8.4 联立方程模型的参数估计方法 ………………………………………………… 124
   8.5 案例分析 ………………………………………………………………………… 126
   思考与练习 ……………………………………………………………………………… 130

第四篇　时间序列计量经济学模型及其应用

第9章　时间序列的平稳性及其检验 　134
- 9.1　时间序列数据的平稳性 　134
- 9.2　时间序列数据的平稳性检验 　135
- 9.3　单整时间序列 　137
- 9.4　案例分析 　138
- 思考与练习 　143

第10章　协整与误差修正模型 　145
- 10.1　长期均衡关系与协整 　145
- 10.2　误差修正模型 　149
- 10.3　案例分析 　152
- 思考与练习 　156

第11章　向量自回归模型及其应用 　158
- 11.1　向量自回归模型 　158
- 11.2　向量自回归模型的估计 　160
- 11.3　脉冲响应函数 　163
- 11.4　预测误差方差分解 　167
- 11.5　格兰杰（Granger）因果关系检验 　170
- 11.6　案例分析 　172
- 思考与练习 　178

第五篇　计量经济学模型应用篇

第12章　如何进行课程论文写作 　182
- 12.1　课程论文选题 　182
- 12.2　模型设定与数据处理 　184
- 12.3　计量经济分析 　186
- 12.4　研究结果报告 　188

附录

附录A　EViews软件的基本操作 　192
- A1　EViews简介 　192

  A2 EViews 的启动、主界面和退出 ……………………………………………… 192
  A3 EViews 的操作方式 …………………………………………………………… 194
  A4 EViews 应用入门 ……………………………………………………………… 195
  A5 EViews 常用的数据操作 ……………………………………………………… 202

附录 B 常用统计年鉴 209

附录 C 常用统计表 210
  表 C-1 标准正态分布概率表 …………………………………………………… 210
  表 C-2 t 分布临界值表 ………………………………………………………… 212
  表 C-3 χ^2 分布临界值表 ……………………………………………………… 214
  表 C-4 F 分布分位数表（上侧，$\alpha=0.05$） ……………………………… 215
  表 C-5 杜宾-沃森检验临界值表 ………………………………………………… 217
  表 C-6 ADF 分布临界值表 ……………………………………………………… 220

参考文献 221

第 1 章

导 论

1.1 计量经济学的产生和发展

计量经济学(econometrics)一词,又译为经济计量学,是 1926 年由挪威经济学家 R. 弗里希(R. Frisch)仿照生物计量学(biometrics)一词首先提出来的。它是数量经济学的一个重要方面。

计量经济学是在资本主义经济实践的基础上,吸收了经济学、统计学和数学先驱的成就而产生和发展起来的,自有其学术渊源和社会历史根源。

在资产阶级经济学当中,探讨某些经济问题时要应用数学方法,包括数字上的举例、数学符号和公式的应用,以及用数学形式做出结论等。19 世纪上半期,出现了大量应用数学方法来研究经济问题的现象。以法国经济学家古诺为代表,他在《财富理论的数学原理的研究》一书中认为"某些经济范畴,需求、价格、供给可以视为互为函数关系,从而有可能用一系列函数方程式表述市场中的关系,并且可以用数学语言系统地阐述某些经济规律"。

计量经济学的产生和发展与垄断势力和资本主义的成长时期刚好一致,所以计量经济学最初研究的一些基本问题是同资本主义国家和庞大的私人公司对经济政策的需要有关的。20 世纪以来,资本主义世界已进入帝国主义阶段,垄断经济大大发展,而周期性的经济危机日益严重。资本主义国家出于对经济干预政策的需要,资本家集团为了减少或摆脱经济危机的致命打击,在经济繁荣时期获得更多的利润,都广泛采用计量经济学的理论和方法进行经济预测,加强市场研究,探讨经济政策的效果。目前,在西方国家,计量经济学已在经济学科中居于最重要的地位。著名经济学家、诺贝尔经济学奖获得者萨缪尔森说:"第二次世界大战后的经济学是计量经济学的时代。"

计量经济学方法已从主要用于经济预测转向经济理论假设和政策假设的检验。

1.2 计量经济学的研究内容

1.2.1 计量经济学的含义

计量经济学的特点是把经济理论、经济统计数据和数理统计学与其他数学方法相结合,通过建立计量经济模型来研究经济变量之间相互关系及其演变的规律。计量经济学所建立的各类模型是以一定的经济理论和经济背景为基础的,而计量经济模型都有经济方面的应用对象。因此,一般把计量经济学作为应用经济学科。

计量经济学就是以经济理论和事实为依据,以数学方法和统计推理为手段,研究经济关系和经济活动规律的数量分析方法论及其应用的一门经济学学科。也就是说,它既要对经济现象或经济变量之间的关系做出定性的解释,又要加以定量的描述。

1.2.2 研究内容

计量经济模型可分为宏观经济模型和微观经济模型。宏观经济模型主要反映社会总产品生产过程中生产、分配、交换、消费和积累等各个方面的宏观经济活动;微观经济模型则以个别经济单位,如企业、市场、消费者等的经济行为作为描述的对象。

计量经济模型的类型可分为单一方程模型和联立方程模型。单一方程模型用来描述微观或宏观经济领域一个被解释变量和若干个解释变量之间的关系,联立方程模型用来描述微观或宏观经济领域多个被解释变量和多个解释变量之间的相互关系。

1.3 计量经济模型

计量经济方法中的"计量"就是指对经济关系进行定量研究。这里定量研究是通过建立一定的数学模型来实现的。所以,在计量经济学中,建立一定的经济数学模型是研究的中心。计量经济模型是对经济现象和经济规律的一种数学抽象,是计量经济方法的基本工具。

1.3.1 计量经济模型的含义

经济学与日常生活有密切的联系,如通货膨胀、收支平衡、失业和税收等。研究这些问题,理解它们并对它们做出解释,正是经济学令人感兴趣的任务,但现代社会经济的复杂性,使这项任务相当棘手。人们不能一下子对所有的经济现象加以研究,必须选择某种比较简便的研究方法。最突出的一种研究方法就是选定或分离出某种个别的经济现象(如消费者行为),然后再对它加以详细研究。

当我们决定研究消费者行为时,我们不能简单地去市场上观察消费者,应当事先想好观察什么。这要求我们一开始就必须对消费者的行为做出某种假设,以便指导我们的观察。我们可以假设:某消费品在这段时期内对某种商品的需求受该商品的市场价格的影响。即商品的价格越高,消费者对它的需求量就越少。这就得出关于消费者需求行为的一种简单理论。由此推测,如果某种商品的价格上涨,消费者对它的需求就会减少。实际观察某种商品在各种价格上的需求量,就可以检验这一理论是否很好地说明了实际情况。

这种关于消费者需求的理论是对现实的高度简化的抽象。我们有意舍去了消费者的收入、嗜好和其他商品价格对这种商品需求量的影响。采用这种蓄意简化的理论的重要理由是,它能使我们从一开始就把注意力集中到商品的需求量和它的价格的关系上来。在分析了这种简单的理论之后,就可以对较为复杂的消费者需求理论进行分析。比较复杂的理论也是对现实的一种抽象。虽然会有比较复杂的能够体现出消费者收入嗜好和其他商品价格影响的理论,但它还会舍去另外一些影响因素,如还有耐用消费品存在。与现实世界相比,再复杂的理论也仍是一种简化的分析框架。

这种关于消费者需求的理论,为从特定方面分析消费者行为提供了理论框架。所谓经济模型就是这样一种分析框架或理论框架,它致力于单独反映某种特定的经济关系。

经济模型是对经济现实的一种抽象，这种抽象的程度要视问题的需要而定，不能太简化太抽象。这样也许会把一些研究问题的主要因素简化抽象掉，以至于所得出的研究结论没有针对性，不能说明问题。但也不能简化抽象得太少，以至于模型太复杂太烦琐，抓不住问题的要害。总之，研究经济问题之所以要运用模型，就是为了抓住问题的实质，抓住主要要素，舍掉次要要素，突出问题的要害。

计量经济模型就是研究分析某个系统中经济变量之间的数量关系所采用的随机的代数模型，是客观经济现象在数学上的描述和概括。

1.3.2 计量经济模型的构成要素

例如，讨论某种商品的需求函数，就要找出影响这种商品社会需求的因素，研究这些变量的相互关系。对于需求函数不妨先假定它是线性函数，如取

$$D_t = b_0 + b_1 p_t + b_2 y_t + b_3 p_0 + u_t$$

式中　D_t——某商品的需求量；

　　　p_t——该商品价格；

　　　y_t——居民可支配收入；

　　　p_0——代用商品价格；

　　　u_t——影响商品需求的其他因素及随机因素；

　　　b_0, b_1, b_2, b_3——需求函数的待定系数；

　　　t——时间序列标记。

1. 变量

变量包括内生变量和外生变量。

(1)内生变量：数值是所研究的经济系统的模型本身决定的，是模型求解的结果，属于因变量。

(2)外生变量：数值是在所研究的模型之外决定的，不受模型内部因素的影响，亦即在模型求解之前事先规定的，是给定的或已知的，属于自变量。

外生变量可分为以下两种。①政策变量：决策者可以控制的变量，如政府支出、利息率等。②非政策变量：难以控制或不能控制的外生变量，如降雨量、农业收成等。

应用模型时，可以把政策变量看成工具变量，而把内生变量看作目标变量。通过对有关工具变量的调节，达到事先确定的目标变量的水平。

2. 参数

反映模型中各类方程式的经济结构特性的参数，称为结构参数。它有显含参数与隐含参数之分。显含参数就是与变量相乘的常数系数，隐含参数如随机扰动项的概率分布等。

通过参数把各种变量连接在方程式中，借以说明外生变量或前定变量的变化对内生变量变化的影响程度。参数值可以用数理统计方法根据样本资料进行估算。参数一经确定，函数关系亦随之确定，这时就可以按外生变量或前定变量之值预测内生变量之值。

确定参数值的大小及其正负号，就是对模型的事前约束。在模型中排除或者包含某一变量，可以看作是对该模型中某一变量的参数施加零约束或非零约束。

3. 随机扰动项或误差项

计量经济模型与一般经济理论模型的主要区别就是在方程中添加了随机扰动项或误差

项。随机扰动项或误差项的主要内容包括：

(1)未具体列入模型但又共同影响因变量 Y 的种种因素。随机扰动项代表了除自变量对因变量影响之外的其他各种因素对因变量的影响。

(2)变量的观测误差。观测误差即在观测过程中，由于主客观原因而引起观测上的差错所造成的误差。观测误差将导致变量的观测值不等于其实际的数值。

(3)随机误差。研究经济问题不可能进行严格的控制实验，不可避免地会涉及一些不能控制的因素，如涉及人的思想方面的，即使没有观测误差，在相同的条件下进行观测，也不可能取得完全相同的结果。这种难以解释的差异构成了随机误差，都归并为模型的扰动项。

(4)模型的设定误差。设定误差主要是指在模型中所设定的自变量与因变量的关系不合适所造成的误差。例如，经济变量之间的关系实际上是复杂的非线性关系，但设定模型时却用线性关系直接代替，从而形成模型的设定误差。

扰动项不可能事先确定，需要做出若干基本假设。

4. 方程式

计量经济模型都是由一个或一系列方程构成的。这些方程就是根据经济理论和判断分析，参照实际的需要和可能，把变量、参数和随机扰动项组成数学表达式，借以反映各个经济变量之间以及与各种外部条件之间的数量关系。

按照所反映的经济关系的性质，方程式可以归纳为以下几类。

(1)行为方程式。这是用来描述居民、企业、政府等决策单位的经济行为的方程。亦即说明这些单位对外界刺激或影响在经济活动中所做出的反应。

例如：研究全国某年中人均消费 C 与人均收入 Y 的关系，列出如下方程：

$$C = \beta_0 + \beta_1 Y + u$$

上述方程式描述了人均消费与人均收入之间的线性依存关系，它说明人均收入每增加 1 元，将导致人均消费增加 β_1 元。其中 C 和 Y 是指同一年或同一时期的，所以称为静态方程式。

如果人均消费不仅取决于现期人均收入，而且还取决于上一期的人均收入，则线性关系式可以写成：

$$C_t = \beta_0 + \beta_1 Y_t + \beta_2 Y_{t-1} + u$$

由于这个方程式中包含不同时期的变量，所以是一个动态的行为方程式。其他如投资函数、需求函数和供给函数等均属于行为方程式。

(2)技术(工艺)方程式。这是指由科学技术水平可能确定的物质生产技术关系的方程式。它一般说明投入的生产要素与产出成果之间的工艺技术关系。最典型的例子就是在西方经济计量分析中广泛应用的柯布-道格拉斯(Cobb-Douglas)生产函数：

$$Q = AK^{\alpha}L^{1-\alpha}u \text{ 或 } Q = AK^{\alpha}L^{\beta}u$$

式中　Q——总产量；

　　　K——资本；

　　　L——劳动力；

　　　A,α,β——待定参数。

这种生产函数的方程式表示在一定的技术水平条件下，生产要素的某种组合与可能生产的最大产量之间的依存关系。

(3)制度(法规)方程式。这是根据法律、制度和政策等制度性规则所确定的经济变量之间的数量关系方程式。例如：

$$销售税金 = 销售收入 \times 销售税率$$

其中税率是由政府制度明确规定的，所以这种制度方程式是确定性方程式。

(4)定义方程式。这是指根据经济理论或假设所确定的有关经济变量之间的定义关系的方程式。

$$Y(国民收入) = C(消费) + I(投资)$$
$$S(销售额) = P(单价) \times Q(销售量)$$
$$Q_s(某种商品供给量) = Q_d(该商品的需求量)$$

这类方程式是用来说明有关定义或者描述均衡条件，不包含随机扰动项，属于确定性方程。

综上所述，计量经济模型是由变量、参数、随机扰动项和方程式四个要素有机结合而成的随机性代数模型，具有能运算的机制。

1.4 计量经济学的研究方法(建立计量经济模型的步骤)

建立计量经济模型的步骤如下。

1.4.1 根据经济理论设定计量经济模型

建立模型必须要有经济理论知识，并熟悉所研究的特定现象。

1. 确定模型中所包含的变量

计量经济学说到底是因果分析方法。如果选择了某一变量作为"果"，那么重要的是正确选择作为"因"的变量。在单一的计量经济模型中，前者称为"被解释变量"，后者称为"解释变量"。可以作为"解释变量"的主要有外生变量和滞后变量。

变量的正确选择关键在于能否正确把握经济活动的内在联系。例如在研究某种特定商品的需求时，应该以该商品的需求量为被解释变量。而它的价格、与它有关的其他商品(主要是替代品、互补品)的价格、消费者的收入水平及其偏好就作为解释变量。除了上述四种因素外，需求还受到其他因素的影响，诸如前期收入水平、政府的税收和信贷政策等。

应该指出的是，列入模型中的仅是最重要的几个变量，不太重要因素的影响，是在模型中引入一个随机扰动项来加以考虑的。它是一个不可观测的随机变量，但仍有其一定的统计性质，需要对其做出多种假定，进行特殊研究。

例如，某商品的需求函数：

$$Q_t = a_0 + b_1 P_t + b_2 P'_t + b_3 Y_t + b_4 Y_{t-1} + u_t$$

式中 Q_t——该商品的需求量；

P_t——该商品的价格；

P'_t——与该商品有关的其他商品的价格；

Y_t——消费者本期收入水平；

Y_{t-1}——消费者前一期收入水平；

u_t——随机扰动项。

式中，Q_t 为被解释变量，P_t，P'_t，Y_t 和 Y_{t-1} 为解释变量，u_t 为不可观测的随机变量。

变量的选择不是一次性的，往往要经过多次反复。

2. 拟定模型中参数的符号和大小

模型中参数的数值要经过模型估计和检验后才能确定，但对它们的符号和大小范围，在很多情况下可以根据对所研究经济活动的认识事先加以估计，并用以检验模型的估计结果。

例如对上述需求函数中参数 b_1，b_2，b_3 和 b_4，按照要求的一般理论，我们对其符号和大小范围拟定如下：

b_1 的符号为负，因为需求量和价格是反向关系。

b_2 的符号要视 P' 的性质而定：若 P' 是替代品价格，b_2 的符号为正；若 P' 是互补品价格，b_2 的符号为负。

b_3 和 b_4 的符号为正，因为收入水平和需求量正相关，而且 b_3 和 b_4 变动范围在 0 和 1 之间，即 $0<b_3<1, 0<b_4<1$，因为居民不可能把收入的全部用于本期消费，也不可能一点不消费。

3. 确定模型的数学形式

选择了适当的变量，接下来就是要选择适当的数学形式来描述这些变量之间的关系。比如模型是线性形式还是非线性形式等。模型的数学形式的确立可以根据样本数据做出解释变量与被解释变量之间关系的散点图，由散点图来确定变量之间的函数关系。在有些情况下要反复模拟，反复修改，以不同的形式模拟，然后选择模拟结果较好的一种。模型的建立要在参数估计、模型检验的全过程中反复修改。

1.4.2 样本数据的收集

样本数据的性质直接影响模型的质量。常用的样本数据有以下几类。

(1)时间序列数据。这是按照时间先后顺序排列的统计数据，一般由统计部门提供，如表 1-1 所示。

表 1-1 中国商品零售价格总指数(1977 年为 100)

年份	商品零售价格总指数
1978	100.7
1979	102.0
1980	106.0
1981	102.0
1982	101.0

(2)截面数据。这是一种在同一时间截面上的调查数据，例如人口普查数据。利用截面数据作为样本容易产生异方差性。

(3)虚拟变量数据。在西方也叫二进制变量数据，一般情况下取 0 或 1。

虚拟变量是外生变量。例如在农业生产函数中，取虚拟变量代表年景的好坏。设变量取 1 表示正常年份，而灾年取变量为 0，这时农作物的产量可建立模型如下：

$$Q_t = a_1 + a_2 L_t + a_3 R_t + a_4 F_t + a_5 D_t + u_t$$

式中　Q_t——粮食产量；
　　　L_t——劳动力人数；
　　　R_t——土地面积；
　　　F_t——施肥量；
　　　D_t——1 表示正常年份，0 表示灾年；
　　　a_1,a_2,a_3,a_4,a_5——相应的模型参数；
　　　u_t——随机误差。

样本数据的质量问题大致上可以概括为：完整性、准确性、可比性、一致性。

1.4.3　模型的参数估计

在获得模型所要求的样本数据后，就可以选择适应的方法对模型中的参数进行估计。模型参数的估计方法是计量经济学的核心内容。

估计模型中参数的方法有很多种。对于单一方程模型，最常用的是普通最小二乘法，还有广义最小二乘法、极大似然估计法等。对于联立方程模型可用两阶段最小二乘法和三阶段最小二乘法等去估计参数。对这些方法我们将在以后的章节中具体介绍。

这里需要强调的是，只有在观测时期内，客观情况为既定条件下，参数才有固定的值，但不是永远不变的，在未经实际资料估算以前，多半是未知的。

1.4.4　模型的检验

在模型的参数估计量已经得出后，它能否客观揭示所研究的经济现象中诸因素之间的关系，能否应用，还要通过检验才能确定。

一般有四级检验，分别为经济意义检验、统计学检验、计量经济学检验、预测检验（检验超样本特性）。具体如图 1-1 所示。

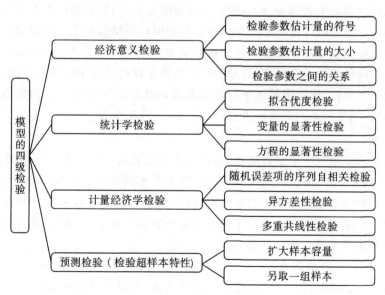

图 1-1　模型的四级检验

1.4.5 计量经济模型的应用

计量经济模型为一定的经济分析服务,它主要包括结构分析、经济预测、政策评价、检验和发展经济理论。

1. 结构分析

经济结构分析是对经济变量间的关系做定量分析。

经济学中的结构分析就是利用模型对经济变量之间的相互关系进行研究,也就是分析其他条件不变时,模型体系中的解释变量发生一定的变动,对被解释变量的影响程度。它不同于人们通常所说的,诸如产业结构、消费结构、投资结构中的结构分析。它研究的是当一个变量或几个变量发生变化时会对其他变量以至经济系统产生什么样的影响,从这个意义上讲,我们所进行的经济系统定量研究工作,就是结构分析。一直以来,结构分析都是计量经济模型应用的一个主要方面,过去是,现在是,将来也仍然是。常用的经济结构分析方法有乘数分析、弹性分析与比较静力分析等。

1) 乘数分析

乘数是经济学中的一个重要概念,是某一变量变动一个单位时引起另一变量变动程度的度量,即变量的变化量之比,也称倍数。它直接度量经济系统中变量之间的相互影响程度,经常被用来研究外生变量的变化对内生变量的影响,对于实现经济系统的调控有重要作用。乘数也可以从计量经济模型中很方便地求得。

例如,在研究某地区商品需求时,最终建立的计量经济模型表达式是

$$\hat{Q} = 58.62 - 12.65P + 6.23P_r + 2.35Y$$

式中,P_r 表示替代商品的价格。

运用这个模型所做的结构分析是:一般商品需求理论认为,商品的需求量与其价格反方向变化,与替代商品(或竞争者同类商品)的价格同向变化,与消费者的收入水平同向变化。模型表达式中各参数正负号恰好说明了这一点。也就是说此模型验证了上述理论。商品需求量与各变量的具体数量关系体现于模型中各变量的系数。我们可以说在其他因素固定的情况下,如果该商品的价格每增加一个单位,商品的平均需求量就要减少 12.65 个单位;如果替代商品的价格每增加一个单位,则该商品的平均需求量就会增加 6.23 个单位。如果消费者的收入水平每提高一单位,则该商品的平均需求量就会增加 2.35 个单位。

2) 弹性分析

弹性也是经济学中的一个重要概念,是某一变量的相对变化引起另一变量的相对变化的度量,即是变量的变化率之比。在经济研究中,除了需要研究经济系统中绝对量之间的关系,还要掌握变量的相对变化所带来的相互影响,以掌握经济活动的数量规律和有效地控制经济系统。经典计量经济模型结构式揭示了变量之间的直接因果关系,从模型出发进一步揭示变量相对变化量之间的关系是十分方便的。

例如,对于 C-D 生产函数 $\ln Y = \ln A + \alpha \ln L + \beta \ln K + u$,如果以中国 1980—2003 年间总产出(国内生产总值 GDP 度量,单位:亿元)、劳动投入(用从业人员度量,单位:万人),以及资本投入(用固定资本度量,单位:亿元)的数据为样本,就可以得到如下关系:

$$\ln \text{GDP} = -5.273264 + 0.806863\ln L + 0.729732\ln K$$

斜率系数 0.806863 表示产出对劳动投入的弹性,也就是说,0.806863 表示在资本投入保持不变的条件下,劳动投入每增加一个百分点,平均产出将增加 0.806863 个百分点。类似地,在劳动保持不变的条件下,资本投入每增加一个百分点,产出将平均增加 0.729732 个百分点。

3) 比较静力分析

比较静力分析,是比较经济系统的不同平衡位置之间的联系,探索经济系统从一个平衡点到另一个平衡点时变量的变化,研究系统中某个变量或参数的变化对另外变量或参数的影响。显然,弹性分析和乘数分析都是比较静力分析的形式。计量经济模型为比较静力分析提供了一个基础,没有定量描述变量之间关系的、包含变量和参数的计量经济模型,比较静力分析将无从着手。

2. 经济预测

经济预测就是运用已建立起来的计量经济模型对被解释变量的未来值做出预测估计或推算。这种预测可以是提供被解释变量未来的一个可能取值,即点预测;也可以是提供被解释变量未来取值的一个可能范围,即区间预测。经济预测可以是对被解释变量在未来时期状态的动态预测,也可以是对被解释变量在不同空间状况的空间预测。

计量经济模型作为一类经济数学模型,是从用于经济预测特别是短期预测而发展起来的。20 世纪 50—60 年代,在西方国家经济预测中不乏成功的实例,这些实例成为经济预测的一种主要模型方法。但是进入 20 世纪 70 年代以后,人们对计量经济模型的预测功能提出了质疑,起因并不是它未能对发生于 1973 年和 1979 年的两次"石油危机"提出预报,而是几乎所有的模型都无法预测"石油危机"对经济造成的影响。对计量经济模型的预测功能的批评是有道理的,或者说计量经济模型的预测功能曾经被夸大了。应该看到,计量经济模型是以模拟历史、从已经发生的经济活动中找到变化规律为主要技术手段。于是,对于非稳定发展的经济过程,以及缺乏规范行为理论的经济活动,计量经济模型显得无能为力。同时,还应该看到,20 世纪 40—60 年代甚至后来建立的计量经济模型都是以凯恩斯理论为经济理论基础的,而经济理论本身已经有了很大的发展,滞后于经济现实与经济理论的模型在应用中必然要遇到障碍。

为了适应经济预测的需要,计量经济模型技术也在不断发展之中。将计量经济模型与其他经济数学模型相结合,是一个主要发展方向。

3. 政策评价

政策评价是应用计量经济模型仿真各种政策效果,对不同的政策进行比较和选择。政策的优劣对经济发展有极大影响,在多种可供选择的政策中择其优者加以实施,是经济管理者的重要任务。计量经济模型的一大应用就是政策评价,也叫政策分析或政策模拟。所谓政策评价,是利用估计好的计量经济模型在许多不同政策方案之间进行选择。通常做法是先用模型做一个基准运行,即在现行政策不变的情况下,对经济系统的运行结果做一些政策假设,如利率提高一个百分点,再运行模型,比较前后两次运行的结果,如 GDP、通货膨胀率等经济变量值的变化,从而模拟出某项政策或政策组合的效果。

从宏观经济领域到微观经济领域,每时每刻都存在政策评价的问题。经济政策具有不可试验性。当然,有时在采取某项政策前,可以在局部范围内先进行试验,然后推行。但即使如此,在局部可行的,在全局上并不一定可行,这就使得政策评价显得尤其重要。经济数学模型可以起到"经济政策实验室"的作用。尤其是计量经济模型,揭示了经济系统中变量之间的相互联系,将经济目标作为被解释变量,经济政策作为解释变量,可以很方便地评价各种不同的政策对目标的影响。将计量经济模型和计算机技术结合起来,可以建成名副其实的"经济政策实验室"。

计量经济模型用于政策评价,主要有三种方法:一是工具目标法,给定目标变量的预期值,即我们希望达到的目标,通过求解模型,可以得到政策变量值。二是政策模拟,即将各种不同的政策变量数值代入模型,计算各自的目标值,然后比较优劣,决定政策的取舍。三是最优控制方法,将计量经济模型与最优化方法结合起来,选择使得目标最优的政策或政策组合。

4. 检验和发展经济理论

实践是检验真理的唯一标准。任何经济学理论,只有当它成功地解释了过去,才能为人们所接受。计量经济模型提供了一种检验经济理论很好的方法。从建立计量经济模型的步骤中不难发现,一个成功的模型,必须很好地拟合样本数据,而样本数据则是已经发生的经济活动的客观再现,所以在模型中表现出来的经济活动的数量关系,则是经济活动所遵循的经济规律,即理论的客观再现。于是,人们就提出了计量经济模型的两方面功能:一是按照某种经济理论去建立模型,然后用实际的样本数据去估计模型,如果得到的结果能够验证建模所依据的经济理论,就表明这种理论是正确的;如果不能得到验证,就表明这种理论是错误的。这就是检验理论。二是用表现已经发生的经济活动的样本数据去拟合各种模型,拟合最好的模型所表现出来的数量关系,则是经济活动所遵循的经济规律,即理论。这就是发现和发展理论。

每一步的具体问题的研究,尤其是模型估计、模型检验和模型应用是本书研究的重点。本节中的以上五个步骤可概括为图1-2。

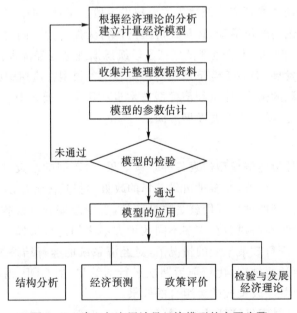

图1-2 建立与应用计量经济模型的主要步骤

经过上述各个环节的不断修正和完善,一个符合需要的计量经济模型就建立起来了,我们可以将该模型应用于预定的研究目的。计量经济学就是上述各个环节的系统的理论、原则和方法。

第一篇
经典假设下的计量经济学模型

- 第 2 章 一元线性回归模型
- 第 3 章 多元线性回归模型

第 2 章 一元线性回归模型

2.1 引入:一元线性回归模型

在计量经济学中,最简单的模型是一元线性回归模型。这类模型,由于只含一个解释变量,所以称为一元模型;至于"线性"的含义,通常是指变量之间的关系呈直线关系。

例如,通常认为,消费支出主要受收入影响,并随着收入的增加而增加。可以采用比较简单的形式表示变量之间的关系:

$$Y = \beta_0 + \beta_1 X \text{（消费函数）}$$

式中 Y——因变量,即消费支出;

X——自变量,即家庭收入;

β_0——常数项(参数,常系数),即收入等于 0 时的消费支出;

β_1——回归系数(参数,常系数),即边际消费倾向。

但是变量之间这种精确函数关系并不呈现,原因是各方面的,例如考虑消费函数时,对自变量进行了取舍,人为地认为函数形式如上,仅关注了自变量收入是影响因变量消费支出的唯一因素,即满足一元线性回归;但在现实中,影响消费支出的因素是多方面的,如人的年龄、家庭成长经历等因素也会对消费支出产生影响,究竟有多少种因素、各有多大程度影响,通常无法识别或研究问题不关注。为更全面地反映现实情况,对上述模型加以修改,得到

$$Y = \beta_0 + \beta_1 X + u$$

u 称为随机扰动项(随机干扰项),简称随机项,代表了诸多无法识别或研究问题不关注的因素对因变量 Y 的影响。

这样,Y 就被人为地分成两部分:一部分是可被方程解释的可识别的收入的线性影响,为 $\beta_0 + \beta_1 X$;另一部分即为不可识别或研究问题不关注的除收入影响外的其他因素对因变量 Y 的影响,即 u。u 是因变量 Y 中除去收入影响以后的部分,代表模型中未提及而又对因变量有影响的全部其他变量,一般包括以下几个主要方面。

(1)模型中省略的变量。在社会经济系统中,对某个变量而言,能够影响它的变量的因素非常多,如果全部列入模型中,既不可能,也不现实。人们往往只关心几个主要因素,而忽略非主要因素。

(2)一些随机因素。与确定性因素不同,社会经济变量中包含的随机因素是非常多的,这些随机因素非常重要,但又无法准确地加以测度。例如在收入-消费模型中,决定消费水平的最主要因素是收入水平,但在同一收入水平下,人们的消费水平也会由于消费偏好等其他因素而不同。

(3)统计误差。在经济系统中,统计误差也是十分突出的。我国每隔几年就要进行一次人

口普查,尽管普查工作有相关规范要求,工作人员也细致认真,但由于各种原因,最终普查数据资料存在误差也是不可避免的。

(4)模型形式的误差。社会经济现象的复杂程度是十分高的。除了极个别突出的例子以外,几乎所有的关系都是非线性的。一般情况下,只能用较为简单的、能够处理的模型加以近似逼近。这种模型无论如何都不可能与真实模型一致,误差也就难以避免。

本章讨论 $Y=\beta_0+\beta_1 X+u$ 的估计,在此基础上将对所建立的模型进行检验,最后考虑利用模型进行经济预测的问题。下面通过一个举例来说明。

例:改革开放以来,我国国民经济取得了快速增长。研究经济快速增长的原因是宏观经济理论研究的一个重要课题。本例着重研究固定资产投资与国内生产总值的关系。通过查阅《中国统计年鉴》得到表2-1。

表2-1 中国国内生产总值与固定资产投资总额　　　　单位:亿元

年份	国内生产总值	固定资产投资总额	年份	国内生产总值	固定资产投资总额
1980	4517.8	910.9	1990	18598.4	4517.0
1981	4860.3	961.0	1991	21662.5	5594.5
1982	5301.8	1230.4	1992	26651.9	8080.1
1983	5957.4	1430.1	1993	34560.5	13072.3
1984	7206.7	1832.9	1994	46670.0	17042.1
1985	8989.1	2543.2	1995	57494.9	20019.3
1986	10201.4	3120.6	1996	66850.5	22913.5
1987	11954.5	3791.7	1997	73142.7	24941.1
1988	14922.3	4753.8	1998	76967.1	28406.2
1989	16917.8	4410.5			

由表2-1中数据可以看出,随着固定资产投资的增长,国内生产总值也在同步增长,这与宏观经济理论是一致的。表2-1的相关关系可以用下面模型来表示:

$$Y=f(X)+u$$

式中　Y——国内生产总值;

　　　X——固定资产投资;

　　　u——随机干扰项。

由经济原理可知,价格的变化引起了供给量的变化,称之为因果关系。在实际经济系统中,有些经济相关关系的因果关系十分明显。比如利率的上升导致银行存款的增加,汽车价格的下降使得需求量增长。如果模型 $Y=f(X)+u$ 中 X 与 Y 之间存在因果关系,则称式 $Y=f(X)+u$ 为回归模型,称 X 为自变量,Y 为因变量。

当仅研究一个自变量对因变量 Y 的影响时,称为一元线性回归模型。一元线性回归模型的一般形式如下:

$$Y_i=\beta_0+\beta_1 X_i+u_i \quad i=1,2,\cdots,n$$

2.2　线性回归模型基本假设

随机扰动项的存在,将影响模型中因变量的取值,进而影响到参数估计的质量,为此需对随机扰动项本身做一些约定。这些约定通常称为经典假定。

假定具体有以下5条。

假定1:零均值。即在给定X_i处,u的条件期望为0。

$$E(u|X=X_i)=0 \text{ 或 } E(u_i)=0$$

这条假定是对建立模型而言的,并不要求将所有的变量都明确引入模型,但要求舍弃的变量的影响能相互抵消、吸收。

$$E(Y_i)=E(\beta_0+\beta_1 X_i+u)=E(\beta_0+\beta_1 X_i)+E(u_i)=\beta_0+\beta_1 X_i$$

给定的每一X值所对应的Y值总是围绕其均值分布的。

假定2:同方差。即对于每一个X_i,u的条件方差都相同。

$$\begin{aligned}\text{Var}(u|X=X_i)&=E(u|X=X_i)^2\\&=E(u|X=X_i)^2-[E(u|X=X_i)]^2\\&=\sigma^2\end{aligned}$$

或
$$\text{Var}(U_i)=\sigma^2$$

这一假定指对应不同的X_i,u_i的方差是相同的。只有这样,才可对所有观测值平等对待,处理起来简单。

假定3:无自相关。即随机扰动项逐次取值不相关。

$$\text{Cov}(u|X=X_i,u|X=X_j)=0 \quad i\neq j$$

或
$$\text{Cov}(X_i,X_j)=0 \quad i\neq j \quad i,j=1,2,\cdots,n$$

如随机扰动项前后期取值相互影响,将破坏关于随机取样的要求。

假定4:随机扰动项与解释变量不相关。

$$\text{Cov}(u|X=X_i,X_j)=0 \text{ 或 } \text{Cov}(u_i,X_i)=0$$

这一假定可以描述为干扰项u_i与自变量X_t是不相关的。

假定5:正态性。即在给定的X_i处

$$u\sim N(0,\sigma^2)$$

根据中心极限定理,当样本容量趋于无穷大时,对于任何实际模型都是满足的。

2.3　一元线性回归模型的参数估计

一元线性回归模型的一般形式是

$$Y_i=\beta_0+\beta_1 X_i+u_i \quad i=1,2,\cdots,n$$

在满足基本假设的情况下,随机抽取n组样本观测值$Y_i,X_i(i=1,2,\cdots,n)$,就可以估计模型的参数。

估计模型参数包括:①估计β_0,β_1;②估计σ^2,因为随机扰动项$u\sim N(0,\sigma^2)$。

模型参数估计的主要方法是普通最小二乘法(ordinary least squares,OLS)。其基本思想是:对于一组样本观测值(X_i,Y_i),要找到一条直线,即样本回归线,使其尽可能地拟合这组观

测值。换句话说，就是使被解释变量的估计值与观测值在总体上最为接近。这样的直线可以有无数条，那么哪一条直线最佳呢？图2-1给出了表2-1中所列数据的散点图，并给出了一条直线，这条直线称为对散点的拟合直线。

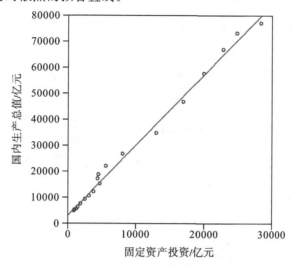

图2-1　国内生产总值与固定资产投资总额散点图

1. 最小二乘法的原理

在线性模型问题中，假设模型为

$$Y_i = \beta_0 + \beta_1 X_i + u_i \quad i=1,2,\cdots,n$$

我们的任务是找到这样一条直线

$$\hat{Y}_i = \hat{\beta}_0 + \hat{\beta}_1 X_i$$

式中　$\hat{\beta}_0$——β_0的估计值；

$\hat{\beta}_1$——β_1的估计值。

散点图中如果各个样本点距离这条直线最接近，那么这条直线就是最佳的估计。设样本点到该直线垂直距离的总和为Q，由此可以定义

$$Q = \sum_{i=1}^{n}(Y_i - \hat{Y}_i) = \sum_{i=1}^{n} e_i \tag{2-1}$$

式中　e_i——残差，$e_i = Y_i - \hat{Y}_i$。

为了方便表述，以下除特别说明外均将$\sum_{i=1}^{n}$写作$\sum$。

直观地设想式(2-1)达到最小的直线就是最佳的拟合直线。但是这个答案是错误的。由于存在正负抵消的问题，这样的直线有很多条，而且拟合的效果可能很不好。

设想一下一个只有两个点的图形，最佳的拟合直线一定是通过这两点的直线，式(2-1)的计算结果为0。但是，实际上所有通过两点中间点的直线都可以使式(2-1)为0。

要解决这一问题，可以将式(2-1)变通一下，取

$$Q = \sum e_i^2 = \sum (Y_i - \hat{Y}_i)^2 \tag{2-2}$$

令式(2-2)即残差平方和达到最小值的拟合直线就是所要求的直线。满足上述原则即称

为普通最小二乘法原则,根据此原则估计回归参数 $\hat{\beta}_0$ 和 $\hat{\beta}_1$ 的方法,我们称之为普通最小二乘法。

2. 回归参数的最小二乘估计

由于 Q 是 $\hat{\beta}_0$、$\hat{\beta}_1$ 的二次函数并且为负,根据二次函数的性质,式(2-2)的极小值存在。由微分学可知,须使 Q 对 $\hat{\beta}_0$、$\hat{\beta}_1$ 的一阶偏导数为 0,即

$$\begin{cases} \dfrac{\partial Q}{\partial \hat{\beta}_0} = -2\sum (Y_i - \hat{\beta}_0 - \hat{\beta}_1 X_i) = 0 \\ \dfrac{\partial Q}{\partial \hat{\beta}_1} = -2X_i \sum (Y_i - \hat{\beta}_0 - \hat{\beta}_1 X_i) = 0 \end{cases}$$

$$Q = \sum (Y_i - \hat{Y}_i)^2 = \sum (Y_i - \hat{\beta}_0 - \hat{\beta}_1 X_i)^2$$

所以

$$\begin{cases} \sum (Y_i - \hat{\beta}_0 - \hat{\beta}_1 X_i) = 0 \\ \sum (Y_i - \hat{\beta}_0 - \hat{\beta}_1 X_i) X_i = 0 \end{cases}$$

解得

$$\begin{cases} \sum Y_i = n\hat{\beta}_0 + \hat{\beta}_1 \sum X_i \\ \sum Y_i X_i = \hat{\beta}_0 \sum X_i + \hat{\beta}_1 \sum X_i^2 \end{cases}$$

$$\begin{cases} \hat{\beta}_1 = \dfrac{n\sum X_i Y_i - \sum Y_i \sum X_i}{n\sum X_i^2 - (\sum X_i)^2} \\ \hat{\beta}_0 = \dfrac{1}{n}(\sum Y_i - \hat{\beta}_1 \sum X_i) \end{cases} \quad (2-3)$$

这里 $\hat{\beta}_0$、$\hat{\beta}_1$ 称作 β_0、β_1 的最小二乘估计量。

3. 最小二乘估计的变形

上面最小二乘估计量的表达式,在计算时不是很方便,需将它做一下变形,以便于记忆。令

$$\overline{X} = \frac{1}{n}\sum X_i \qquad \overline{Y} = \frac{1}{n}\sum Y_i$$
$$x_i = X_i - \overline{X} \qquad y_i = Y_i - \overline{Y}$$

可将式(2-3)改写为

$$\begin{cases} \hat{\beta}_1 = \dfrac{\sum X_i Y_i - n\overline{X}\,\overline{Y}}{\sum X_i^2 - n\overline{X}^2} \\ \hat{\beta}_0 = \overline{Y} - \hat{\beta}_1 \overline{X} \end{cases} \quad (2-4)$$

因为

$$\sum x_i y_i = \sum (X_i - \overline{X})(Y_i - \overline{Y})$$
$$= \sum (X_i Y_i - X_i \overline{Y} - \overline{X} Y_i + \overline{X}\,\overline{Y})$$
$$= \sum X_i Y_i - \frac{n\sum X_i}{n}\overline{Y} - n\overline{X}\frac{\sum Y_i}{n} + n\overline{X}\,\overline{Y}$$

$$= \sum X_i Y_i - n\overline{X}\,\overline{Y} - n\overline{X}\,\overline{Y} + n\overline{X}\,\overline{Y}$$

$$= \sum X_i Y_i - n\overline{X}\,\overline{Y}$$

$$\sum x_i^2 = \sum (X_i - \overline{X})^2$$

$$= \sum (X_i^2 - 2\overline{X}X_i + \overline{X}^2)$$

$$= \sum X_i^2 - 2\overline{X}n\frac{\sum X_i}{n} + n\overline{X}^2$$

$$= \sum X_i^2 - 2n\overline{X}^2 + n\overline{X}^2$$

$$= \sum X_i^2 - n\overline{X}^2$$

所以式(2-4)再变形为

$$\begin{cases} \hat{\beta}_1 = \dfrac{\sum x_i y_i}{\sum x_i^2} \\ \hat{\beta}_0 = \overline{Y} - \hat{\beta}_1 \overline{X} \end{cases}$$

由 $\hat{\beta}_0 = \overline{Y} - \hat{\beta}_1 \overline{X}$ 可知,所拟合的直线通过点 $(\overline{X}, \overline{Y})$,这个性质很重要。

下面求随机扰动项方差的估计量。记

$$e_i = Y_i - \hat{Y}_i$$

e_i 是残差即被解释变量的估计值与观测值之差。则随机扰动项方差的估计量为

$$\hat{\sigma}_u^2 = \frac{\sum e_i^2}{n-2}$$

4. 实例计算

用上面的结论计算表 2-1 中的问题,计算结果见表 2-2。

令 X 表示固定资产投资,Y 表示国内生产总值。设回归方程为

$$\hat{Y}_i = \hat{\beta}_0 + \hat{\beta}_1 X_i$$

$$\hat{\beta}_1 = \frac{\sum x_i y_i}{\sum x_i^2} = 2.7058 \qquad \hat{\beta}_0 = \overline{Y} - \hat{\beta}_1 \overline{X} = 2873.5$$

所以拟合的回归方程为

$$\hat{Y}_i = 2873.5 + 2.7058 X_i$$

表 2-2 数据变换表

年份	Y_i	X_i	y_i	y_i^2	x_i	x_i^2	$x_i y_i$
1980	4517.8	910.9	−22504.7	506461758.8	−8013.9	64222508.9	180350339.0
1981	4860.3	961.0	−22162.2	491163342.0	−7963.8	63422026.6	176495253.6
1982	5301.8	1230.4	−21720.7	471789037.0	−7694.4	59203710.4	167127680.2
1983	5957.4	1430.1	−21065.1	443738659.6	−7494.7	56170449.2	157876533.5
1984	7206.7	1832.9	−19815.8	392666138.1	−7091.9	50294971.0	140531605.0

续表

年份	Y_i	X_i	y_i	y_i^2	x_i	x_i^2	$x_i y_i$
1985	8989.1	2543.2	−18033.4	325203705.3	−6381.6	40724751.4	115081884.1
1986	10201.4	3120.6	−16821.1	282949582.2	−5804.2	33688676.5	97632970.6
1987	11954.5	3791.7	−15068.0	227044782.5	−5133.1	26348661.6	77345498.5
1988	14922.3	4753.8	−12100.2	146414967.3	−4171.0	17397197.1	50469892.5
1989	16917.8	4410.4	−10104.7	102105068.4	−4514.4	20379759.8	45616628.2
1990	18598.4	4517.0	−8424.1	70965549.4	−4407.8	19428654.4	37131726.8
1991	21662.5	5594.5	−5360.0	28729656.4	−3330.3	11090863.0	17850397.3
1992	26651.9	8080.1	−370.6	137348.3	−844.7	713509.2	313048.3
1993	34560.5	13072.3	7538.0	56821364.7	4147.5	17201799.9	31263872.9
1994	46670.0	17042.1	19647.5	386024049.6	8117.3	65890644.7	159484712.5
1995	57494.9	20019.3	30472.4	928566841.2	11094.5	123088047.0	338076143.8
1996	66850.5	22913.5	39828.0	1586269165.0	13988.7	195683874.9	557142079.6
1997	73142.7	24941.1	46120.2	2127072362.9	16016.3	256522034.3	738675117.7
1998	76967.1	28406.2	49944.6	2494462543.7	19481.4	379525151.0	972990890.8
总和	513427.6	169571.1				1500997291.0	4061456275.0
平均	27022.5	8924.8					

2.4 参数估计量的性质

经典的线性计量经济学模型给出了如此多的假定，这些假定如果成立，那么OLS估计就具有了非常良好的性质，即线性、无偏性和最小方差性(有效性)。

1. 线性性质

估计式 $\hat{\beta}_0$ 和 $\hat{\beta}_1$ 是 $Y_i(i=1,2,\cdots,n)$ 的线性函数。

证明：
$$\hat{\beta}_1 = \frac{\sum x_i y_i}{\sum x_i^2} = \frac{\sum x_i(Y_i - \overline{Y})}{\sum x_i^2} = \frac{\sum x_i Y_i}{\sum x_i^2} - \frac{\overline{Y}\sum x_i}{\sum x_i^2}$$

因为 $\sum x_i = \sum(X_i - \overline{X}) = \sum X_i - \sum \overline{X} = n\overline{X} - n\overline{X} = 0$

令 $K_i = \dfrac{x_i}{\sum x_i^2}$，则有 $\hat{\beta}_1 = \sum K_i Y_i$。

因为 $x_i(i=1,2,\cdots,n)$ 不全为零，故线性关系成立。

同理，有 $\hat{\beta}_0 = \sum(\dfrac{1}{n} - \overline{X} K_i) Y_i$

2. 无偏性

用公式描述，即
$$E(\hat{\beta}_0) = \beta_0$$
$$E(\hat{\beta}_1) = \beta_1$$

证明：由 $\hat{\beta}_1 = \sum K_i Y_i = \sum K_i(\beta_0 + \beta_1 X_i + u_i) = \beta_0 \sum K_i + \beta_1 \sum K_i X_i + \sum K_i u_i$

因为
$$K_i = \frac{\sum x_i}{\sum x_i^2} = 0$$

$$\sum K_i X_i = \frac{\sum x_i X_i}{\sum x_i^2} = \frac{\sum x_i(x_i + \overline{X})}{\sum x_i^2} = 1 + \frac{\overline{X} \sum x_i}{\sum x_i^2} = 1$$

所以
$$\hat{\beta}_1 = \beta_1 + \sum K_i u_i$$
$$E(\hat{\beta}_1) = \beta_1 + E(\sum K_i u_i) = \beta_1$$

同理可得
$$E(\hat{\beta}_0) = \beta_0$$

3. 最小方差性（有效性）

OLS 估计量与用任何其他方法求得的线性无偏估计量相比，其方差是最小的。

我们给出 OLS 估计量的方差

$$\mathrm{Var}(\hat{\beta}_1) = \mathrm{Var}(\beta_1 + \sum K_i u_i) = \frac{\sum x_i^2 \sigma_n^2}{(\sum x_i^2)^2} = \frac{\sigma_n^2}{\sum x_i^2}$$

$$\mathrm{Var}(\hat{\beta}_0) = \frac{\sigma_u^2 \sum X_i^2}{n \sum x_i^2}$$

证明：假设 $\tilde{\beta}_1$ 是另一线性无偏的估计量。由于线性，可令

$$\tilde{\beta}_1 = \sum C_i Y_i$$

其中 $C_i = K_i + d_i$，d_i 为一不全为零的常数。由于无偏性，有 $E(\tilde{\beta}_1) = \beta_1$，即

$$E(\tilde{\beta}_1) = E(\sum C_i Y_i)$$
$$= \sum [C_i \cdot E(Y_i)]$$
$$= \sum C_i(\beta_0 + \beta_1 X_i)$$
$$= \beta_0 \sum C_i + \beta_1 \sum C_i X_i$$
$$= \beta_1$$

所以 $\sum C_i = 0 \qquad \sum C_i X_i = 1$

因为 $\sum C_i = \sum(K_i + d_i) = \sum K_i + \sum d_i = \sum d_i$

所以 $\sum d_i = 0$

因为 $\sum C_i X_i = \sum(K_i + d_i) X_i = \sum K_i X_i + \sum d_i X_i = 1 + \sum d_i X_i$

所以 $\sum d_i X_i = 0$

$$\mathrm{Var}(\tilde{\beta}_1) = \mathrm{Var}(\sum C_i Y_i) = \sum C_i^2 \mathrm{Var}(Y_i) = \sigma_u^2 \sum C_i^2$$

又因为
$$\sum C_i^2 = \sum (K_i + d_i)^2$$
$$= \sum K_i^2 + 2\sum K_i d_i + \sum d_i^2 \quad (\text{代入 } K_i = \frac{X_i - \overline{X}}{\sum x_i^2})$$
$$= \frac{1}{\sum x_i^2} + 2\frac{\sum X_i d_i - \overline{X}\sum d_i}{\sum x_i^2} + \sum d_i^2$$
$$= \frac{1}{\sum x_i^2} + \sum d_i^2$$

所以
$$\mathrm{Var}(\tilde{\beta}_1) = \frac{\sigma_u^2}{\sum x_i^2} + \sigma_u^2 \sum d_i^2$$
$$= \mathrm{Var}(\hat{\beta}_1) + \sigma_u^2 \sum d_i^2$$

因为 $\tilde{\beta}_1$ 与 $\hat{\beta}_1$ 不同，所以 d_i 不全为零，故
$$\mathrm{Var}(\tilde{\beta}_1) > \mathrm{Var}(\hat{\beta}_1)$$

证毕。

具有线性、无偏性、最小方差性的估计，简称为 BLUE（best linear unbiased estimation）性质，是最佳线性无偏估计量。OLS 估计就具有 BLUE 性质，这一结论称为高斯-马尔科夫定理。

2.5 回归方程的显著性检验

前面关于线性回归方程 $\hat{Y} = \hat{\beta}_0 + \hat{\beta}_1 X$ 的讨论是在线性假设 $Y = \beta_0 + \beta_1 X + u, u \sim N(0, \sigma^2)$ 下进行的。这个线性回归方程是否有实用价值，首先要根据有关专业知识和实践来判断，其次还要根据实际观察得到的数据运用假设检验的方法来判断。

由线性回归模型 $Y = \beta_0 + \beta_1 X + u, u \sim N(0, \sigma^2)$ 可知，当 $\beta_1 = 0$ 时，就认为 Y 与 X 之间不存在线性回归关系，故需检验如下假设：
$$H_0: \beta_1 = 0, \quad H_1: \beta_1 \neq 0$$

为了检验假设 H_0，先分析对样本观察值 $y_1, y_2, \cdots, y_n$ 的差异，它可以用总的偏差平方和来度量，记为
$$S_{总} = \sum (y_i - \bar{y})^2$$

由正规方程组，有
$$S_{总} = \sum (y_i - \hat{y}_i + \hat{y}_i - \bar{y})^2$$
$$= \sum (y_i - \hat{y}_i)^2 + 2\sum (y_i - \hat{y}_i)(\hat{y}_i - \bar{y}) + \sum (\hat{y}_i - \bar{y})^2$$
$$= \sum (y_i - \hat{y}_i)^2 + \sum (\hat{y}_i - \bar{y})^2.$$

令

$$S_{回} = \sum(\hat{y}_i - \bar{y})^2, \quad S_{剩} = \sum(y_i - \hat{y}_i)^2,$$

则有
$$S_{总} = S_{剩} + S_{回}$$

上式称为总偏差平方和分解公式。$S_{回}$ 称为回归平方和，它由普通变量 x 的变化引起，它的大小（在与误差相比之下）反映了普遍变量 x 的重要程度；$S_{剩}$ 称为剩余平方和，它是由试验误差以及其他未加控制因素引起的，它的大小反映了试验误差及其他因素对试验结果的影响。关于 $S_{回}$ 和 $S_{剩}$，有下面的性质：

定理 1 在线性模型假设下，当 H_0 成立时，$\hat{\beta}_1$ 与 $S_{剩}$ 相互独立，且 $S_{剩}/\sigma^2 \sim \chi^2(n-2)$，$S_{回}/\sigma^2 \sim \chi^2(1)$。

对 H_0 的检验有三种本质相同的检验方法：t 检验法、F 检验法、相关系数检验法。在介绍这些检验方法之前，先给出 $S_{总}$、$S_{回}$、$S_{剩}$ 的计算方法：

$$S_{总} = \sum(y_i - \bar{y})^2 = \sum y_i^2 - n\bar{y}^2 \stackrel{\text{def}}{=} L_{yy}$$
$$S_{回} = \hat{\beta}_1^2 L_{xx} = \hat{\beta}_1 L_{xy} \qquad S_{剩} = L_{yy} - \hat{\beta}_1 L_{xy}$$

2.5.1 t 检验法

根据高斯-马尔科夫定理，$(\hat{\beta}_1 - \beta_1)/(\sigma/\sqrt{L_{xx}}) \sim N(0,1)$，若令 $\hat{\sigma}^2 = S_{剩}/(n-2)$，则由定理 1 知，$\hat{\sigma}$ 为 σ^2 的无偏估计，$(n-2)\hat{\sigma}^2/\sigma^2 = S_{剩}/\sigma^2 \sim \chi^2(n-2)$，且 $(\hat{\beta}_1 - \beta_1)/(\sigma/\sqrt{L_{xx}})$ 与 $(n-2)\hat{\sigma}^2/\sigma^2$ 相互独立，故取检验统计量

$$T = \frac{\hat{\beta}_1}{\hat{\sigma}} \sqrt{L_{xx}} \sim t(n-2),$$

由给定的显著性水平 α，查表得 $t_{\alpha/2}(n-2)$，根据试验数据 $(x_1, y_1), (x_2, y_2), \cdots, (x_n, y_n)$ 计算 T 的值 t：当 $|t| > t_{\alpha/2}(n-2)$ 时，拒绝 H_0，这时回归效应显著；当 $|t| \leq t_{\alpha/2}(n-2)$ 时，接受 H_0，此时回归效果不显著。

2.5.2 F 检验法

由定理 1，当 H_0 为真时，取统计量

$$F = \frac{S_{回}}{S_{剩}(n-2)} \sim F(1, n-2)$$

由给定显著性水平 α，查表得 $F_\alpha(1, n-2)$，根据试验数据 $(x_1, y_1), (x_2, y_2), \cdots, (x_n, y_n)$ 计算 F 的值：若 $F > F_\alpha(1, n-2)$ 时，拒绝 H_0，表明回归效果显著；若 $F \leq F_\alpha(1, n-2)$ 时，接受 H_0，此时回归效果不显著。

2.5.3 相关系数检验法

相关系数的大小可以表示两个随机变量线性关系的密切程度。对于线性回归中的变量 x 与 Y，其样本的相关系数为

$$\rho = \frac{\sum(x_i - \bar{x})(Y_i - \bar{Y})}{\sqrt{\sum(x_i - \bar{x})^2 \sum(Y_i - \bar{Y})^2}} = \frac{\sqrt{L_{xy}}}{\sqrt{L_{xx}}\sqrt{L_{yy}}}$$

它反映了普通变量 x 与随机变量 Y 之间的线性相关程度，故取检验统计量

$$r = \frac{\sqrt{L_{xy}}}{\sqrt{L_{xx}}\sqrt{L_{yy}}}$$

对给定的显著性水平 α，查相关系数表得 $r_\alpha(n)$，根据试验数据 (x_1,y_1), (x_2,y_2), $\cdots$, (x_n,y_n) 计算 R 的值：当 $|r| > r_\alpha(n)$ 时，拒绝 H_0，表明回归效果显著；当 $|r| \leqslant r_\alpha(n)$ 时，接受 H_0，表明回归效果不显著。

2.6 一元回归方程的应用

在回归问题中，若回归方程经检验效果显著，这时回归值与实际值就拟合较好，因而可以利用它对因变量 Y 的新观察值 y_0 进行点预测或区间预测。

对于给定的 x_0，由回归方程可得到回归值

$$\hat{y}_0 = \hat{\beta}_0 + \hat{\beta}_1 x_0$$

称 $\hat{y}_0$ 为 y 在 x_0 的预测值，y 的测试值 y_0 与预测值 $\hat{y}_0$ 之差称为预测误差。

在实际问题中，预测的真正意义就是在一定的显著性水平 α 下，寻找一个正数 $\delta(x_0)$，使得实际观察值 y_0 以 $1-\alpha$ 的概率落入区间 $[\hat{y}_0 - \delta(x_0), \hat{y}_0 + \delta(x_0)]$ 内，即

$$P\{|Y_0 - \hat{y}_0| < \delta(x_0)\} = 1-\alpha$$

由定理 1 知，

$$Y_0 - \hat{y}_0 \sim N\left(0, \left[1 + \frac{1}{n} + \frac{(x_0 - \bar{x})^2}{L_{xx}}\right]\sigma^2\right)$$

又因 $Y_0 - \hat{y}_0$ 与 $\hat{\sigma}^2$ 相互独立，且

$$\frac{(n-2)\hat{\sigma}^2}{\sigma^2} \sim \chi^2(n-2)$$

所以

$$T = \frac{Y_0 - \hat{y}_0}{\hat{\sigma}\sqrt{1 + \frac{1}{n} + \frac{(x_0 - \bar{x})^2}{L_{xx}}}} \sim t(n-2)$$

故对给定的显著性水平 α，求得

$$\delta(x_0) = t_{\alpha/2}(n-1)\hat{\sigma}\sqrt{1 + \frac{1}{n} + \frac{(x_0 - \bar{x})^2}{L_{xx}}}$$

故得 y_0 的置信度为 $1-\alpha$ 的预测区间为 $[\hat{y}_0 - \delta(x_0), \hat{y}_0 + \delta(x_0)]$。

易见，y_0 的预测区间长度为 $2\delta(x_0)$，对给定 α，x_0 越靠近样本均值 $\bar{x}$，$\delta(x_0)$ 越小，预测区间长度小，效果越好。当 n 很大，并且 x_0 较接近 $\bar{x}$ 时，有

$$\sqrt{1 + \frac{1}{n} + \frac{(x_0 - \bar{x})^2}{L_{xx}}} \approx 1, \quad t_{\alpha/2}(n-2) \approx u_{\alpha/2}$$

则预测区间近似为 $(\hat{y}_0 - u_{\alpha/2}\hat{\sigma}, \hat{y}_0 + u_{\alpha/2}\hat{\sigma})$。

2.7 可化为一元线性回归的情形

前面讨论了一元线性回归问题,但在实际应用中,有时会遇到更复杂的回归问题,而其中有些情形,可通过适当的变量替换化为一元线性回归问题来处理。

1. 情形一

$$Y = \beta_0 + \frac{\beta_1}{x} + u, u \sim N(0, \sigma^2) \tag{2-5}$$

其中 α, β, σ^2 是与 x 无关的未知参数。

令 $x' = \dfrac{1}{x}$,则可化为下列一元线性回归模型:

$$Y' = \beta_0 + \beta_1 x' + u, u \sim N(0, \sigma^2)$$

2. 情形二

$$Y = \alpha e^{\beta x} \cdot u, \ln u \sim N(0, \sigma^2) \tag{2-6}$$

其中 α, β, σ^2 是与 x 无关的未知参数。

在 $Y = \alpha e^{\beta x} \cdot u$ 两边取对数得

$$\ln Y = \ln \alpha + \beta x + \ln u$$

令 $Y' = \ln Y, a = \ln \alpha, b = \beta, x' = x, u' \sim \ln u$,则式(2-6)可转化为下列一元线性回归模型:

$$Y' = a + bx' + u', u' \sim N(0, \sigma^2)$$

3. 情形三

$$Y = \alpha x^\beta \cdot u, \ln u \sim N(0, \sigma^2) \tag{2-7}$$

其中 α, β, σ^2 是与 x 无关的未知参数。

在 $Y = \alpha x^\beta \cdot u$ 两边取对数得

$$\ln Y = \ln \alpha + \beta \ln x + \ln u$$

令 $Y' = \ln Y, a = \ln \alpha, b = \beta, x' = \ln x, u' = \ln u$,则式(2-7)可转化为下列一元线性回归模型:

$$Y' = a + bx' + u', u' \sim N(0, \sigma^2)$$

4. 情形四

$$Y = \alpha + \beta h(x) + u, u \sim N(0, \sigma^2) \tag{2-8}$$

其中 α, β, σ^2 是与 x 无关的未知参数,$h(x)$ 是 x 的已知函数,令 $Y' = Y, a = \alpha, b = \beta, x' = h(x)$,则式(2-8)可转化为

$$Y' = a + bx' + u, u \sim N(0, \sigma^2)$$

注:其他,如双曲线 $Y = \dfrac{x}{\alpha + \beta x}$ 和 S 形曲线 $Y = \dfrac{1}{\alpha + \beta e^{-x}}$ 函数等亦可通过适当的变量替换转化为一元线性模型来处理,若在原模型下,对于 (x, Y) 有样本

$$(x_1, y_1), (x_2, y_2), \cdots, (x_n, y_n)$$

就相当于在新模型下有样本

$$(x_1', y_1'), (x_2', y_2'), \cdots, (x_n', y_n')$$

因而就能利用一元线性回归的方法进行估计、检验和预测,在得到 Y' 关于 x' 的回归方程后,再将

原变量代回,就能得到 Y 关于 x 的回归方程,它的图形是一条曲线,故也称为曲线回归方程。

2.8 案例分析

2.8.1 模型的估计

1. 实验要求

掌握建立一元线性回归模型的估计和检验方法。理解估计参数、可决系数(R^2)、参数显著性检验(t 检验)、方程显著性检验(F 检验)。

2. 实验数据

表 2-3 某地区建材产量与基建投资统计资料

变量	1981	1982	1983	1984	1985	1986	1987	1988	1989	1990	1991	1992
X	13.55	14.38	15.52	15.17	17.48	17.63	20.05	23.14	25.25	25.88	24.83	27.40
Y	7.65	8.09	8.31	7.88	8.90	8.41	9.53	11.01	11.19	11.13	10.17	11.35

注:X 为基建投资(单位亿元);Y 为建材产量(单位万吨)。

3. 实验内容

(1)建立工作文件;
(2)创建序列(或变量)并将变量纳入一个组;
(3)输入数据;
(4)绘制散点图;
(5)建立模型并输出结果。

4. 实验步骤

1)建立工作文件

打开计量经济学软件包(Econometric Views,简称 EViews),创建一个时间范围在 1981 到 1992 的工作文件,如图 2-2 所示。

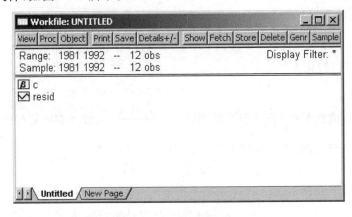

图 2-2 建立工作文件

2）**生成工作表**

在命令窗口中输入“data x y”命令，将生成一个有 X、Y 变量的工作表，然后直接输入数据（注意：在输入完最后一个数据的时候，需要单击回车键“Enter”，否则最后一个数据将会无效），如图 2-3 所示。

obs	X	Y
1981	13.55000	7.650000
1982	14.38000	8.090000
1983	15.52000	8.310000
1984	15.17000	7.880000
1985	17.48000	8.900000
1986	17.63000	8.410000
1987	20.05000	9.530000
1988	23.14000	11.01000
1989	25.25000	11.19000
1990		

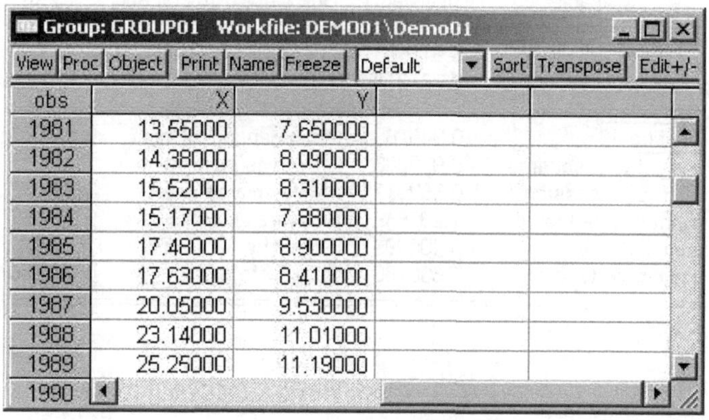

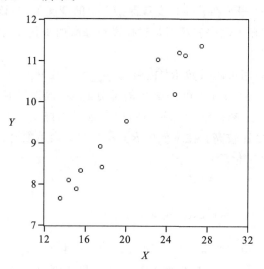

图 2-3 生成工作表

3）**绘制 X、Y 的散点图**

绘制 X、Y 的散点图，单击组窗口工具栏中的“View”→“Graph”→“Scatter”→“Simple Scatter”，输出散点图如图 2-4 所示。

图 2-4 绘制输出 X、Y 的散点图

4）**输出结果**

通过观察散点图，可以大致确定变量 Y、X 之间存在线性关系，因此在命令窗口中输入命令“ls y c x”，EViews 将自动输出结果，如图 2-5 所示。

```
Dependent Variable: Y
Method: Least Squares
Date: 07/18/05   Time: 21:05
Sample (adjusted): 1981 1992
Included observations: 12 after adjustments

Variable            Coefficient   Std. Error   t-Statistic   Prob.
C                   3.917507      0.434385     9.018508      0.0000
X                   0.277218      0.021092     13.14340      0.0000

R-squared           0.945280      Mean dependent var    9.468333
Adjusted R-squared  0.939808      S.D. dependent var    1.435035
S.E. of regression  0.352072      Akaike info criterion 0.901049
Sum squared resid   1.239546      Schwarz criterion     0.981867
Log likelihood      -3.406295     F-statistic           172.7489
Durbin-Watson stat  1.666966      Prob(F-statistic)     0.000000
```

图 2-5 输出结果

5) 统计显著性检验

模型建成之后,需要进行统计学检验。采用最广泛的是 R^2、t、F 作为检验统计量,以判定模型拟合和优度、估计参数和方程的统计显著性。

估计参数 C:截距项,模型常数项。表示当自变量取 0 时,因变量的值。在本例中表示在基建投资额为 0 时,建材产量为 3.92 万吨。

估计参数 β:斜率项。表示在其他自变量保持不变的情况下,当该自变量发生 1 单位变化时,因变量的变化程度。在本例中表示当基建投资额每增加 1 亿元,建材产量可以增加 0.277 万吨,具有经济上的合理性。

(1) 拟合优度检验(采用可决系数 R^2 检验)。R^2 表示在回归方程中,自变量对因变量的解释比例,这一比例越大,回归方程可以解释的部分越多,模型越精确,回归的效果越显著。R^2 是一个介于 0 到 1 的数,越接近 1 说明回归拟合效果越好。一般地,如果 R^2 的取值超过 0.8,认为模型的拟合优度比较高。在本例中 R^2 为 0.945,表示拟合程度很好。

(2) 参数显著性检验(t 检验)。

检验的零假设 $H_0: \beta_i = 0, i = 1, 2, 3, \cdots, k$

检验统计量 $t = \dfrac{\widehat{\beta_i}}{S(\widehat{\beta_i})}$,$i = 1, 2, 3, \cdots, k$

它在零假设下服从自由度为 $n-k-1$ 的 t 分布,其中 $S(\widehat{\beta_i})$ 是估计量 $\widehat{\beta_i}$ 的标准差。当 $|t|$ 小于临界值 $t_{\alpha/2}(n-k-1)$ 时,未通过检验;大于临界值则通过检验。

如果每一个回归系数都通过了 t 检验,说明模型中的每一个自变量都是显著的。未通过显著性检验的系数所对应的变量,应结合实际情况考虑将其剔除,这是自变量选择的一个最常用的方法。

为了方便用户,EViews 给出了拒绝零假设时犯错误(第一类错误)的概率,称为相伴概率 p。若此概率值低于事先确定的置信度(如 0.05 或 0.01),则可拒绝零假设,反之则不能拒绝。在本例中 t 统计量的相伴概率 p 值即 t 统计量右边的 Prob. 的值为 $0.000000 < 0.01$,因此在

0.01 的水平上拒绝 H_0，即回归参数都十分显著。（注意：在计量经济学中，当 H_0 被拒绝时，规范的表述是"在 $x\%$ 的水平上拒绝 H_0"；当 H_0 未被拒绝时，规范的表述是"在 $x\%$ 的水平上不能拒绝 H_0"，而不是"在 $x\%$ 的水平上接受 H_0"。）

(3)方程显著性检验（F 检验）。

若 F 大于临界值 $F_\alpha(k, n-k-1)$，则拒绝零假设，认为在显著性水平下，因变量对自变量有显著的线性关系，回归方程是显著的；反之则不能拒绝原假设，认为回归方程不显著。

在 EViews 中，同样可以通过 F 统计量的相伴概率 p 值来判定该方程的整体显著性水平。在本例中，F 统计量的相伴概率 p 值为 $0.0000<0.01$，因此在 0.01 的水平上拒绝 H_0，即方程总体回归显著。

5. 小结与讨论

1) *小结*

对于该案例中的模型而言，变量的数据均是时间序列上的增长数据。对于任意在时间序列上增长的数据来说，模型在很大可能上将得到一个很高的 R^2 值，因为变量的变异部分在很大程度上来自自身的惯性增长，其具体的分析将在本教材的时间序列部分进行深入阐述。在实际的建模过程中，除非两个变量的数据都是在同一统计时期发生，否则不可以使用该时间序列的静态方程（形如：$y_t = \beta_0 + \beta_1 x_t + u$）。

2) *讨论*

(1) R^2 的大小并不十分重要。在社会科学研究中，R^2 较低是十分正常的，即使一个很低的 R^2 也不意味着该回归方程是没有用的，这一点将在下一章中进行更加具体的阐述。

(2)回归分析并不能确定因果关系。回归分析不是用来确定因果关系的，而只是在一元线性回归中简单地判断变量之间是正相关还是负相关。两个变量是否存在因果关系，必须以经济理论为判定准则。

(3) t 检验显著性水平的设定。一般而言 t 统计量的显著性水平只要观察其相伴概率 p 值大小即可获知。基本判断标准是：p 值越接近 0，拒绝原假设（$H_0: \beta_i = 0$）的理由就越充分；反之，当 p 值越接近 1，拒绝原假设（$H_0: \beta_i = 0$）的理由就越弱。但是显著性水平是由研究者根据需要设定的，可以设定为 0.01、0.05、0.10……在某些条件下，只需要单尾检验（one-tailed test）即原假设（$H_0: \beta_i < 0$ 或 $\beta_i > 0$）即可，此时显著性水平的 p 值只需要将双尾条件（$H_0: \beta_i = 0$）下 p 值除以 2 就可以得到。

2.8.2 模型的预测

1. 实验要求

掌握建立一元线性回归模型的预测。理解预测区间的定义、建立模型预测的方法。

2. 实验数据

同以上实验数据。

3. 实验内容

(1)扩大工作文件区间（range）；

(2)扩大样本区间(sample);
(3)设定相应的自变量值;
(4)取得因变量预测值。

4. 实验步骤

(1)扩大工作文件区间(range)。在命令窗口中输入"expand 1981 1993",或双击工作文件窗口中的"Range",在弹出对话框中将 1992 改为 1993。工作文件区间发生变化,并且在 EViews 5 中,随着工作区间的变化,样本区间也自动发生变化(如在低版本的 EViews 3 中,则需要手动修改样本区间),如图 2-6、图 2-7 所示。

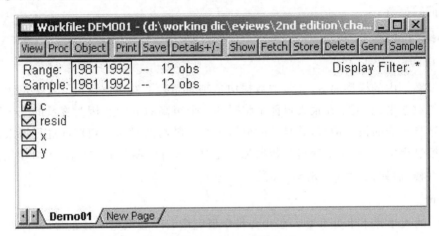

图 2-6　扩大前的工作文件区间

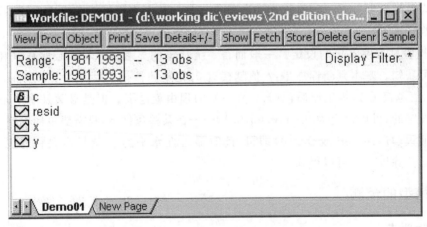

图 2-7　扩大后的工作文件区间

(2)设定外推预测的自变量值。打开序列 X,在序列窗口中选择"edit+/-",例如在 1993 年中输入 30。然后在命令窗口中输入"ls y c x"。在弹出的方程窗口中点击"Forecast",如图 2-8 所示,将弹出一个 Forecast 对话框,如图 2-9 所示。

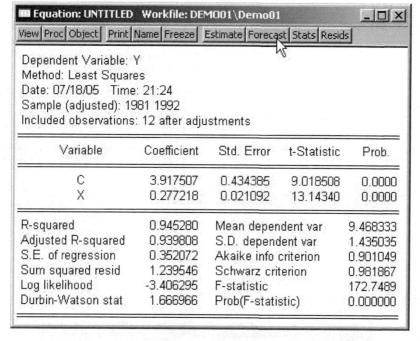

图 2-8 回归结果

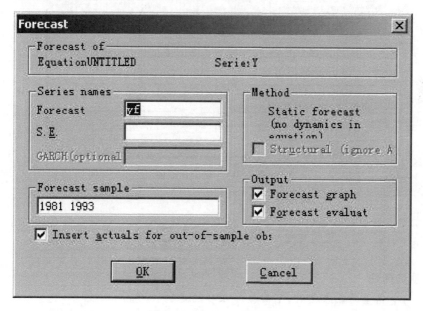

图 2-9 Forecast 对话框

(3) 生成预测图。此时将会产生一个名称以"因变量名称+F"的预测序列,在本例中即为 YF。单击"OK"按钮,将产生一个预测图,如图 2-10 所示。图中实线表示因变量的预测值,上下两条虚线表示 95% 的置信区间。

(4) 输出预测值。同时在工作文件窗口中将产生序列 YF,打开序列 YF,即可输出 1993

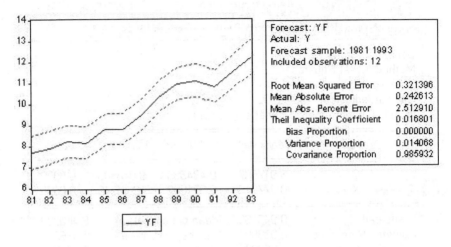

图 2-10 预测图

年相对应于 $X=30$ 时的 Y 的预测值，如图 2-11 所示。

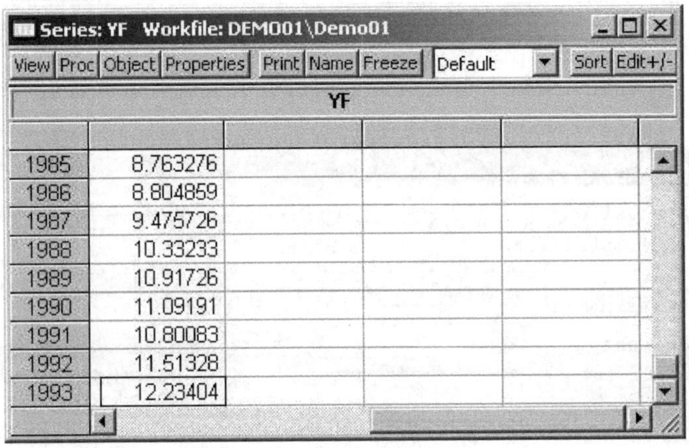

图 2-11 输出预测值

思考与练习

一、单项选择题

1. 在画两个变量的散点图时，下面叙述正确的是（　　）。

A. 被解释变量在 x 轴上，解释变量在 y 轴上

B. 解释变量在 x 轴上，被解释变量在 y 轴上

C. 可以选择两个变量中任意一个变量在 x 轴上

D. 可以选择两个变量中任意一个变量在 y 轴上

2. 在一元线性回归模型中，样本回归方程可表示为（　　）（其中 $t=1,2,\cdots,n$）。

A. $Y_t=\beta_0+\beta_1 X_t+u_t$　　　　　　B. $Y_t=E(Y_t\mid X_t)+u_t$

C. $\hat{Y}_t = \hat{\beta}_0 + \hat{\beta}_1 X_t$ D. $E(Y_t | X_t) = \beta_0 + \beta_1 X_t$

3. 最小二乘准则是指使(　　)达到最小值的原则确定样本回归方程。

A. $\sum_{t=1}^{n}(Y_t - \hat{Y}_t)$ B. $\sum_{t=1}^{n}|Y_t - \hat{Y}_t|$

C. $\max|Y_t - \hat{Y}_t|$ D. $\sum_{t=1}^{n}(Y_t - \hat{Y}_t)^2$

4. 两个变量有线性相关关系且正相关,则回归直线方程中,$\hat{y} = bx + a$ 的系数 b(　　)。
A. >0 B. <0 C. $=0$ D. $=1$

5. 变量之间的关系可以分为(　　)两大类。
A. 函数关系与相关关系   B. 线性相关关系和非线性相关关系
C. 正相关关系和负相关关系   D. 简单相关关系和复杂相关关系

6. 在回归分析中,F 检验主要是用来检验(　　)。
A. 相关关系的显著性   B. 回归系数的显著性
C. 线性关系的显著性   D. 估计标准误差的显著性

7. 设 OLS 法得到的样本回归直线为 $Y_i = \hat{\beta}_0 + \hat{\beta}_1 X_i + e_i$,则点 $(\overline{X}, \overline{Y})$(　　)。
A. 一定不在回归直线上   B. 一定在回归直线上
C. 不一定在回归直线上   D. 在回归直线上方

8. 在基本假设成立的条件下用 OLS 方法估计线性回归模型参数,则参数估计量具有(　　)的统计性质。
A. 有偏特性   B. 非线性特性
C. 最小方差特性   D. 非一致性特性

9. 在总体回归直线 $E(Y) = \beta_0 + \beta_1 X$ 中,β_1 表示(　　)。
A. 当 X 增加一个单位时,Y 增加 β_1 个单位
B. 当 X 增加一个单位时,Y 平均增加 β_1 个单位
C. 当 Y 增加一个单位时,X 增加 β_1 个单位
D. 当 Y 增加一个单位时,X 平均增加 β_1 个单位

10. 关于可决系数 R^2,以下说法中错误的是(　　)。
A. 可决系数 R^2 的定义为被回归方程已经解释的变差与总变差之比
B. $R^2 \in [0,1]$
C. 可决系数 R^2 反映了样本回归线对样本观测值拟合优劣程度的一种描述
D. 可决系数 R^2 的大小不受回归模型中所包含的解释变量个数的影响

11. 某产品量(X,台)与单位产品成本(Y,元/台)之间的回归方程为 $\hat{Y} = 356 - 1.5X$,这说明(　　)。
A. 产量每增加一台,单位产品成本增加 356 元
B. 产量每增加一台,单位产品成本减少 1.5 元
C. 产量每增加一台,单位产品成本平均增加 356 元
D. 产量每增加一台,单位产品成本平均减少 1.5 元

12. 如果两个变量之间存在着负相关,指出下列回归方程中(　　)肯定有误。

A. $\hat{y}=25-0.75x$ B. $\hat{y}=-120+0.86x$
C. $\hat{y}=200-2.5x$ D. $\hat{y}=-34-0.74x$

二、简答题

1. 参数估计量的无偏性和有效性的含义是什么？从参数估计的无偏性和有效性证明过程说明，为什么说满足基本假设的计量经济学模型的普通最小二乘法参数估计量才具有无偏性和有效性？

2. 请评价以下论证过程：因为消费函数散点图中的点 (C_i, Y_i) 不在直线 $C_i = a + bY_i$ 上，且有时 Y_i 上升但 C_i 下降，因此 C_i 不是 Y_i 的函数。

3. 简要回答最小二乘估计原理。

三、案例分析题

已知某市 1980—1998 年城镇居民人均可支配收入 X 与年人均消费型支出 Y 的数据资料，如表 2-4 所示。试建立人均消费支出关于人均可支配收入的回归模型。

表 2-4　人均可支配收入 X 与消费支出 Y 数据　　　　　　单位：元

年份	X	Y	年份	X	Y
1980	526.92	474.72	1990	884.21	767.16
1981	532.72	479.94	1991	903.66	759.49
1982	566.81	488.1	1992	984.09	820.25
1983	591.18	509.58	1993	1035.26	849.78
1984	699.96	576.35	1994	1200.9	974.7
1985	744.06	654.73	1995	1289.77	1040.98
1986	851.2	755.56	1996	1432.93	1099.27
1987	884.4	798.63	1997	1538.97	1186.11
1988	847.26	815.4	1998	1663.63	1252.53
1989	820.99	718.37			

资料来源：张晓峒.计量经济学基础[M].3版.天津：南开大学出版社，2007.

参考答案

第 3 章 多元线性回归模型

上一章介绍了一元线性回归模型的计量经济方法。但是,在实际的计量分析实践中,一元的情况是非常少见的。由于社会经济系统是一个十分复杂的系统,对某经济变量(因变量)的主要影响因素(自变量)往往不止一个。因此就需要使用多元线性回归模型来应对。这里的多元是指自变量的个数为多数的情况。如商品的需求量,不仅取决于消费者可支配收入,而且与该商品价格以及替代品的价格等因素有关。

3.1 模型的建立

3.1.1 模型的设定

这里,假设因变量为 Y,自变量有 k 个,分别用 $X_1, X_2, \cdots, X_k$ 表示,建立多元线性回归模型

$$Y = \beta_0 + \beta_1 X_1 + \beta_2 X_2 + \cdots + \beta_k X_k + u_i \quad (i = 1, 2, \cdots, n)$$

令 X_{ij} 表示第 i 个自变量第 j 个观测值,Y_j 表示因变量的第 j 个观测值,其中 $i = 1, 2, \cdots, k$,$j = 1, 2, \cdots, n$。有

$$\begin{cases} Y_1 = \beta_0 + \beta_1 X_{11} + \beta_2 X_{21} + \cdots + \beta_k X_{k1} + u_1 \\ Y_2 = \beta_0 + \beta_1 X_{12} + \beta_2 X_{22} + \cdots + \beta_k X_{k2} + u_2 \\ \vdots \\ Y_n = \beta_0 + \beta_1 X_{1n} + \beta_2 X_{2n} + \cdots + \beta_k X_{kn} + u_n \end{cases}$$

得到它的矩阵形式

$$Y = XB + U$$

式中 $Y = \begin{bmatrix} Y_1 \\ Y_2 \\ \vdots \\ Y_n \end{bmatrix}_{n \times 1}$, $X = \begin{bmatrix} 1 & X_{11} & X_{21} & \cdots & X_{k1} \\ 1 & X_{12} & X_{22} & \cdots & X_{k2} \\ \vdots & \vdots & \vdots & & \vdots \\ 1 & X_{1n} & X_{2n} & \cdots & X_{kn} \end{bmatrix}_{n \times (k+1)}$, $B = \begin{bmatrix} \beta_0 \\ \beta_1 \\ \beta_2 \\ \vdots \\ \beta_k \end{bmatrix}_{(k+1) \times 1}$, $U = \begin{bmatrix} U_1 \\ U_2 \\ \vdots \\ U_n \end{bmatrix}_{n \times 1}$

每个矩阵右下角指出的是它的维数。

有了模型,便可对 B 进行估计,从而得到 $\hat{B} = (\hat{\beta}_0, \hat{\beta}_1, \hat{\beta}_2, \cdots, \hat{\beta}_k)$,相应的样本回归方程为 $\hat{Y}_j = \hat{\beta}_0 + \hat{\beta}_1 X_{1j} + \hat{\beta}_2 X_{2j} + \cdots + \hat{\beta}_k X_{kj} (j = 1, 2, \cdots, n)$,将它转化为矩阵形式,有

$$\hat{Y} = X\hat{B}$$

3.1.2 模型的经典假设

1. 零均值

标量形式：$\quad E(u_j)=0 \quad (j=1,2,\cdots,n)$

矩阵形式：$\quad E(\boldsymbol{U})=0$

$$E(\boldsymbol{U})=E\begin{bmatrix}u_1\\u_2\\\vdots\\u_n\end{bmatrix}=\begin{bmatrix}E(u_1)\\E(u_2)\\\vdots\\E(u_n)\end{bmatrix}=\begin{bmatrix}0\\0\\\vdots\\0\end{bmatrix}$$

2. 常方差

$$\mathrm{Var}(u_i)=\sigma^2 \quad (i=1,2,\cdots,n)$$

3. 无自相关

$$\mathrm{Cov}(u_i,u_j)=0 \quad i\ne j$$

4. 观测值 X 与随机项不相关

$$\mathrm{Cov}(X_{ij},u_j)=0 \quad (i=1,2,\cdots,k)$$

5. 随机项服从正态分布

$$u_i\sim N(0,\sigma^2)$$

3.2 最小二乘估计

有了多元线性回归模型

$$\hat{Y}_j=\hat{\beta}_0+\hat{\beta}_1X_{1j}+\hat{\beta}_2X_{2j}+\cdots+\hat{\beta}_kX_{kj}(j=1,2,\cdots,n) \quad \rightarrow \quad \hat{\boldsymbol{Y}}=\boldsymbol{X}\hat{\boldsymbol{B}}$$

令

$$Q=\sum e_i^2=\sum(Y_i-\hat{Y}_i)^2$$

最小二乘法的思想就是求出令它最小的那一组参数值$(\hat{\beta}_0,\hat{\beta}_1,\hat{\beta}_2,\cdots,\hat{\beta}_k)$。

由于 $\hat{\boldsymbol{Y}}=\boldsymbol{X}\hat{\boldsymbol{B}}$，同样，根据最小二乘法则：

$$\begin{aligned}\boldsymbol{Q}&=\sum e_i^2\\&=\sum(Y_i-\hat{Y}_i)^2\\&=(\boldsymbol{Y}-\hat{\boldsymbol{Y}})'(\boldsymbol{Y}-\hat{\boldsymbol{Y}})\\&=(\boldsymbol{Y}-\boldsymbol{X}\hat{\boldsymbol{B}})'(\boldsymbol{Y}-\boldsymbol{X}\hat{\boldsymbol{B}})\\&=\boldsymbol{Y'Y}-\hat{\boldsymbol{B}}'\boldsymbol{X'Y}-\boldsymbol{Y'X}\hat{\boldsymbol{B}}+\hat{\boldsymbol{B}}'\boldsymbol{X'X}\hat{\boldsymbol{B}}\\&=\boldsymbol{Y'Y}-2\hat{\boldsymbol{B}}'\boldsymbol{X'Y}+\hat{\boldsymbol{B}}'\boldsymbol{X'X}\hat{\boldsymbol{B}}\end{aligned} \quad (3-1)$$

式中 $\quad \hat{\boldsymbol{B}}'\boldsymbol{X'Y}=(\hat{\boldsymbol{B}}'\boldsymbol{X'Y})'=\boldsymbol{Y'X}\hat{\boldsymbol{B}}$

注意式(3-1)的每一项以及结果都是一个标量，所以为了使式(3-1)最小,对式(3-1)进行微分运算：

$$\frac{\partial \boldsymbol{Q}}{\partial \hat{\boldsymbol{B}}}=\frac{\partial}{\partial \hat{\boldsymbol{B}}}(\boldsymbol{Y'Y}-2\hat{\boldsymbol{B}}'\boldsymbol{X'Y}+\hat{\boldsymbol{B}}'\boldsymbol{X'X}\hat{\boldsymbol{B}})$$

$$= -X'Y + X'X\hat{B} = 0$$

整理得 $(X'X)\hat{B} = X'Y$

有 $\hat{B} = (X'X)^{-1}X'Y$（参数的最小二乘估计值）

随机扰动项的均值0,则方差的估计量为

$$\hat{\sigma}_u^2 = \frac{e'e}{n-k-1}$$

【例 3-1】 经过研究,发现家庭书刊消费水平受家庭收入及户主受教育年数的影响。现对某地区的家庭进行抽样调查,得到样本数据如表3-1所示,其中 y 表示家庭书刊消费水平（元/月）, x 表示家庭收入（元/月）, T 表示户主受教育年数。下面我们估计家庭书刊消费水平同家庭收入和户主受教育年数之间的线性关系。

回归模型设定如下: $y_t = b_0 + b_1 x_t + b_2 T_t + u_t (t=1,2,\cdots,n)$

表 3-1 某地区家庭书刊消费水平及影响因素的调查数据表

家庭书刊消费水平 y/(元/月)	家庭收入 x/(元/月)	户主受教育年数 T/年
450.0	1027.2	8
507.7	1045.2	9
613.9	1225.8	12
563.4	1312.2	9
501.5	1316.4	7
781.5	1442.4	15
541.8	1641.0	9
611.1	1768.8	10
1222.1	1981.2	18
793.2	1998.6	14
660.8	2196.0	10
792.7	2105.4	12
580.8	2147.4	8
612.7	2154.0	10
890.8	2231.4	14
1121.0	2611.8	18
1094.2	3143.4	16
1253.0	3624.6	20

因变量观测值向量和解释变量观测值矩阵分别为

$$Y = \begin{bmatrix} 450 \\ 507.7 \\ \vdots \\ 1094.2 \\ 1253 \end{bmatrix}, \quad X = \begin{bmatrix} 1 & 1027.2 & 8 \\ 1 & 1045.2 & 9 \\ \vdots & \vdots & \vdots \\ 1 & 3143.4 & 16 \\ 1 & 3624.6 & 20 \end{bmatrix}$$

估计参数所需的有关矩阵分别为

$$X'X = \begin{bmatrix} 18 & 34972.8 & 219 \\ 34972.8 & 76252056 & 458076 \\ 219 & 458076 & 2929 \end{bmatrix}$$

$$(X'X)^{-1} = \begin{bmatrix} 0.661273 & -0.0001 & -0.03324 \\ -0.0001 & 2.33E-07 & -2.9E-05 \\ -0.03324 & -2.9E-05 & 0.007315 \end{bmatrix}, \quad X'Y = \begin{bmatrix} 13592.2 \\ 28832356 \\ 182039.7 \end{bmatrix}$$

从而参数估计向量(最小二乘估计量)为

$$\hat{B} = (X'X)^{-1}X'Y = \begin{bmatrix} 0.661273 & -0.0001 & -0.03324 \\ -0.0001 & 2.33E-07 & -2.9E-05 \\ -0.03324 & -2.9E-05 & 0.007315 \end{bmatrix} \begin{bmatrix} 3592.2 \\ 28832356 \\ 182039.7 \end{bmatrix}$$

$$= \begin{bmatrix} -50.0162 \\ 0.08645 \\ 52.37031 \end{bmatrix}$$

样本回归方程为

$$\hat{Y} = -50.0164 + 0.08645X + 52.37031T$$

【例 3-2】 对例 3-1 中回归模型的随机扰动项方差 σ^2 进行估计。

对例 3-1 中的样本观测数据和参数估计,可得表 3-2 所示方差分析计算表:

表 3-2 方差分析计算表

Y	$\hat{Y}$	$Y-\overline{Y}$	$(Y-\overline{Y})^2$	$Y-\hat{Y}$	$(Y-\hat{Y})^2$	$\hat{Y}-\overline{Y}$	$(\hat{Y}-\overline{Y})^2$
450.0	457.7475	−305.122	93099.560	−7.7475	60.0237	−297.375	88431.72
507.7	511.6739	−247.422	61217.750	−3.9739	15.7919	−243.448	59267.07
613.9	684.3977	−141.222	19943.710	−70.4977	4969.9260	−70.724	5001.96
563.4	534.7560	−191.722	36757.400	28.6440	820.4764	−220.366	48561.24
501.5	430.3785	−253.622	64324.220	71.1215	5058.2670	−324.744	105458.50
781.5	860.2337	26.378	695.788	−78.7337	6198.9940	105.112	11048.43
541.8	563.1808	−213.322	45506.360	−21.3808	457.1379	−191.941	36841.51
611.1	626.5994	−144.022	20742.390	−15.4994	240.2313	−128.523	16518.11
1222.1	1063.9240	466.978	218068.300	158.1760	25019.6900	308.802	95358.46
793.2	855.9468	38.078	1449.919	−62.7468	3937.1660	100.825	10165.61
660.8	663.5308	−94.322	8896.677	−2.7308	7.4573	−91.591	8388.98
792.7	760.4391	37.578	1412.091	32.2609	1040.7680	5.317	28.27
580.8	554.5887	−174.322	30388.230	26.2113	687.0310	−200.533	40213.68
612.7	659.8999	−142.422	20284.080	−47.1999	2227.8320	−95.222	9067.28
890.8	876.0724	135.678	18408.470	14.7276	216.9026	120.950	14628.95
1121.0	1118.4390	365.878	133866.600	2.5610	6.5577	363.317	131999.20

续表

Y	$\hat{Y}$	$Y-\overline{Y}$	$(Y-\overline{Y})^2$	$Y-\hat{Y}$	$(Y-\hat{Y})^2$	$\hat{Y}-\overline{Y}$	$(\hat{Y}-\overline{Y})^2$
1094.2	1059.6550	339.078	114973.800	34.5450	1193.3320	304.533	92740.45
1253.0	1310.7360	497.878	247882.300	−57.7360	3333.4830	555.614	308707.10
13592.2			1137918.000		55491.0700		1082426.00
			TSS		RSS		ESS

从而随机扰动项方差 σ^2 的估计值为

$$\hat{\sigma}^2 = \frac{\sum e^2_i}{n-k-1} = \frac{e'e}{n-k-1} = \frac{55491.07}{18-2-1} = 3699.405$$

$$\hat{\sigma}^2 = 60.82273$$

3.3 最小二乘估计量的统计特征

在上一章提到过一元线性回归模型参数的最小二乘估计具有线性、无偏、最小方差的统计性质。本节介绍多元线性回归模型参数的估计量的统计特性。

(1)线性,是指 $\hat{B}$ 是 Y 的线性函数。

$$\hat{B} = (X'X)^{-1}X'Y$$

令 $(X'X)^{-1}X' = A$,则 $\hat{B} = AY$,说明 $\hat{B}$ 与 Y 之间是线性关系。

(2)无偏性,指 $E(\hat{B}) = B$。

证明:
$$\hat{B} = (X'X)^{-1}X'Y$$
$$= (X'X)^{-1}X'(XB+U) \qquad (3-2)$$
$$= B + (X'X)^{-1}X'U$$

$$E(\hat{B}) = B + (X'X)^{-1}X'E(U) = B$$

(3)最小方差性(有效性)。

首先,要求出 $\hat{B}$ 的协方差矩阵

$$\mathrm{Cov}(\hat{B}) = \begin{bmatrix} \mathrm{Var}(\hat{\beta}_0) & \mathrm{Cov}(\hat{\beta}_0,\hat{\beta}_1) & \cdots & \mathrm{Cov}(\hat{\beta}_0,\hat{\beta}_k) \\ \mathrm{Cov}(\hat{\beta}_1,\hat{\beta}_0) & \mathrm{Var}(\hat{\beta}_1) & \cdots & \mathrm{Cov}(\hat{\beta}_1,\hat{\beta}_k) \\ \vdots & \vdots & & \vdots \\ \mathrm{Cov}(\hat{\beta}_k,\hat{\beta}_0) & \mathrm{Cov}(\hat{\beta}_k,\hat{\beta}_1) & \cdots & \mathrm{Var}(\hat{\beta}_k) \end{bmatrix}$$

根据式(3-2)有:
$$\hat{B} - B = (X'X)^{-1}X'U$$

根据方差-协方差矩阵定义:
$$\mathrm{Cov}(\hat{B}) = E[\hat{B}-E(\hat{B})][\hat{B}-E(\hat{B})]'$$
$$= E(\hat{B}-B)(\hat{B}-B)' \quad \text{(利用无偏性)}$$
$$= E[(X'X)^{-1}X'U][(X'X)^{-1}X'U]'$$
$$= E[(X'X)^{-1}X'UU'X(X'X)^{-1}]$$

$$
\begin{aligned}
&= (X'X)^{-1} X' [E(UU')] X (X'X)^{-1} \\
&= (X'X)^{-1} X' [\sigma_u^2 I] X (X'X)^{-1} \quad (I \text{ 是单位矩阵}) \\
&= \sigma_u^2 (X'X)^{-1} X' X (X'X)^{-1} \\
&= \sigma_u^2 (X'X)^{-1}
\end{aligned}
\tag{3-3}
$$

矩阵 $\sigma_u^2 (X'X)^{-1}$ 的主对角线上的元素为各个参数估计值的方差,非对角线元素为参数估计值之间的协方差,即:

$$\mathrm{Var}(\hat{\beta}_i) = \sigma_u^2 (X'X)^{-1}_{ii}$$

式中,$(X'X)^{-1}_{ii}$ 表示 $(X'X)^{-1}$ 第 i 行第 i 列的元素。

可以证明,式(3-3)表示的方差在所有无偏估计量的方差中是最小的,所以该参数估计量具有有效性。

3.4 多元线性回归模型的统计检验

对模型的检验,包括对回归模型的理论检验(即经济意义检验)、统计准则检验和计量经济学准则检验。理论检验(经济意义检验)就是依据经济理论来判断估计参数的正负号是否合理、大小是否适当。经济意义检验是第一位的,如果模型不能通过经济意义检验,则必须寻找原因,修正模型或重新估计模型。如果通过了经济意义检验,则进行下一步的统计准则检验。统计准则检验就是根据统计学理论,确定参数估计值的统计可靠性。

统计准则上的检验有拟合优度检验、方程的显著性检验和变量的显著性检验。拟合优度检验反映了解释变量总体对因变量的解释程度,反映了模型所表达的因果关系的强弱。方程的显著性检验是对模型中被解释变量与解释变量之间的线性关系在总体上是否显著成立做出推断。变量的显著性检验决定是否作为解释变量保留在模型中。

3.4.1 拟合优度检验

如果所有的观测值都落在回归直线上,就称为完全拟合,这种情况是少见的。一般情况下,总会出现正负残差,围绕在回归直线周围。对这些残差的分析,有助于衡量回归直线拟合样本点的程度。

拟合优度是指样本回归直线与观测值之间的拟合程度。在简单线性回归模型中,我们用可决系数 r^2 衡量估计模型对观测值的拟合程度。在多元线性回归模型中,我们也需要讨论所估计的模型对观测值的拟合程度。

1. 总体平方和、残差平方和和回归平方和

$\mathrm{TSS} = \sum(y_i - \bar{y})^2$ 是总体平方和,反映样本观测值总体离差的大小;$\mathrm{ESS} = \sum(\hat{y}_i - \bar{y})^2$ 是回归平方和,反映由模型中解释变量所解释的那部分离差的大小;$\mathrm{RSS} = \sum(y_i - \hat{y})^2$ 是残差平方和,反映样本观测值与估计值偏离的大小(y_i 是样本观测值;$\bar{y}$ 是样本观测值的平均值;$\hat{y}_i$ 是估计值)。

$$
\begin{aligned}
\mathrm{TSS} &= \sum(y_i - \bar{y})^2 \\
&= \sum [(y_i - \hat{y}_i) + (\hat{y}_i - \bar{y})]^2
\end{aligned}
$$

$$= \sum(y_i - \hat{y}_i)^2 + 2\sum(y_i - \hat{y}_i)(\hat{y}_i - \bar{y}) + \sum(\hat{y}_i - \bar{y})^2$$

式中

$$\sum(y_i - \hat{y}_i)(\hat{y}_i - \bar{y})$$
$$= \sum \hat{y}_i(y_i - \hat{y}_i) - \bar{y}\sum(y_i - \hat{y}_i)$$
$$= \sum(\hat{\beta}_0 + \hat{\beta}_1 x_{1i} + \hat{\beta}_2 x_{2i} + \cdots + \hat{\beta}_k x_{ki})(y_i - \hat{y}_i) - \bar{y}\sum(y_i - \hat{y}_i)$$
$$= \hat{\beta}_0 \sum(y_i - \hat{y}_i) + \hat{\beta}_1 \sum x_{1i}(y_i - \hat{y}_i) + \hat{\beta}_2 \sum x_{2i}(y_i - \hat{y}_i) + \cdots + \hat{\beta}_k \sum x_{ki}(y_i - \hat{y}_i) - \bar{y}\sum(y_i - \hat{y}_i)$$
$$= 0$$

根据正规方程组：

$$\begin{cases} \sum(y_i - \hat{y}_i) = 0 \\ \sum x_{1i}(y_i - \hat{y}_i) = 0 \\ \sum x_{2i}(y_i - \hat{y}_i) = 0 \\ \vdots \\ \sum x_{ki}(y_i - \hat{y}_i) = 0 \end{cases}$$

所以
$$\text{TSS} = \sum(y_i - \hat{y}_i)^2 + \sum(\hat{y}_i - \bar{y})^2$$
$$= \text{RSS} + \text{ESS}$$

TSS 与 ESS 应该比较接近才好，即残差平方和越小越好。可以选择用 TSS 和 ESS 的接近程度作为一个评判模型拟合优度的标准。

2. R^2 和 $\bar{R}^2$ 统计量

1) 多重可决系数

为了说明多元线性回归估计模型对观测值的拟合情况，可以考察在 y 的总变差中能由解释变量所解释的那部分变差的比重，即回归平方和与总离差平方和的比值，这一比值称为多重可决系数，简称可决系数，用 R^2 表示。

$$R^2 = \frac{\text{ESS}}{\text{TSS}} = 1 - \frac{\text{RSS}}{\text{TSS}}$$

R^2 为解释变差占总变差的比重，用来表述解释变量对被解释变量的解释程度。它是介于 0 到 1 之间的一个数，R^2 越大，模型对数据的拟合程度就越好，解释变量对被解释变量的解释能力越强。当 $R^2 = 1$ 时，被解释变量的变化 100% 由回归直线解释，所有观测点都落在回归直线上；当 $R^2 = 0$ 时，解释变量与被解释变量之间没有任何线性关系。R^2 越接近 1，模型的拟合优度越高。

2) 修正的可决系数

在应用过程中人们发现，随着模型中解释变量的增多，多重可决系数 R^2 的值往往会变大，从而增加了模型的解释功能。这一事实已从理论上得到证实。这就给人们一个错觉：要使模型拟合得好，就必须增加解释变量。但是，在样本容量一定的情况下，增加解释变量必定使得待估参数的个数增加，从而损失自由度；而且在实际应用中，有时所增加的解释变量并非必要。因此,在比较因变量相同而解释变量个数不同的两个模型的拟合程度时,不能简单地对比多重可决系数。为此,人们引入了修正可决系数 $\overline{R}^2$。

$$\overline{R}^2 = 1 - \frac{S_r}{S_t}$$

其中

$$S_r = \frac{\text{RSS}}{n-k-1} \qquad S_t = \frac{\text{TSS}}{n-1}$$

即

$$\overline{R}^2 = 1 - \frac{\frac{\text{RSS}}{n-k-1}}{\frac{\text{TSS}}{n-1}}$$

式中,n 是样本个数;k 是自变量个数;$n-k-1$ 是残差平方和的自由度;$n-1$ 是总体平方和的自由度。

当增加一个对因变量有较大影响的解释变量时,残差平方和 RSS 减少比 $(n-k-1)$ 减小更显著,修正的可决系数就增加。如果增加一个对被解释变量没有多大影响的解释变量,残差平方和 RSS 减少没有 $(n-k-1)$ 减少明显,修正的可决系数会减少,表明不应该引入这个不重要的解释变量。

修正可决系数与未经修正的多重可决系数之间有如下关系:

$$\overline{R}^2 = 1 - (1-R^2)\frac{n-1}{n-k-1}$$

由此式可以看出,当 $k > 1$ 时,$\overline{R}^2 < R^2$,这意味着随着解释变量的增加,$\overline{R}^2$ 将越来越小于 R^2。

需要说明的是,在实际应用中,我们往往希望所建模型的 R^2 或 $\overline{R}^2$ 越来越好。但应注意,可决系数只是对模型拟合优度的度量,R^2 和 $\overline{R}^2$ 越大,只说明列入模型中的解释变量对因变量联合影响程度越大,并非说明模型中各个解释变量对因变量的影响程度显著。在回归分析中,不仅要模型的拟合度高,而且还要得到总体回归系数的可靠性估计量。因此,在选择模型时,不能单纯地凭可决系数的高低断定模型的优劣,有时为了通盘考虑模型的可靠度及其经济意义,可以适当降低对可决系数的要求。

【例 3-3】 对例 3-1 中的样本回归方程做拟合优度检验,如表 3-3 所示。

表 3-3 方差分析表(二)

来源	平方和	自由度	方差
回归	ESS=1082426	3-1=2	541213
残差	RSS=55491.07	18-3=15	3699.405
总计	TSS=1137918	18-1=17	

$$R^2 = \frac{\text{ESS}}{\text{TSS}} = \frac{1082426}{1137918} = 0.951235$$

修正可决系数为:

$$\bar{R}^2 = 1 - (1-R^2)\frac{n-1}{n-k-1}$$
$$= 1 - (1-0.951235) \times \frac{17}{15}$$
$$= 0.944732$$

可决系数 R^2 和修正可决系数 $\bar{R}^2$ 都大于 0.9，说明模型对数据的拟合程度较好。

3.4.2 方程的显著性检验（F 检验）

这里，考虑 $\hat{\beta}_1,\hat{\beta}_2,\cdots,\hat{\beta}_k$ 是否同时显著为 0，换句话说，即整个线性模型是否显著。这里使用 F 检验。

建立零假设 $H_0:\beta_1=\beta_2=\cdots=\beta_k=0$，即模型线性关系不成立，构造统计量

$$F = \frac{\frac{\mathrm{ESS}}{k}}{\frac{\mathrm{RSS}}{n-k-1}}$$

在原假设成立的条件下，F 服从自由度分别为 k 和 $n-k-1$ 的 F 分布，即：

$$F = \frac{\frac{\mathrm{ESS}}{k}}{\frac{\mathrm{RSS}}{n-k-1}} \sim F(k, n-k-1)$$

检验步骤：

(1) 提出零假设 $H_0:\beta_1=\beta_2=\cdots=\beta_k=0$；备择假设：至少有一个 $\beta_i \neq 0 (i=1,2,\cdots k)$。

(2) 计算 $F = \dfrac{\frac{\mathrm{ESS}}{k}}{\frac{\mathrm{RSS}}{n-k-1}}$。

(3) 根据给定的显著水平 α，查自由度分别为 k 和 $n-k-1$ 的 F 分布表，得 $F_\alpha(k,n-k-1)$。

(4) 做出判断。如果 $F > F_\alpha(k,n-k-1)$，则拒绝 $H_0:\beta_1=\beta_2=\cdots=\beta_k=0$，线性模型整体显著；如果 $F < F_\alpha(k,n-k-1)$，则接受 $H_0:\beta_1=\beta_2=\cdots=\beta_k=0$，线性模型整体不显著。

拟合优度检验与方程显著性检验关系如下：

两种检验是从不同原理出发的两类检验。前者是检验模型对样本的拟合程度，后者是从样本观测值出发，检验模型总体线性关系的显著性。但二者又是关联的，一般情况下，模型对样本观测值的拟合程度高，模型总体线性关系的显著性就强。

用拟合优度检验中的 R^2 与方程显著性检验中的 F 分别表示的这两个统计量之间存在以下关系：

$$R^2 = 1 - \frac{n-1}{n-k-1+kF}$$

要从 R^2 与 F 两个方面综合考虑。

【例 3-4】 对例 3-1 中样本回归方程做 F 检验。

利用例中的方差分析表，可计算出 F 统计量的值：

$$F = \frac{\text{ESS}/k}{\text{RSS}/(n-k-1)} = \frac{541213}{3699.405} = 146.2973$$

在5%的显著性水平下,查自由度为(2,15)的 F 分布表,得临界值 $F_{0.05}(2,15)=3.68$。因为 $F=146.2973>F_{0.05}(2,15)=3.68$,故模型总体是显著的。

3.4.3 变量显著性检验(t 检验)

对每个解释变量进行显著性检验,如果某个变量对被解释变量的影响并不显著,应该将它从模型中删除。

前面我们推导出 $\text{Cov}(\hat{\boldsymbol{B}})=\sigma_u^2(\boldsymbol{X}'\boldsymbol{X})^{-1}$,由于 σ_u^2 未知,用 $\dfrac{e'e}{n-k-1}$ 代替(用估计量代替)。

$$\hat{\sigma}_u^2 = \frac{e'e}{n-k-1} \qquad \text{其中} \ e = \begin{bmatrix} e_1 \\ e_2 \\ \vdots \\ e_n \end{bmatrix} = \begin{bmatrix} y_1 - \hat{y}_1 \\ y_2 - \hat{y}_2 \\ \vdots \\ y_n - \hat{y}_n \end{bmatrix}$$

以 C_{ii} 表示 $(\boldsymbol{X}'\boldsymbol{X})^{-1}$ 主对角线上的第 i 个元素,于是参数估计量 $\hat{\beta}_i$ 的方差为

$$\text{Var}(\hat{\beta}_i) = \sigma_u^2 C_{ii}$$

$$\hat{\beta}_i \sim N(\beta_i, \sigma_u^2 C_{ii})$$

前有 $e'e = \chi^2(n-k-1)$,构造统计量

$$t = \frac{\hat{\beta}_i - \beta_i}{\sqrt{C_{ii} \dfrac{e'e}{n-k-1}}}$$

则该统计量服从自由度为 $(n-k-1)$ 的 t 分布,即

$$t \sim t(n-1-k)$$

检验 $\hat{\beta}_i$ 是否等于 0 的步骤如下:
(1) 提出零假设 $H_0: \beta_i = 0 (i=1,2,\cdots,k)$,备选假设 $H_1: \beta_i \neq 0$。
(2) 计算 t。
(3) 根据给定的显著性水平 α,查 $n-k-1$ 的 t 分布表,得 $t_{\frac{\alpha}{2}}(n-k-1)$。
(4) 做出判断。如果 $|t| < t_{\frac{\alpha}{2}}(n-k-1)$,则接受 $H_0: \beta_i = 0$,即变量 x_i 是不显著的,未通过变量显著性检验;如果 $|t| \geqslant t_{\frac{\alpha}{2}}(n-k-1)$,则拒绝 $H_0: \beta_i = 0$,接受 $H_1: \beta_i \neq 0$,即变量 x_i 是显著的,通过变量显著性检验。

例: $|t_0| = 6.835$,$|t_1| = 32.363$,$|t_2| = 5.701$,给定一个显著性水平 $\alpha = 0.01$,$(n-k-1) = 13$,查表得 $t_{\frac{\alpha}{2}}(13) = 3.012$,可见发生了 $|t| > t_{\frac{\alpha}{2}}(n-k-1)$,所以拒绝原假设,即 3 个解释变量都在 99% 的水平下显著,都通过了变量显著性检验。

3.5 案例分析

3.5.1 模型设定

改革开放以来,随着经济体制的改革深化和经济的快速增长,中国的财政收支状况发生了

很大的变化。为了研究中国税收收入增长的主要原因,分析中央和地方税收收入的增长规律,预测中国税收未来的增长趋势,需要建立多元线性回归模型进行分析。

中国税收收入增长的影响因素主要有:①以国内生产总值(GDP)表示的经济增长水平;②以财政支出表示的公共财政需求;③以商品零售价格指数表示的物价水平。

模型设定为
$$Y = \beta_1 X_1 + \beta_2 X_2 + \beta_3 X_3 + C$$

式中　Y——各项税收收入(亿元);

X_1——国内生产总值(亿元);

X_2——财政支出(亿元);

X_3——商品零售价格指数(%)。

3.5.2　数据收集

1993—2010年中国上述各项经济指标如表3-4所示。

表3-4　1993—2010年中国各项经济指标

年份	国内生产总值 X_1/亿元	财政支出 X_2/亿元	商品零售价格指数 X_3/%	各项税收收入 Y/亿元
1993	35333.90	4642.30	113.20	4255.30
1994	48197.90	5792.62	121.70	5126.88
1995	60793.70	6823.72	114.80	6038.04
1996	71176.60	7937.55	106.10	6909.82
1997	78973.00	9233.56	100.80	8234.40
1998	84402.30	10798.18	97.40	9262.80
1999	89677.10	13187.67	97.00	10682.58
2000	99214.60	15886.50	98.50	12581.51
2001	109655.20	18902.58	99.20	15301.38
2002	120332.70	22053.15	99.70	17636.45
2003	135822.80	24649.95	99.90	20017.31
2004	159878.30	28486.89	102.80	24165.68
2005	184937.40	33930.28	100.80	28778.54
2006	216314.40	40422.73	101.00	34809.72
2007	265810.30	49781.35	103.80	45621.97
2008	314045.40	62592.66	105.90	54223.79
2009	340902.80	76299.90	98.80	59521.59
2010	401202.00	89874.16	103.10	73210.79

数据来源:中国统计年鉴。

3.5.3 回归方程估计

从 EViews 主菜单中依次点击"File"→"New"→"Workfile",生成"Workfile Creat"窗口,在"Workfile Creat"中的"Workfile structure type"下拉菜单中选择"Dated-regular frequency",建立名称为"多元线性回归模型案例"的时间序列数据工作文件,如图 3-1 所示。注意,若案例数据为截面数据,则应该选择"Unstructured/Undated"建立截面数据工作文件。

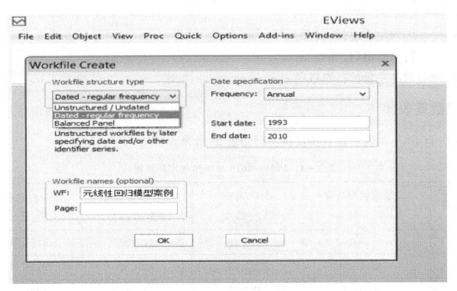

图 3-1 建立时间序列数据工作文件

建立完成的工作文件如图 3-2 所示。

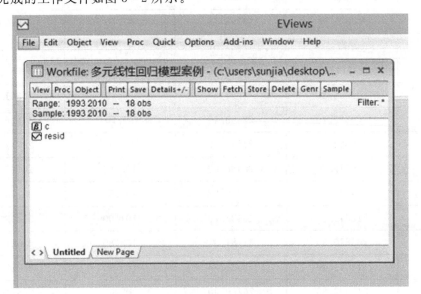

图 3-2 建立完成的工作文件

从"Workfile:多元线性回归模型案例"工作窗口选择"Object"→"New Object"→"Series"

功能，依次建立 4 个名称分别为 x1、x2、x3、y 的时间序列，如图 3-3 所示。建立完成之后的工作文件如图 3-4 所示。

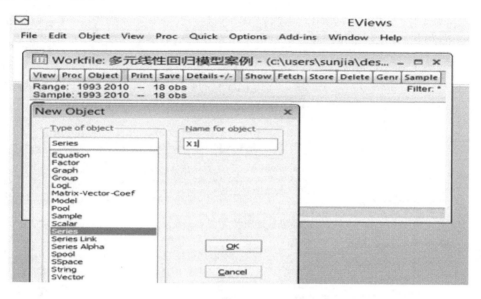

图 3-3　建立 x1 的时间序列

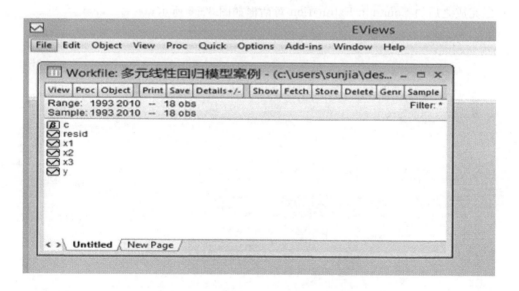

图 3-4　x1、x2、x3、y 时间序列建立完成

从 EViews 主菜单中选择"Object"→"New Object"→"Equation"或者选择"Quick"→"Estimate Equation"功能，将会看到如图 3-5 所示的对话框。

在图 3-5 上部的"Specification"（方程设定）选择区中，可以填写所要估计的方程，设定线性方程最简单的方法是列出方程中所包含的变量。被解释变量在前，各个回归因子在后。例如：本案例中"Specification"（方程设定）选择区需要键入"y　c　x1　x2　x3"，表示一个多元线性回归方程被解释变量 Y 对解释变量 X_1、X_2、X_3 和常数项 C 的回归。

设定了方程之后,就可以选择估计方法了。在图3-5下部"Estimation settings"的"Method"选择区中的估计方法为一个下拉菜单,本案例采用LS即最小二乘法。

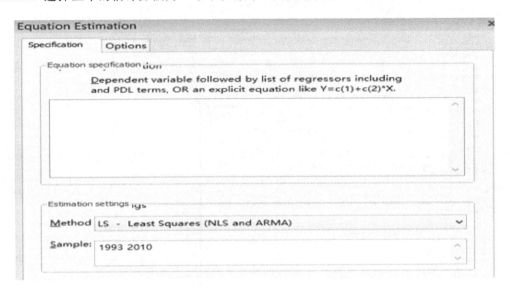

图3-5　Equation Estimation 对话框

设定完成之后的Equation Estimation对话框如图3-6所示。

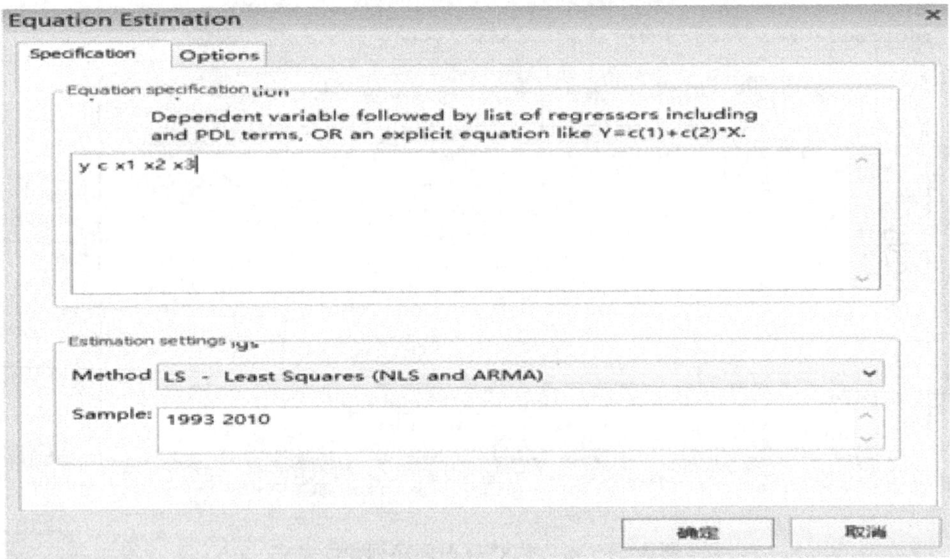

图3-6　设定完成的Equation Estimation对话框

点击"确定"按钮之后,EViews将生成方程(Equation)对象,即给出估计结果。LS估计结果的表格输出形式如图3-7所示,相应的表达式是

$$Y = -14814.27 + 0.14X_1 + 0.25X_2 + 101.77X_3$$
$$(-4.56) \quad (7.73) \quad (3.35) \quad (3.53)$$

$R^2=0.9990$，$DW=1.67$

Equation: UNTITLED　Workfile: 多元线性回归模型...

View | Proc | Object | Print | Name | Freeze | Estimate | Forecast | Stats | Resids

Dependent Variable: Y
Method: Least Squares
Date: 01/09/16　Time: 23:20
Sample: 1993 2010
Included observations: 18

Variable	Coefficient	Std. Error	t-Statistic	Prob.
C	-14814.27	3249.170	-4.559402	0.0004
X1	0.135953	0.017598	7.725553	0.0000
X2	0.250058	0.074591	3.352384	0.0047
X3	101.7686	28.85527	3.526865	0.0034

R-squared	0.998957	Mean dependent var	24243.25
Adjusted R-squared	0.998734	S.D. dependent var	20961.27
S.E. of regression	745.9588	Akaike info criterion	16.26035
Sum squared resid	7790363.	Schwarz criterion	16.45821
Log likelihood	-142.3431	Hannan-Quinn criter.	16.28763
F-statistic	4469.716	Durbin-Watson stat	1.674266
Prob(F-statistic)	0.000000		

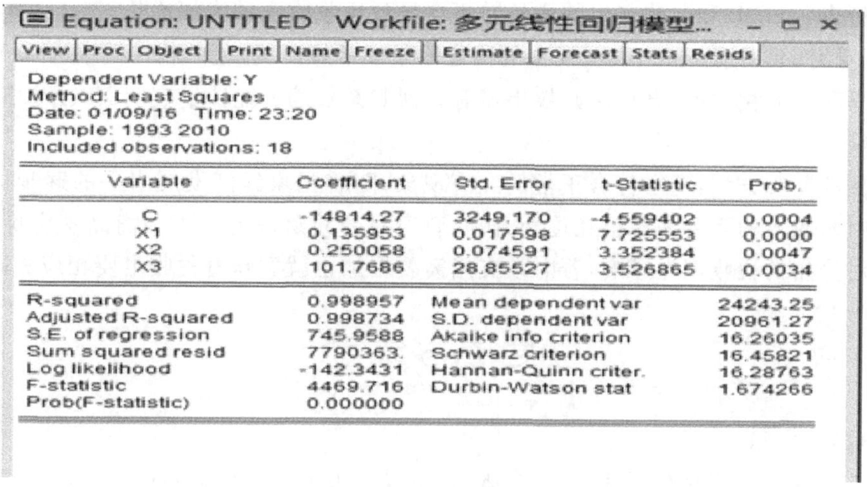

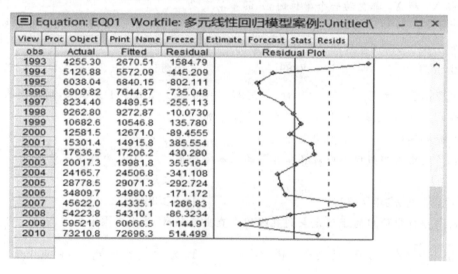

图 3－7　LS 估计结果的表格输出形式

另外，在 Equation 窗口点击"View"→"Actual，Fitted，Residual"→"Table"就可以得到该回归结果对应的实际值、拟合值和残差表，如图 3－8 所示。

Equation: EQ01　Workfile: 多元线性回归模型案例::Untitled\

View | Proc | Object | Print | Name | Freeze | Estimate | Forecast | Stats | Resids

obs	Actual	Fitted	Residual	Residual Plot
1993	4255.30	2670.51	1584.79	
1994	5126.88	5572.09	-445.209	
1995	6038.04	6840.15	-802.111	
1996	6909.82	7644.87	-735.048	
1997	8234.40	8489.51	-255.113	
1998	9262.80	9272.87	-10.0730	
1999	10682.6	10546.8	135.780	
2000	12581.5	12671.0	-89.4555	
2001	15301.4	14915.8	385.554	
2002	17636.5	17206.2	430.280	
2003	20017.3	19981.8	35.5164	
2004	24165.7	24506.8	-341.108	
2005	28778.5	29071.3	-292.724	
2006	34809.7	34980.9	-171.172	
2007	45622.0	44335.1	1286.83	
2008	54223.8	54310.1	-86.3234	
2009	59521.6	60666.5	-1144.91	
2010	73210.8	72696.3	514.499	

图 3－8　回归结果

对这些项的解释如下：

Actual(实际值)：回归中使用的被解释变量的值，它来自原始数据。

Fitted(拟合值)：将回归系数应用于解释变量，从而计算出的被解释变量的预测值。

Residual(残差)：这是被解释变量的实际值与拟合值之差，它们表明回归在预测过程中可能产生的误差。

综上所述，由方程结果可知：每当国内生产总值增加一个单位，税收收入则会产生 0.14 个单位的增长；每当财政支出增加一个单位，税收收入则会有 0.25 个单位的增长；每当商品零售价格指数增加一个单位，税收收入则会有 101.77 个单位的增长；C 值表明除去 GDP、财政支出和商品零售价格指数对税收收入的影响外,还存在一些其他因素对被解释变量具有显著影响。该模型表明 GDP 和财政支出的增长并不会导致税收收入的大幅增长,符合现实情况。由图 3-7 可看出, R^2 接近于 1,表明模型的拟合效果非常好, F 检验的相伴概率为 0.000000,反映变量间呈高度的相关性,方程回归效果显著。回归系数的 t 统计量表明 X_1、X_2、X_3 对 Y 具有显著影响。

本案例的回归方程,基本符合正常的经济现象,随着国家经济发展水平的逐步提升,税收作为国家财政收入的重要来源也在逐渐升高,政府对公共财政的需求和商品零售价格指数的提高也会对当年的税收产生影响,若财政支出需要增加也就意味着税收也要相应提高。

思考与练习

一、单项选择题

1. 在二元线性回归模型 $Y_i = \beta_0 + \beta_1 X_{1i} + \beta_2 X_{2i} + u_i$ 中, β_1 表示(　　)。
   A. 当 X_2 不变时, X_1 每变动一个单位 Y 的平均变动
   B. 当 X_1 不变时, X_2 每变动一个单位 Y 的平均变动
   C. 当 X_1 和 X_2 都保持不变时, Y 的平均变动
   D. 当 X_1 和 X_2 都变动一个单位时, Y 的平均变动

2. 在由 $n=30$ 的一组样本估计的、包含 3 个解释变量的线性回归模型中,计算得到多重决定系数为 0.8500,则调整后的多重决定系数为(　　)。
   A. 0.8603　　　　B. 0.8389　　　　C. 0.8655　　　　D. 0.8327

3. 消费函数模型 $\hat{C}_t = 400 + 0.5I_t + 0.3I_{t-1} + 0.1I_{t-2}$,其中 I 为收入,则当期收入 I_t 对未来消费 C_{t+2} 的影响是: I_t 增加一单位, C_{t+2} 增加(　　)。
   A. 0.5 个单位　　B. 0.3 个单位　　C. 0.1 个单位　　D. 0.9 个单位

4. 在多元线性回归模型中对样本容量的基本要求是(　　)(k 为解释变量个数)。
   A. $n \geq k+1$
   B. $n < k+1$
   C. $n \geq 30$ 或 $n \geq 3(k+1)$
   D. $n \geq 30$

5. 回归分析中使用的距离是点到直线的垂直坐标距离,最小二乘准则是指(　　)。
   A. 使 $\left|\sum_{t=1}^{n}(Y_t - \hat{Y}_t)\right|$ 达到最小值
   B. 使 $\sum_{t=1}^{n}|Y_t - \hat{Y}_t|$ 达到最小值
   C. 使 $\max|Y_t - \hat{Y}_t|$ 达到最小值
   D. 使 $\sum_{t=1}^{n}(Y_t - \hat{Y}_t)^2$ 达到最小值

6. 对多元线性回归模型的显著性检验,所用的 F 统计量可表示为(　　)。
   A. $\dfrac{\text{ESS}/(n-k)}{\text{RSS}/(k-1)}$
   B. $\dfrac{\text{ESS}/k}{\text{RSS}/(n-k-1)}$
   C. $\dfrac{R^2/(n-k)}{(1-R^2)/(k-1)}$
   D. $\dfrac{\text{ESS}}{\text{RSS}/(n-k)}$

7. 调整的可决系数 $\bar{R}^2$ 与多重可决系数 R^2 之间有如下关系(　　)
   A. $\bar{R}^2 = \dfrac{n-1}{n-k-1}R^2$
   B. $\bar{R}^2 = 1 - \dfrac{n-1}{n-k-1}R^2$

C. $\bar{R}^2 = 1 - \frac{n-1}{n-k-1}(1+R^2)$ D. $\bar{R}^2 = 1 - \frac{n-1}{n-k-1}(1-R^2)$

二、多项选择题

1. 普通最小二乘估计的直线具有特性（　　）。

A. 通过样本均值点 $(\bar{X}, \bar{Y})$ B. $\sum Y_i = \sum \hat{Y}_i$

C. $\sum (Y_i - \hat{Y}_i)^2 = 0$ D. $\sum e_i = 0$

E. $Cov(X_i, e_i) = 0$

2. 对模型 $y_t = b_0 + b_1 x_{1t} + b_2 x_{2t} + u_t$ 进行总体显著性检验，如果检验结果总体线性关系显著，则有（　　）。

A. $b_1 = b_2 = 0$ B. $b_1 \neq 0, b_2 = 0$ C. $b_1 = 0, b_2 \neq 0$

D. $b_1 \neq 0, b_2 \neq 0$ E. $b_1 = b_2 \neq 0$

3. 在多元线性回归分析中，修正的可决系数 $\bar{R}^2$ 与可决系数 R^2 之间（　　）。

A. $\bar{R}^2 < R^2$ B. $\bar{R}^2 \geqslant R^2$

C. $\bar{R}^2$ 只能大于零 D. $\bar{R}^2$ 可能为负值

三、简答题

1. 对于多元线性回归模型，为什么在进行了总体显著性 F 检验之后，还要对每个回归系数进行是否为 0 的 t 检验？

2. 给定二元回归模型：$y_t = b_0 + b_1 x_{1t} + b_2 x_{2t} + u_t$，请叙述模型的古典假定。

3. 在多元线性回归分析中，为什么用修正的可决系数衡量估计模型对样本观测值的拟合优度？

四、案例分析题

表 3-5 为 1985—2006 年的国内生产总值、城镇居民消费和农村居民消费的年度数据。

表 3-5　1985—2006 年的国内生产总值、城镇居民消费和农村居民消费的年度数据　单位：亿元

年份	城镇居民消费 X_1	农村居民消费 X_2	国内生产总值 Y
1995	17098.1	11271.6	63216.9
1996	20048.8	13907.1	74163.6
1997	22345.7	14575.8	81658.5
1998	24757.3	14472.0	86531.6
1999	27336.3	14584.1	91125.0
2000	30707.2	15147.4	98749.0
2001	33422.2	15791.0	108972.4
2002	36299.6	16271.7	120350.3
2003	40528.7	16305.7	136398.8
2004	46282.9	17550.6	160280.4
2005	51989.3	19228.2	188692.1
2006	59005.6	21114.9	221170.5

试回答以下问题：

(1)根据以上数据，运用普通最小二乘法估计回归方程；

(2)检验城镇居民消费、农村居民消费的系数是否显著（显著性水平为 0.05，$t_{0.025}(9)=2.262$）；

(3)对模型的总体显著性进行检验（显著性水平为 0.05，$F_{0.05}(2,9)=4.26$）。

参考答案

第二篇
放宽假设的计量经济学模型

- 第4章　多重共线性

- 第5章　异方差

- 第6章　序列自相关

第4章 多重共线性

多元线性回归模型的经典假设之一就是解释变量之间不存在线性关系,即任何一个解释变量不能写成其他解释变量的线性组合。但在实际的研究工作中,多元线性回归模型中的解释变量往往存在程度不同的线性相关关系,经典线性回归模型的假设条件难以满足,这就是解释变量的多重共线性问题。在一个线性回归模型中,如果某一个解释变量与其他解释变量存在线性关系(即某个解释变量可以写成其他解释变量的线性组合),则称这个回归模型中存在多重共线性。显然,多重共线性违反了解释变量之间不相关的古典假设。本章将从下面几个方面分析多重共线性:①什么是多重共线性?产生多重共线性的原因是什么?②多重共线性会引起什么实际后果?③如何发现(检验)多重共线性?④为缓解多重共线性问题,能采取哪些补救措施?

4.1 多重共线性的概念

被解释变量 Y 关于 k 个解释变量 $X_1,\cdots,X_k$ 的多元线性回归模型:
$$Y_i = \beta_0 + \beta_1 X_{1i} + \cdots + \beta_k X_{ki} + u_i \quad (i=1,2,\cdots,n)$$
的矩阵表达式为
$$Y = XB + U$$
式中
$$Y = (Y_1, Y_2, \cdots, Y_n)'$$
$$B = (\beta_1, \beta_2, \cdots, \beta_k)'$$
$$U = (U_1, U_2, \cdots, U_n)'$$
$$X = \begin{bmatrix} 1 & X_{11} & X_{21} & \cdots & X_{k1} \\ 1 & X_{12} & X_{22} & \cdots & X_{k2} \\ \vdots & \vdots & \vdots & & \vdots \\ 1 & X_{1n} & X_{2n} & \cdots & X_{kn} \end{bmatrix}$$

参数 B 的最小二乘估计量
$$\hat{B} = (X'X)^{-1} X'Y$$

这一表达式的前提条件是解释变量 $X_1,\cdots,X_k$ 之间不是线性相关的,即不存在不全为 0 的常数 $C_1,\cdots,C_k$,使得
$$C_0 + C_1 X_{1i} + \cdots + C_k X_{ki} = 0$$
式中,$i=1,\cdots,n$。

如果解释变量 $X_1,\cdots,X_k$ 之间线性相关,则必有 $|X'X|=0$(不满秩),从而 $(X'X)^{-1}$ 不存在,因此最小二乘估计量 $\hat{B}$ 不是唯一确定的,即最小二乘法失效,此时称该模型存在完全的多重共线性。

一般情况下,完全的多重共线性并不多见,通常是:

$$C_0 + C_1 X_{1i} + \cdots + C_k X_{ki} \approx 0 \text{ 或 } C_0 + C_1 X_{1i} + \cdots + C_k X_{ki} + V_i = 0 \quad (i=1,2,\cdots,n)$$

式中,V_i 是随机项。此时称模型存在近似的多重共线性。

完全的多重共线性和近似的多重共线性统称为多重共线性。在实际经济统计数据中,完全多重共线性和完全无多重共线性这两种极端情况较为少见。

此外,不存在多重共线性只说明解释变量之间没有线性关系,但不排除它们之间存在某种非线性关系。通常提到的多重共线性,是指解释变量之间存在比较强的线性相关关系。

4.2 多重共线性的来源与结果

4.2.1 多重共线性的来源

多重共线性是多元线性回归模型中普遍存在的现象,原因有二:

其一,许多经济变量在时间上有共同变动的趋势。例如,在经济繁荣时期,收入、消费、储蓄、投资、就业等都趋向于增长;在经济衰退时期,都趋向于下降。时间序列中的这种增长因素和趋向因素是造成多重共线性的主要根源。

其二,把一些解释变量的滞后量也作为解释变量在模型中使用,而解释变量与滞后量通常是相关的。例如,在消费函数中,解释变量除了包括现期收入外,通常还包括前一期的收入,而现期收入与前期收入值是相关的,几乎可以肯定带有解释变量滞后值的模型存在多重共线性。

在多元线性回归模型中,人们关心的并不是多重共线性的有无,而是多重共线性的程度。当多重共线性的程度过高时,会给最小二乘估计量带来严重的后果。

4.2.2 多重共线性的结果

其一,完全共线性下参数估计量不存在。$Y=XB+U$ 的普通最小二乘估计量为:$\hat{B}=(X'X)^{-1}X'Y$。完全共线性下,$(X'X)^{-1}$ 不存在,无法得到参数估计量。

其二,近似共线性下普通最小二乘法参数估计量非有效。对于一般的多元模型,由于近似共线性的存在,$|X'X| \approx 0$ 而 $\text{Cov}(\hat{B}) = \sigma_u^2 (X'X)^{-1}$,$A^{-1} = \dfrac{A}{|A|}$,表明参数估计量 $\hat{B}$ 的方差将很大。

其三,参数估计量的精确度下降,显著性检验失效。由于参数 OLS 估计量的方差很大,参数的置信区间也就很大,致使不可能对参数做出精确估计。甚至可能出现参数估计量的符号有悖于实际经济意义下所应有的符号的情况,导致参数估计量经济意义不合理。例如,在某省宏观经济模型中,建筑业生产方程为:

建筑业产值=2.1684+0.1601×工业总产值−0.0795×上年工业总产值+0.0561×上年建筑产值

此模型中,按实际经济意义,各解释变量参数的估计值均应为正。现在上年工业总产值的系数估计值为负,追其根源,是因为所选的解释变量即上年工业总产值与本年工业总产值是相关的。

其四,参数的估计量及其方差对样本波动敏感。由于增加或减少一些样本,参数估计值及其方差会发生很大变化,因而建立的回归模型的可靠程度降低。

其五,模型的预测功能失效。

4.3 多重共线性的检验

多元线性回归模型一般几乎不可避免地会出现多重共线性,问题在于确定多重共线性的严重程度。在多元线性回归模型中,如果解释变量存在多重共线性,将对参数估计、统计检验及模型估计值的可靠性、稳定性产生不利影响,应对其认真检验。对于解释变量之间是否存在严重的多重共线性,常用的检验方法有以下几种。

4.3.1 综合统计检验法

对多个解释变量的模型,采用综合统计检验法。若在普通最小二乘法下,模型的 R^2 与 F 值较大,但各参数估计的 t 检验值较小(t 检验通不过),说明解释变量间存在严重多重共线性。此时各解释变量对 Y 的联合线性作用显著,但各解释变量间存在共线性而使得它们对 Y 的独立作用不能分辨,故 t 检验不显著。

4.3.2 相关系数检验法

计算并检查样本中任何两个不同解释变量的简单相关系数 r_{ij},若相关系数的绝对值比较大,例如 $|r|>0.8$,或 $|r|>0.9$,接近1,则可以认为这两个样本之间高度相关,存在较强的多重共线性。但需要特别注意的是,如果相关系数很大,则一定存在多重共线性,如果相关系数很小,则不一定没有多重共线性。

EViews 软件中直接计算解释变量的相关系数矩阵,有以下两种方法。

命令方式为:COR 解释变量名。

菜单方式为:将所有解释变量设置成一个数组,并在数组窗口中点击"view"→"correlations"。

这种相关系数检验法,适用于两个解释变量之间存在线性关系的检验。对于三个或更多个解释变量之间存在线性相关关系,这种检验方法不适用。此外,相关系数究竟多大才算是严重的共线性,也无统一的量化标准,对此只能凭借经验加以判断。

4.3.3 方差膨胀因子检验

对于多元线性回归模型,参数估计值 $\hat{b}_i$ 的方差可以表示成:

$$\mathrm{Var}(\hat{b}_i) = \frac{\sigma^2}{\sum(x_{it}-\bar{x}_i)^2} \cdot \frac{1}{1-R_i^2} = \frac{\sigma^2}{\sum(x_{it}-\bar{x}_i)^2} \cdot \mathrm{VIF}_i$$

$$\mathrm{VIF}_i = \frac{1}{1-R_i^2}$$

式中,VIF_i 为方差膨胀因子;R_i^2 表示第 i 个解释变量与模型中其他解释变量辅助回归模型的决定系数。R_i^2 度量了 x_i 与其余解释变量的线性相关程度,R_i^2 越接近1,VIF_i 就越大,说明 x_i 与其余解释变量之间多重共线性越强,反之则越弱。$R_i^2 \to 1$,则 $\mathrm{VIF}_i \to \infty$。因此,$\mathrm{VIF}_i$ 的大小反映了自变量之间是否存在多重共线性,可用它来度量多重共线性。另外,还可以用 k 个自变量所对应的方差膨胀因子的平均值来度量多重共线性。

$$\overline{\text{VIF}} = \frac{1}{k}\sum_{i=1}^{k}\text{VIF}_i$$

当 $\overline{\text{VIF}}$ 远大于 1 时,就表示存在严重的多重共线性。

随着多重共线性程度的增强,VIF 以及系数估计误差都在增大。因此,可以用 VIF 作为衡量多重共线性的一个指标;一般当 VIF>5 或 VIF>10 时(此时 $R_i^2>0.8$ 或 $R_i^2>0.9$),认为模型存在较严重的多重共线性。

4.3.4 判定系数法

使模型中每一个解释变量当作被解释变量,分别以其余解释变量为该解释变量进行回归计算,并计算相应的可决系数 R^2,在此方法中称为判定系数。

对多元模型中的解释变量进行如下回归:

$$X_1 = f_1(X_2, X_3, \cdots, X_k)$$
$$X_2 = f_2(X_1, X_3, \cdots, X_k)$$
$$\vdots$$
$$X_k = f_k(X_1, X_2, \cdots, X_{k-1})$$

并分别计算出各回归方程的多重可决系数 $R_1^2, R_2^2, \cdots, R_k^2$。如果存在值突出大且较接近 1 的可决系数,则对应的解释变量与其他解释变量的多重共线性将最为严重。

还有一些其他的检验方法,如主成分分析法等,由于较复杂,此处暂不作介绍。

4.4 多重共线性的修正方法

如果多重共线性对参数的估计值没有严重影响,可以不进行修正。

如果多重共线性只影响到某些不重要解释变量对应参数的估计值,可以从模型中略去这些解释变量。

如果多重共线性对重要解释变量对应参数的估计值有严重影响,就应当进行修正,解决方法要根据具体情况确定。下面介绍几种方法。

4.4.1 增加样本观测值

如果多重共线性是由样本引起的(例如测量误差),但解释变量的总体不存在多重共线性,则可以通过收集更多的观测值增加样本容量,避免或减弱多重共线性。当解释变量的总体存在多重共线性时,增加样本容量就不能降低解释变量之间的线性关系。

4.4.2 略去不重要的解释变量

如果多重共线性是由不重要的解释变量引起的,则可以从模型中略去这些解释变量,以减弱多重共线性。但它们对被解释变量的影响归入随机项中,可能使随机项不满足零均值的假设,因此保留在模型中的解释变量对应参数的估计量可能是有偏的。

4.4.3 用被解释变量的滞后值代替解释变量的滞后值

如果多重共线性是由解释变量的现期值与其过去值高度相关引起的,则可以用被解释变量的一期滞后值代替解释变量的滞后值,以避免多重共线性。

例如,个人消费 Y_t 取决于现期收入 X_t 和过去收入 $X_{t-1}, X_{t-2}, \cdots$ 模型为

$$Y_t = \beta_0 + \beta_1 X_t + \beta_2 X_{t-1} + \beta_3 X_{t-2} + \cdots + u_t$$

通常 $X_t, X_{t-1}, \cdots$ 是高度相关的,用消费的前一期值 Y_{t-1} 代替 $X_{t-1}, X_{t-2}, \cdots$ 对现期 Y_t 的影响,得

$$Y_t = \beta_0 + \beta_1 X_t + \rho Y_{t-1} + u_t$$

一般地,X_t 与 Y_{t-1} 的线性关系较弱。

4.4.4 利用参数之间的关系合并解释变量

如果多重共线性是由某些解释变量引起的,根据经济理论和实际分析又知道它们对应的参数之间满足一定的关系,则可以通过参数代换减少或避免多重共线性。

例如,企业产出量 Y 取决于资金投入量 K 和劳动力量 L,模型为

$$\ln Y = \ln A + \alpha \ln L + \beta \ln K + u$$

通常 L 与 K 是高度相关的,如果已知该生产函数是规模报酬不变的,即 $\alpha + \beta = 1$,则将 $\beta = 1 - \alpha$ 代入模型中。得:

$$\ln Y = \ln A + \alpha \ln L + (1-\alpha) \ln K + u$$
$$\ln Y = \ln A + \alpha \ln L + \ln K - \alpha \ln K + u$$
$$\ln Y - \ln K = \ln A + \alpha (\ln L - \ln K) + u$$
$$\ln \frac{Y}{K} = \ln A + \alpha \ln \frac{L}{K} + u$$

从而消除了多重共线性。

4.4.5 变换模型的形式

对原设定的模型进行适当的变化,也可以消除或削弱原模型中解释变量之间的相关关系。具体有三种变换方式:一是变换模型的函数形式,如将线性模型转换成对数模型、半对数模型或多项式模型等;二是变换模型的变量形式,如引入差分变量、相对数变量等;三是改变变量的统计指标,如将生产过程中的资金投入量换成固定资金或流动资金(或两者之和),劳动投入量换成职工人数或工资总额,经济增长率指标换成 GDP、GNP 或国民收入增长率,等等。

例如一阶差分法,如有原模型为

$$Y_i = \beta_0 + \beta_1 X_{1i} + \beta_2 X_{2i} + \cdots + \beta_k X_{ki} + u_i$$

变换为

$$\Delta Y_i = \beta_0 + \beta_1 \Delta X_{1i} + \beta_2 \Delta X_{2i} + \cdots + \beta_k \Delta X_{ki} + u_i - u_{i-1} \quad (i=2,\cdots,n)$$

如果原模型式存在严重的多重共线性问题,一般情况下,经过一阶差分变换后可以有效地消除或减弱原模型中的多重共线性。

再例如,若将需求函数取成

$$Q = b_0 + b_1 P + b_2 P_r + b_3 Y + u$$

则商品本身价格 P 与相关商品价格 P_r 之间往往是高度相关的,此时可以用相对价格 P/P_r 综合反映价格因素的影响,而将需求函数设成

$$Q = b_0 + b_1 \frac{P}{P_r} + b_3 Y + \mu$$

4.4.6 逐步回归法

逐步回归分析法不仅可以对多重共线性进行检验,同时也是处理多重共线性问题的一种有效方法。

建立计量经济模型的时候,一般是将解释变量全部引入模型,然后再根据统计检验和定性分析从中逐个剔除次要的或产生多重共线性的变量,选择变量是一个"由多到少"的过程。而逐步回归选择变量时,却是一个"由少到多"的过程,即:从所有解释变量中间先选择影响最为显著的变量建立模型,然后再将模型之外的变量逐个引入模型;每引入一个变量,就对模型中的所有变量进行一次显著性检验,并从中剔除不显著的变量;逐步引入—剔除—引入,直到模型之外所有变量均不显著时为止。

许多统计分析软件都有逐步回归程序,但根据计算机软件自动挑选的模型往往统计检验合理,经济意义并不理想。因此,实际应用中一般是依据逐步回归的原理,结合主观分析来筛选变量。具体步骤为:

(1)用被解释变量分别通过最小二乘法对每个解释变量进行线性回归,根据经济理论和统计检验从中选择一个最合适的回归方程作为基本回归方程,通常选取 R^2 最大的回归方程。

(2)在一元回归方程中逐个增加其他解释变量,重新进行线性回归,逐步扩大模型的规模,直至从综合情况看出现最好的模型估计形式。

选择时要求模型中每个解释变量影响显著,参数符号正确,$\bar{R}^2$ 值有所提高。

如果新增加的这个解释变量提高了回归方程的可决系数 R^2,并且回归方程中的其他参数统计上仍然显著,就在模型中保留该解释变量(新引入的变量是一个独立的解释变量,不存在多重共线性)。

如果新增加的解释变量没有提高回归方程的拟合优度,则不在模型中保留该解释变量(该解释变量不独立,也就是说它与其他变量之间存在共线性关系)。

如果新增加的解释变量提高了回归方程的拟合优度,并且回归方程中某些参数的数值或符号等受到显著的影响,说明模型中存在多重共线性,将该解释变量同与之相关的其他解释变量进行比较,在模型中保留对被解释变量影响较大、经济意义相对重要的一个,舍去对被解释变量影响较小、经济意义相对次要的一个。但要注意,不应轻率舍去新引入的变量,否则会造成模型设定偏误,以及随机项与解释变量相关。

4.5 案例分析:多重共线性的检验和处理

4.5.1 数据及模型设定

1. 样本数据

样本数据如表 4-1 所示。

表 4-1　中国 1990—2007 年能源需求及相关影响因素分析

年份	能源需求总量/万吨	城镇化水平/%	工业生产总值/亿元	能源生产总量/万吨	城镇居民家庭人均可支配收入/元
1990	98703.00	26.41	6858.00	103922.00	1510.20
1991	103783.00	26.94	8087.10	104844.00	1700.60
1992	109170.00	27.46	10284.50	107256.00	2026.60
1993	115993.00	27.99	14187.97	111059.00	2577.40
1994	122737.00	28.51	19480.71	118729.00	3496.20
1995	131176.00	29.04	24950.61	129034.00	4283.00
1996	138948.00	30.48	29447.61	132616.00	4838.90
1997	137798.00	31.91	32921.39	132410.00	5160.30
1998	132214.00	33.35	34018.43	124250.00	5425.10
1999	133830.97	34.78	35861.48	125934.78	5854.02
2000	138552.58	36.22	40033.59	128977.88	6280.00
2001	143199.21	37.66	43580.62	137445.44	6859.60
2002	151797.25	39.09	47431.31	143809.83	7702.80
2003	174990.30	40.53	54945.53	163841.53	8472.20
2004	203226.68	41.76	65210.03	187341.15	9421.60
2005	224682.00	42.99	77230.78	205876.00	10493.00
2006	246270.00	43.90	91310.90	221056.00	11759.50
2007	265583.00	44.94	107367.20	235445.00	13785.80

2. 模型设定

根据变量之间的相关关系,我们假定能源回归模型为

$$Y_t = \beta_0 + \beta_1 X_{1t} + \beta_2 X_{2t} + \beta_3 X_{3t} + \beta_4 X_{4t} + u_t$$

式中,Y 表示能源需求总量;X_1 表示城镇化水平;X_2 表示工业生产总值;X_3 表示能源生产总量;X_4 表示城镇居民家庭人均可支配收入;u_t 为其他因素。

4.5.2　实验步骤

1. 参数估计

用 EViews 软件进行参数估计的具体过程如下。

(1)点击"File"→"New"→"Workfile",屏幕上出现 Workfile Create 对话框,选择"Dated-regular frequency",在"Start date"里键入 1990,在"End date"里键入 2007,点击"OK"后屏幕出现 Workfile 对话框(子窗口),见图 4-1 和图 4-2。

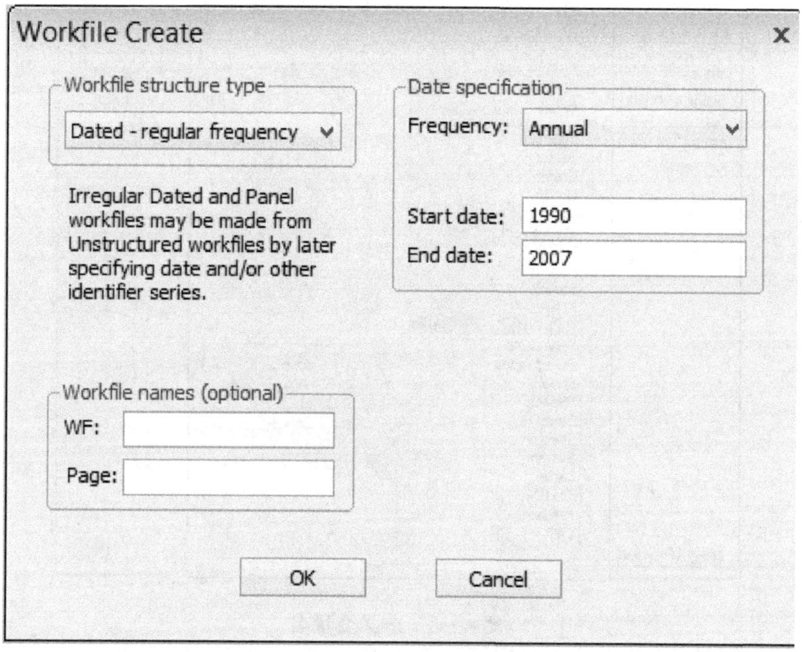

图 4-1 建立文件

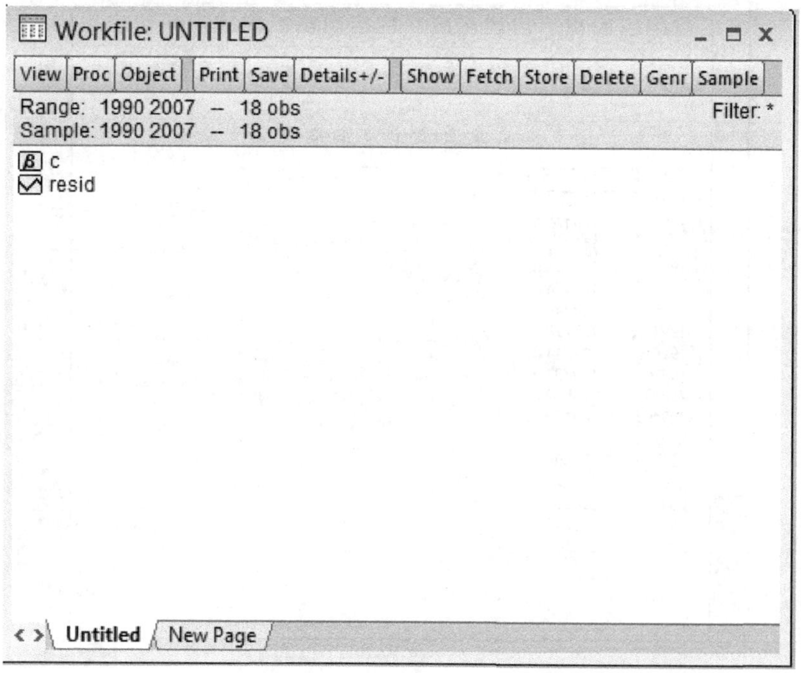

图 4-2 Workfile 对话框

(2)在 Object 菜单中点击"New Object",在"New Object"中选择"Series",并在"Name for object"中定义变量名,点击"OK"出现数据编辑窗口,录入或粘贴完成该变量的数据输入。按此方法分别录入其他变量的数据,见图 4-3 和图 4-4。

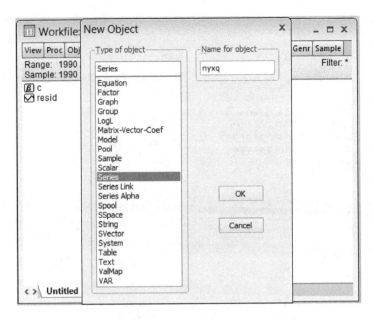

图 4-3 定义变量名

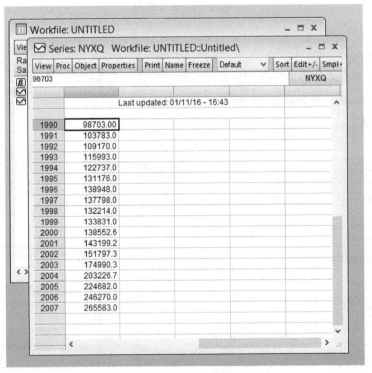

图 4-4 录入数据

(3) 利用表中数据，用 EViews 进行最小二乘估计，点击 "Quick" → "Equation Estimation"，输入各个变量的名称，得到输出结果，如图 4-5 和图 4-6 所示。

图 4-5 输入变量名

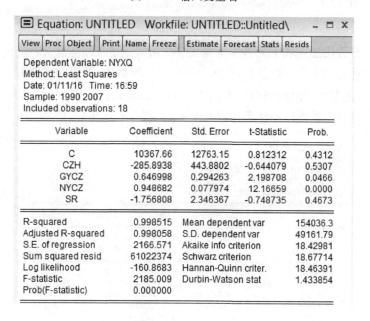

图 4-6 输出结果

2. 分析

通过图 4-6,我们得到能源需求回归模型,上述回归结果整理如下:
$$\hat{y} = 10367.7 - 285.9X_1 + 0.647X_2 + 0.949X_3 - 1.757X_4$$
  (0.81)　(−0.64)　(2.20)　(12.2)　(−0.75)

$$R^2=0.999 \quad \bar{R}^2=0.998 \quad F=2185.01$$

其中括号内的数字是 t 值。回归系数估计值的显著性都很低,且解释变量的回归系数与经济理论相违背,城镇化水平越高,能源需求量应该越高,但是我们得出的符号为负,由此我们初步得出结论:解释变量可能存在多重共线性。

3. **检验**

计算解释变量之间的简单相关系数。EViews 软件计算过程如下：

在 Quick 菜单中选 Group Statistics 项中的 Correlation 命令。在出现 Series List 对话框时,直接输入 X_1、X_2、X_3、X_4 变量名,出现的结果见图 4-7。

Correlation	CZH	GYCZ	NYCZ	SR
CZH	1.000000	0.953200	0.906481	0.973706
GYCZ	0.953200	1.000000	0.980036	0.993930
NYCZ	0.906481	0.980036	1.000000	0.962064
SR	0.973706	0.993930	0.962064	1.000000

图 4-7 相关性结果

由图 4-7 可以看出,解释变量之间存在高度相关性。同时由图 4-6 也可以看出,尽管整体上线性回归拟合较好,但 X_1、X_2、X_3、X_4 变量的参数 t 值并不显著。表明模型中确实存在严重的多重共线性。

4. **修正**

(1) 运用 OLS 方法逐一求 Y 对各个解释变量的回归。结合经济意义和统计检验选出拟合效果最好的一元线性回归方程。经分析,在四个一元回归模型中,可以知道能源生产总量 X_3 是最重要的解释变量,能源生产总量回归模型的 R^2 也最大,所以选取以 X_3 作为解释变量的回归模型作为基本回归方程。具体回归结果比较如图 4-8、图 4-9、图 4-10 和图 4-11 所示。

```
Dependent Variable: NYXQ
Method: Least Squares
Date: 01/11/16   Time: 17:04
Sample: 1990 2007
Included observations: 18
```

Variable	Coefficient	Std. Error	t-Statistic	Prob.
C	-88289.03	28008.16	-3.152261	0.0062
CZH	6990.603	795.2758	8.790162	0.0000

R-squared	0.828449	Mean dependent var	154036.3
Adjusted R-squared	0.817727	S.D. dependent var	49161.79
S.E. of regression	20988.83	Akaike info criterion	22.84581
Sum squared resid	7.05E+09	Schwarz criterion	22.94474
Log likelihood	-203.6123	Hannan-Quinn criter.	22.85945
F-statistic	77.26695	Durbin-Watson stat	0.234298
Prob(F-statistic)	0.000000		

图 4-8 回归结果(1)

```
Dependent Variable: NYXQ
Method: Least Squares
Date: 01/11/16   Time: 17:06
Sample: 1990 2007
Included observations: 18
```

Variable	Coefficient	Std. Error	t-Statistic	Prob.
C	84340.22	3719.043	22.67794	0.0000
GYCZ	1.687994	0.074656	22.61027	0.0000

R-squared	0.969652	Mean dependent var		154036.3
Adjusted R-squared	0.967756	S.D. dependent var		49161.79
S.E. of regression	8827.840	Akaike info criterion		21.11365
Sum squared resid	1.25E+09	Schwarz criterion		21.21258
Log likelihood	-188.0228	Hannan-Quinn criter.		21.12729
F-statistic	511.2244	Durbin-Watson stat		0.346397
Prob(F-statistic)	0.000000			

图 4-9 回归结果(2)

```
Dependent Variable: NYXQ
Method: Least Squares
Date: 01/11/16   Time: 17:06
Sample: 1990 2007
Included observations: 18
```

Variable	Coefficient	Std. Error	t-Statistic	Prob.
C	-21433.01	2415.365	-8.873611	0.0000
NYCZ	1.208352	0.016050	75.28457	0.0000

R-squared	0.997185	Mean dependent var		154036.3
Adjusted R-squared	0.997009	S.D. dependent var		49161.79
S.E. of regression	2688.649	Akaike info criterion		18.73590
Sum squared resid	1.16E+08	Schwarz criterion		18.83483
Log likelihood	-166.6231	Hannan-Quinn criter.		18.74955
F-statistic	5667.767	Durbin-Watson stat		1.121353
Prob(F-statistic)	0.000000			

图 4-10 回归结果(3)

```
Dependent Variable: NYXQ
Method: Least Squares
Date: 01/11/16   Time: 17:07
Sample: 1990 2007
Included observations: 18
```

Variable	Coefficient	Std. Error	t-Statistic	Prob.
C	70660.67	6298.399	11.21883	0.0000
SR	13.44205	0.888243	15.13330	0.0000

R-squared	0.934698	Mean dependent var		154036.3
Adjusted R-squared	0.930617	S.D. dependent var		49161.79
S.E. of regression	12949.54	Akaike info criterion		21.87995
Sum squared resid	2.68E+09	Schwarz criterion		21.97888
Log likelihood	-194.9195	Hannan-Quinn criter.		21.89359
F-statistic	229.0167	Durbin-Watson stat		0.272411
Prob(F-statistic)	0.000000			

图 4-11 回归结果(4)

能源需求量的基本回归方程为

$$\hat{Y} = -21433.01 + 1.208352 X_3$$
$$(-8.87) \quad (75.281)$$
$$R^2 = 0.997 \quad \bar{R}^2 = 0.997 \quad F = 5667.77$$

(2)加入 X_2 对 Y 关于 X_2、X_3 做最小二乘回归，结果见图 4-12。

```
Dependent Variable: NYXQ
Method: Least Squares
Date: 01/11/16   Time: 17:11
Sample: 1990 2007
Included observations: 18
```

Variable	Coefficient	Std. Error	t-Statistic	Prob.
C	-5899.486	6077.091	-0.970775	0.3471
GYCZ	0.262521	0.096728	2.714027	0.0160
NYCZ	1.026738	0.068280	15.03719	0.0000

R-squared	0.998112	Mean dependent var	154036.3
Adjusted R-squared	0.997860	S.D. dependent var	49161.79
S.E. of regression	2274.052	Akaike info criterion	18.44753
Sum squared resid	77569716	Schwarz criterion	18.59592
Log likelihood	-163.0277	Hannan-Quinn criter.	18.46799
F-statistic	3965.087	Durbin-Watson stat	1.234779
Prob(F-statistic)	0.000000		

图 4-12 最小二乘回归结果(1)

回归方程为

$$\hat{Y} = -5899.5 + 0.263 X_2 + 1.027 X_3$$
$$(0.98) \quad (2.71) \quad (15.04)$$
$$R^2 = 0.998 \quad \bar{R}^2 = 0.9978 \quad F = 3965.09$$

可以看出，加入 X_2 后，拟合优度均有所增加，参数估计的符号也是正确的，并且没有影响 X_3 系数的显著性，所以保留 X_2。

(3)加入 X_4 对 Y 关于 X_2、X_3 做最小二乘回归。回归结果见图 4-13。

```
Dependent Variable: NYXQ
Method: Least Squares
Date: 01/11/16   Time: 17:20
Sample: 1990 2007
Included observations: 18
```

Variable	Coefficient	Std. Error	t-Statistic	Prob.
C	3994.839	7891.804	0.506201	0.6206
GYCZ	0.716806	0.267797	2.676674	0.0181
NYCZ	0.951246	0.076228	12.47898	0.0000
SR	-2.851855	1.582892	-1.801673	0.0932

R-squared	0.998467	Mean dependent var	154036.3
Adjusted R-squared	0.998139	S.D. dependent var	49161.79
S.E. of regression	2120.809	Akaike info criterion	18.35011
Sum squared resid	62969634	Schwarz criterion	18.54797
Log likelihood	-161.1510	Hannan-Quinn criter.	18.37740
F-statistic	3040.282	Durbin-Watson stat	1.344298
Prob(F-statistic)	0.000000		

图 4-13 最小二乘回归结果(2)

回归方程为

$$\hat{Y} = 3994.8 + 0.717X_2 + 0.951X_3 - 2.852X_4$$
$$(0.5) \quad (2.68) \quad (12.5) \quad (-1.8)$$
$$R^2 = 0.998 \quad \bar{R}^2 = 0.998 \quad F = 3040.28$$

可以看出,加入 X_4 后,拟合优度没有再增加,并且它的系数不显著,说明存在严重的多重共线性,所以略去 X_4。

(4)加入 X_1 对 Y 关于 X_1、X_2、X_3 做最小二乘回归。回归结果见图 4-14。

```
Dependent Variable: NYXQ
Method: Least Squares
Date: 01/11/16   Time: 17:20
Sample: 1990 2007
Included observations: 18
```

Variable	Coefficient	Std. Error	t-Statistic	Prob.
C	12840.83	12133.31	1.058312	0.3078
CZH	-526.7135	301.0704	-1.749470	0.1021
GYCZ	0.455280	0.142710	3.190252	0.0065
NYCZ	0.968610	0.072132	13.42833	0.0000
R-squared	0.998451	Mean dependent var		154036.3
Adjusted R-squared	0.998119	S.D. dependent var		49161.79
S.E. of regression	2132.300	Akaike info criterion		18.36092
Sum squared resid	63653869	Schwarz criterion		18.55878
Log likelihood	-161.2483	Hannan-Quinn criter.		18.38820
F-statistic	3007.551	Durbin-Watson stat		1.479582
Prob(F-statistic)	0.000000			

图 4-14 最小二乘回归结果(3)

回归方程为

$$\hat{Y} = 12840.8 - 526.7X_1 + 0.455X_2 + 0.969X_3$$
$$(1.06) \quad (-1.75) \quad (3.19) \quad (13.43)$$
$$R^2 = 0.998 \quad \bar{R}^2 = 0.998 \quad F = 3007.55$$

可以看出,在加入 X_1 后,拟合优度没有增加,系数也不显著,说明存在多重共线性,可以略去 X_1。

综上所述,得到 Y 关于 X_2、X_3 的回归方程为

$$\hat{Y} = -5899.5 + 0.263X_2 + 1.027X_3$$
$$(0.98) \quad (2.71) \quad (15.04)$$
$$R^2 = 0.998 \quad \bar{R}^2 = 0.9978 \quad F = 3965.09$$

因为给定显著性水平下可知常数项系数不显著,略去常数项后,对 Y 关于 X_2、X_3 再次回归,得到结果见图 4-15。

得到回归方程为

$$\hat{Y} = 0.35X_2 + 0.96X_3$$
$$(10.8) \quad (89.5)$$
$$R^2 = 0.998 \quad \bar{R}^2 = 0.9978 \quad F = 18.49$$

```
Dependent Variable: NYXQ
Method: Least Squares
Date: 01/11/16   Time: 17:22
Sample: 1990 2007
Included observations: 18
```

Variable	Coefficient	Std. Error	t-Statistic	Prob.
GYCZ	0.350957	0.032458	10.81268	0.0000
NYCZ	0.961283	0.010745	89.46635	0.0000

R-squared	0.997993	Mean dependent var	154036.3
Adjusted R-squared	0.997868	S.D. dependent var	49161.79
S.E. of regression	2269.956	Akaike info criterion	18.39735
Sum squared resid	82443180	Schwarz criterion	18.49628
Log likelihood	-163.5761	Hannan-Quinn criter.	18.41099
Durbin-Watson stat	1.101518		

图 4-15 最小二乘回归结果(4)

该模型中系数均显著,并且符号正确,虽然解释变量之间仍然存在高度线性关系,但多重共线性并没有造成不利后果,所以该模型是较好的能源需求回归方程。

思考与练习

一、选择题(1—6 题为单选题,7—11 题为多选题)

1. 当模型存在严重的多重共线性时,OLS 估计量将不具备(   )。
   A. 线性　　　　B. 无偏性　　　　C. 有效性　　　　D. 一致性

2. 模型中引入实际上与解释变量有关的变量,会导致参数的 OLS 估计量方差(   )。
   A. 增大　　　　B. 减小　　　　C. 有偏　　　　D. 非有效

3. 在多元线性回归模型中,若某个解释变量对其余解释变量的判定系数接近于 1,则表明模型中存在(   )。
   A. 异方差　　　B. 序列相关　　　C. 多重共线性　　　D. 高拟合优度

4. 存在严重的多重共线性时,参数估计的标准差(   )。
   A. 变大　　　　B. 变小　　　　C. 无法估计　　　　D. 无穷大

5. 完全多重共线性时,下列判断不正确的是(   )。
   A. 参数无法估计　　　　　　B. 只能估计参数的线性组合
   C. 模型的拟合程度不能判断　D. 可以计算模型的拟合程度

6. 二元回归模型中,经计算相关系数 $R_{X_1, X_2} = 0.9985$,则表明(   )。
   A. X_1 与 X_2 间存在完全共线性

B. X_1 与 X_2 间存在不完全共线性

C. X_1 与 X_2 的拟合优度等于 0.9985

D. 不能说明 X_1 与 X_2 间存在多重共线性

7. 下列(   )回归分析中很可能出现多重共线性问题。

A. 资本投入与劳动投入两个变量同时作为生产函数的解释变量

B. 消费作为被解释变量,收入作为解释变量的消费函数

C. 本期收入和前期收入同时作为消费的解释变量的消费函数

D. 商品价格、地区、消费风俗同时作为解释变量的需求函数

E. 每亩施肥量、每亩施肥量的平方同时作为小麦亩产的解释变量的模型

8. 当模型中解释变量间存在高度的多重共线性时(   )。

A. 各个解释变量对被解释变量的影响将难以精确鉴别

B. 部分解释变量与随机误差项之间将高度相关

C. 估计量的精度将大幅度下降

D. 估计对于样本容量的变动将十分敏感

E. 模型的随机误差项也将序列相关

9. 多重共线性产生的原因主要有(   )。

A. 经济变量之间往往存在同方向的变化趋势

B. 经济变量之间往往存在着密切的关联

C. 在模型中采用滞后变量也容易产生多重共线性

D. 在建模过程中由于解释变量选择不当,引起了变量之间的多重共线性

10. 多重共线性的解决方法主要有(   )。

A. 保留重要的解释变量,去掉次要的或替代的解释变量

B. 利用先验信息改变参数的约束形式

C. 变换模型的形式

D. 综合使用时序数据与截面数据

E. 逐步回归法以及增加样本容量

11. 下述统计量可以用来检验多重共线性的严重性的有(   )。

A. 相关系数   B. DW 值   C. 方差膨胀因子   D. 特征值   E. 自相关系数

二、简答题

1. 什么是多重共线性?产生多重共线性的原因是什么?

2. 什么是完全多重共线性?什么是不完全多重共线性?

3. 完全多重共线性对 OLS 估计量的影响有哪些?

4. 不完全多重共线性对 OLS 估计量的影响有哪些?

5. 从哪些现象可以判断可能存在多重共线性?

参考答案

第5章 异方差

5.1 异方差的概念

考虑被解释变量 Y 关于 k 个解释变量 $X_1, X_2, \cdots, X_n$ 的多元线性回归模型

$$Y_i = \beta_0 + \beta_1 X_{1i} + \cdots + \beta_k X_{ki} + u_i \quad (i=1,2,\cdots,n)$$

矩阵表达式为
$$Y = XB + U$$

式中
$$Y = (Y_1, Y_2, \cdots, Y_n)'$$
$$B = (B_1, B_2, \cdots, B_k)'$$
$$U = (U_1, U_2, \cdots, U_n)'$$
$$X = \begin{bmatrix} 1 & X_{11} & X_{21} & \cdots & X_{k1} \\ 1 & X_{12} & X_{22} & \cdots & X_{k2} \\ \vdots & \vdots & \vdots & & \vdots \\ 1 & X_{1n} & X_{2n} & \cdots & X_{kn} \end{bmatrix}$$

参数向量 B 的最小二乘估计量 $\hat{B} = (X'X)^{-1}X'Y$,在古典假设下,估计量 $\hat{B}$ 是 B 的线性、无偏和有效估计量,其中有赖于古典假设中关于随机项 u_i 的同方差假定,即:

$$\text{Var}(u_i) = \sigma_u^2 \quad (i=1,2,\cdots,n)$$

式中,σ_u^2 与 i 无关,是一个常数。

同方差假定的含义是随机项 u_i 在 0 附近随机取值,其离散程度不依赖于 $X_{1i}, X_{2i}, \cdots, X_{ki}$ 的取值,即解释变量的取值不影响随机项 u_i 的方差。

如果随机项 u_i 的方差受到解释变量取值的影响,随解释变量取值的变化而变化,即:

$$\text{Var}(u_i) = f(X_{1i}, X_{2i}, \cdots, X_{ki}) = \sigma_{ui}^2 \quad (i=1,2,\cdots n)$$

式中,σ_{ui}^2 与 i 有关,不是一个常数,此时称随机项 u_i 存在异方差。

在线性回归分析中,当表示变量观测值的散点与回归直线之间呈现递减(或递增)的偏离时,说明随机项 u_i 存在异方差。其取值在 0 附近的离散程度增大(或变小),不是固定的。

以一元线性回归为例,在图 5-1(a)中,散点与回归直线之间没有明显的递增或递减的偏离趋势,说明模型中的随机量 u_i 是同方差的。

图 5-1(b)中,散点与回归直线之间存在明显的递减偏离趋势,说明模型中的随机扰动项 u_i 是递减异方差的,即 u_i 的方差随着解释变量 X_i 取值的增大而变小。

图 5-1(c)中,散点与回归直线之间存在明显的递增偏离趋势,说明模型中的随机扰动项 u_i 是递增异方差的,即 u_i 的方差随着解释变量 X_i 取值的增大而变大。

图 5-1(d)中,散点与回归直线之间偏离有明显的变化,但又不是固定的递增或递减趋势,说明模型中的随机扰动项 u_i 存在复杂的异方差。

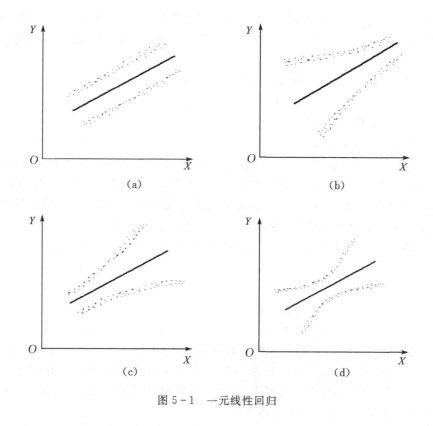

图 5-1 一元线性回归

5.2 异方差的来源与后果

5.2.1 异方差的来源

在线性回归模型中,随机项 u_i 反映了下面四种因素对被解释变量 Y_i 的影响:
(1)模型的数学形式的偏差;
(1)模型中省略的对被解释变量有影响的解释变量;
(3)模型中变量观测值的测量误差;
(4)对被解释变量有影响的各种随机因素。

上述因素中,省略解释变量是造成随机项 u_i 异方差的主要原因。这是因为经济变量之间存在着直接或间接的影响关系,模型中被省略的解释变量受到所保留的解释变量的影响,许多情况下是正相关的作用,使得模型中随机项的取值受到解释变量的影响,常常表现为出现随机项的递增异方差。

如 $Y_i=\beta_0+\beta_1 X_1+\beta_2 X_2+u_i$,其中 X_2 与 X_1 的取值有关,但 X_2 被省略,X_1 取值越大,X_2 也越大,所以出现随机项的递增异方差(偏差随 X_1 取值的增大而增大)。

此外,测量误差也是导致随机项 u_i 异方差的一个原因。这是因为,一般情况下,变量的取值越大,测量误差也越大,使得模型中随机项的取值随着变量取值的增大而与 0 值偏差的程度越大,即方差增大,从而出现递增异方差。特殊情况下,随着测量技术和方法的改进,变量观测值的测量误差变小,使得随机项的取值与 0 偏离程度变小,即方差减小,从而出现递减异方差。

如果模型的数学形式的偏差或各种随机因素对被解释变量的影响随解释变量而发生变化,也可能使得随机项不是同方差的。

【例 5-1】 考虑 n 个家庭的收入与储蓄的影响关系模型:
$$Y_i = \beta_0 + \beta_1 X_i + u_i \quad (i=1,2,\cdots,n)$$

式中　Y_i——第 i 个家庭的储蓄;

　　　X_i——第 i 个家庭的收入。

在 n 个家庭中,一般地,对收入低的家庭而言,其收入中扣除必要的生活支出以外,用于其他支出和消费的部分也较小,因此随机项波动的程度小,即方差小;对收入高的家庭而言,其收入中扣除必要的生活支出以外,用于其他支出和储蓄的部分也较大,因此随机项波动程度大,即方差大。从而该模型中随机项随收入增加而存在递增的异方差。

【例 5-2】 考虑 n 个企业的劳动收入、资金投入与产出的影响关系模型:
$$Y_i = \beta_0 + \beta_1 \ln X_{1i} + \beta_2 X_{2i} + u_i \quad (i=1,2,\cdots,n)$$

式中　Y_i——第 i 个企业的产出;

　　　X_{1i}——第 i 个企业的劳动投入;

　　　X_{2i}——第 i 个企业的资金投入。

在 n 个企业中,一般地,对某个规模小的企业而言,在一定的劳动投入和资金投入下,其产出的波动幅度小,因此随机项的波动程度小,即方差小;对规模大的企业而言,在一定的劳动投入和资金投入下,其产出的波动幅度大,因此随机项的波动程度大,即方差大。从而该模型中的随机项随企业规模增大而存在递增异方差。

5.2.2　异方差的后果

异方差将导致以下后果:

(1)参数的最小二乘估计量仍然具有线性和无偏性,但不再具有有效性。

(2)变量的显著性检验失去意义。如果随机项 u_i 存在异方差,会破坏 t 检验和 F 检验的有效性,因此,在古典假定下用来检验假设的统计量可能不再成立。

(3)模型的预测功能失效。由于参数估计量不再是有效的,从而对 Y 的预测也将不是有效的。

5.3　异方差的检验

对给出样本观测值的线性回归模型,检验随机项是否存在异方差的方法有以下几种:图示法、戈德菲尔德-匡特(Goldfeld-Quandt)检验(又称 G-Q 检验)、怀特(White)检验、自回归条件异方差检验(ARCH 检验)、戈里瑟(Glejser)检验等。

5.3.1　图示法

1. 用 X(或 Y)的估计值与残差平方的散点图进行初步判断

随着 X(或 Y)的增大,残差平方值呈现水平不变的情况,则说明存在同方差;如果随着 X(或 Y)的增大,残差平方值呈现逐渐递增、递减或复杂化的变化形式,则说明存在递增异方差、递减异方差、复杂型异方差。如图 5-2 所示。

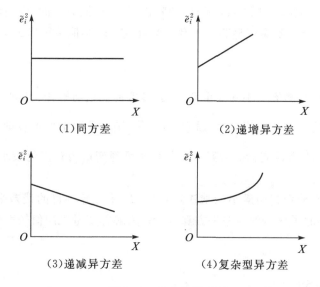

图 5-2 异方差类型图

2. 用 $X-Y$ 的散点图进行判断

观察一下是否存在明显的散点扩大、缩小或复杂型趋势(即不在一个固定的带形域中),如果散点呈现逐渐发散、收敛、复杂型的变化趋势,则相应说明存在递增异方差、递减异方差、复杂型异方差。如图 5-3 所示。

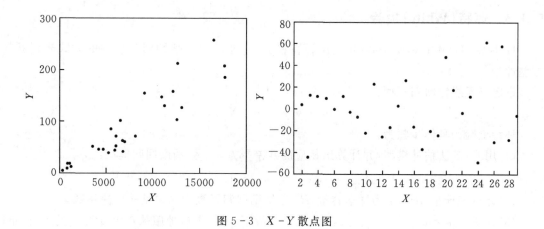

图 5-3 $X-Y$ 散点图

5.3.2 Goldfeld-Quandt 检验(G-Q 检验)

该方法适用于检验是否存在递增或递减异方差,要求观测值为大样本,同时要求除了同方差假定不成立外,其他假定均满足。

零假设 H_0:u_i 是同方差的,即 $\sigma_{u_1}^2 = \sigma_{u_2}^2 = \cdots = \sigma_{u_n}^2$。

备选假设 H_1:u_i 是递增异方差的,即 $\sigma_{u_i}^2$ 是随 x_i 递增($i=1,2,\cdots,n$)。

由于 u_i 不可测,利用最小二乘法计算出残差 $\hat{u}_i$,近似表示 u_i。

G-Q 检验的基本思路是:如果 H_0 成立,即随机项 u_i 是同方差的,则利用解释变量较大值估算出的 u_i 方差在统计上不应该显著大于利用解释变量较小值估算出的 u_i 的方差;否则为递增异方差。

具体步骤如下:

(1)将解释变量按观测值从小到大重新排列,被解释变量与解释变量保持原来对应关系。

(2)将位于中间的 c 个观测值去掉,通常 $c \approx \dfrac{n}{4}$,则剩下两个样本容量分别为 $\dfrac{n-c}{2}$ 的子样本(n 与 c 应当同为奇数或同为偶数),一个子样本解释变量的观测值较小,另一个子样本解释变量的观测值较大。

(3)对两个子样本分别利用最小二乘法进行回归,并计算各自的残差平方和,记 ESS_1 为解释变量观测值较小的子样本的残差平方和,ESS_2 为解释变量观测值较大的子样本的残差平方和。

(4)计算统计量。

$$F = \frac{ESS_2}{ESS_1} \sim F(\frac{n-c}{2}-k, \frac{n-c}{2}-k) \quad (k \text{ 为解释变量个数})$$

(5)给定显著性水平 α,以自由度 $\dfrac{n-c}{2}-k$ 和 $\dfrac{n-c}{2}-k$ 查 F 分布表,得到临界值 $F_\alpha(\dfrac{n-c}{2}-k, \dfrac{n-c}{2}-k)$。当 $F > F_\alpha$ 时,则拒绝 H_0,即随机项存在递增异方差;否则,接受 H_0,即随机项是同方差的。

5.3.3 怀特(White)检验

H. 怀特(H. White)于 1980 年提出怀特检验,它通过建立辅助回归模型的方式来判断异方差性。

设定二元线性回归模型:

$$y_t = b_0 + b_1 X_{1t} + b_2 X_{2t} + u_t$$

怀特检验的具体步骤为:

(1)用 OLS 法估计模型,并计算出相应的残差平方 e_t^2,做辅助回归模型:

$$e_t^2 = a_0 + a_1 x_{1t} + a_2 x_{2t} + a_3 x_{1t}^2 + a_4 x_{2t}^2 + a_5 x_{1t} x_{2t} + V_t$$

(2)计算统计量 nR^2,n 为样本容量,R^2 为辅助回归函数中未调整的可决系数。

(3)在 $H_0: a_1 = a_2 = a_3 = a_4 = a_5 = 0$ 的原假设下,nR^2 渐进地服从自由度为 p 的 χ^2 分布,p 为辅助回归中斜率的个数。本例中,辅助回归中共有 5 个解释变量,所以自由度为 5,nR^2 服从自由度为 5 的 χ^2 分布(对于一元情况,nR^2 服从自由度为 2 的 χ^2 分布)。给定显著性水平 α,查 χ^2 分布表得临界值 $\chi_\alpha^2(5)$。比较 nR^2 与 $\chi_\alpha^2(5)$,如果 $nR^2 > \chi_\alpha^2(5)$,则拒绝 H_0,接受 H_1,表明回归模型中参数至少有一个显著地不为零,即 u_t 存在异方差性;反之,则认为不存在异方差性。

EViews 软件操作过程为:

(1)建立回归模型:LS　Y　C　X。

(2)检验异方差性:Views→Residual Test→White Heteroskedasticity。

显示结果为:obs * R-squared   6.270439。

5.3.4 自回归条件异方差检验(ARCH 检验)

通常情况下,截面数据中出现异方差的情形较多,以致人们经常忽视时间序列数据产生异方差的影响。恩格尔(Enger)于 1982 年提出了在时间序列背景下也可能出现异方差,并在理论上提出了一种观测时间序列方差变动的方法,即自回归条件异方差检验(ARCH 检验)方法。

步骤:

(1)运用 OLS 方法对模型
$$y_t = b_0 + b_1 X_{1t} + b_2 X_{2t} + \cdots + b_k X_{kt} + u_t$$
进行估计。

(2)计算残差序列 e_t 及 $e_t^2, e_{t-1}^2, e_{t-2}^2, \cdots, e_{t-p}^2$。

(3)求辅助回归函数:
$$\hat{e}_t^2 = \hat{a}_0 + \hat{a}_1 e_{t-1}^2 + \hat{a}_2 e_{t-2}^2 + \cdots + \hat{a}_p e_{t-p}^2$$
注意样本容量不能少于 $n-p$ 个。

(4)由辅助回归函数得 R^2,计算 $(n-p)R^2$,在 H_0 成立的条件下,基于大样本,$(n-p)R^2$ 渐进地服从自由度为 p 的 χ^2 分布。比较 $(n-p)R^2$ 与给定 α 下的临界值 $\chi_\alpha^2(p)$,如果 $(n-p)R^2 > \chi_\alpha^2(p)$,则拒绝 H_0,表明模型中的随机误差项存在异方差性。反之,不存在异方差。

5.3.5 Glejser 检验

该方法不仅可以用于检验异方差的存在,更重要的是可以查明异方差的表现形式,这对异方差的修正非常重要。

Glejser 检验的基本思路是:在残差 $|\hat{u}_i|$ 关于解释变量的各种幂次影响关系中,确定出一个最显著的函数形式,它不仅可以说明异方差的存在,还确定了异方差的表现形式。具体步骤如下:

(1)利用最小二乘法对模型进行回归,计算残差 $\hat{u}_i (i=1,2,\cdots,n)$。

(2)对 $|\hat{u}_i|$ 关于 X_i 的各种幂次关系进行回归,再利用最小二乘法进行估计。例如可以取如下形式:
$$|\hat{u}_i| = \beta_0 + \beta_1 X_i + u_i$$
$$|\hat{u}_i| = \beta_0 + \beta_1 X_i^2 + u_i$$
$$|\hat{u}_i| = \beta_0 + \beta_1 \sqrt{X_i} + u_i$$
$$\cdots$$

对各个回归方程进行统计检验,对回归得到的 R^2、t、F 等信息判断,如果参数 β 显著地不为零,则认为存在异方差。

Glejser 检验的计算量较大,一般情况下,先通过其他检验方法确定异方差存在以后,再用 Glejser 检验法确定异方差的具体形式。

5.4 异方差性的补救措施

异方差性的存在并不破坏 OLS 估计量的无偏性和一致性,但这些估计量已不再是有效的。由于有效性的失去,通常的统计检验失去意义,因此需要采取补救措施克服异方差性。换句话说,需要发展新的方法估计模型,最常用的方法是加权最小二乘法(weighted least squares,WLS)。

加权最小二乘法是对原模型加权,使之变成一个新的不存在异方差性的模型,然后采用普通最小二乘法估计其参数。加权的基本思想是:在采用普通最小二乘法时,对较大的残差平方赋予较小的权数,对较小的残差平方赋予较大的权数,以对残差提供的信息的重要程度做一番校正,提高参数估计的精度。

$$y_i = \beta_0 + \beta_1 X_{1i} + \beta_2 X_{2i} + \cdots + \beta_k X_{ki} + u_i \quad (i=1,2,\cdots,n)$$

若知道:$\text{Var}(u_i) = E(u_i)^2 = \sigma_i^2 = f(x_{ji})\sigma^2$,那么用 $\sqrt{f(x_{ji})}$ 去除原模型,得新模型:

$$\frac{1}{\sqrt{f(x_{ji})}} y_i = \beta_0 \frac{1}{\sqrt{f(x_{ji})}} + \beta_1 \frac{1}{\sqrt{f(x_{ji})}} x_{1i} + \beta_2 \frac{1}{\sqrt{f(x_{ji})}} x_{2i} + \cdots + \beta_k \frac{1}{\sqrt{f(x_{ji})}} x_{ki} + \frac{1}{\sqrt{f(x_{ji})}} u_i \quad (i=1,2,\cdots,n)$$

现在:$\text{Var}(\frac{1}{\sqrt{f(x_{ji})}} u_i) = E(\frac{1}{\sqrt{f(x_{ji})}} u_i)^2 = \frac{1}{f(x_{ji})} E(u_i)^2 = \frac{1}{f(x_{ji})} f(x_{ji}) \sigma^2 = \sigma^2$

即模型存在同方差性,此时可以用普通最小二乘法估计其参数,得到 $\beta_0, \beta_2, \cdots, \beta_k$ 的无偏的、有效的估计量。这种求解参数估计式的方法称为加权最小二乘法。在上述举例中,权就是 $\frac{1}{\sqrt{f(x_{ji})}}$。由于随机干扰项的方差 σ_i^2 通常是未知的,因此,在实际运用中,常常采用残差绝对值的倒数 $1/|e_i|$ 作为权重进行加权最小二乘法。

加权最小二乘法具有比普通最小二乘法更普遍的意义,或者说,普通最小二乘法只是加权最小二乘法中权数取 1 时的一种特殊情况。在此意义上看,加权最小二乘法也称为广义最小二乘法(generalized least squares,GLS)。

5.5 案例分析:异方差的检验和处理

表 5-1 列出了某年中国部分省市城镇居民人均全年可支配收入 X 与消费性支出 Y 的统计数据。

试运用 EViews 软件完成以下要求:

(1)试用普通最小二乘法建立居民人均消费支出与可支配收入的线性模型。

(2)检验模型是否存在异方差性(图示检验,G-Q 检验,怀特检验)。

(3)如果存在异方差性,试采用适当的方法估计模型参数。并运用怀特检验法验证:经过加权后的模型是否还存在异方差性。

表5-1　某年中国部分省市城镇居民人均全年可支配收入与消费性支出　　　单位:元

地区	可支配收入(X)	消费性支出(Y)	地区	可支配收入(X)	消费性支出(Y)
北　京	10349.69	8493.49	浙　江	9279.16	7020.22
天　津	8140.50	6121.04	山　东	6489.97	5022
河　北	5661.16	4348.47	河　南	4766.26	3830.71
山　西	4724.11	3941.87	湖　北	5524.54	4644.5
内蒙古	5129.05	3927.75	湖　南	6218.73	5218.79
辽　宁	5357.79	4356.06	广　东	9761.57	8016.91
吉　林	4810.00	4020.87	陕　西	5124.24	4276.67
黑龙江	4912.88	3824.44	甘　肃	4916.25	4126.47
上　海	11718.01	8868.19	青　海	5169.96	4185.73
江　苏	6800.23	5323.18	新　疆	5644.86	4422.93

提示：为了得到权序列，可以作 $\ln e^2$ 关于 X 的 OLS 回归。权序列为：$w = 1/\sqrt{\exp(6.8251 + 0.00046X)}$；在 EViews 中的命令形式为：w = 1/@sqrt(exp(6.8251 + 0.00046 * X))。

计算机分析结果如下。

5.5.1　建立模型

居民人均消费支出与可支配收入的回归结果如图 5-4 所示。

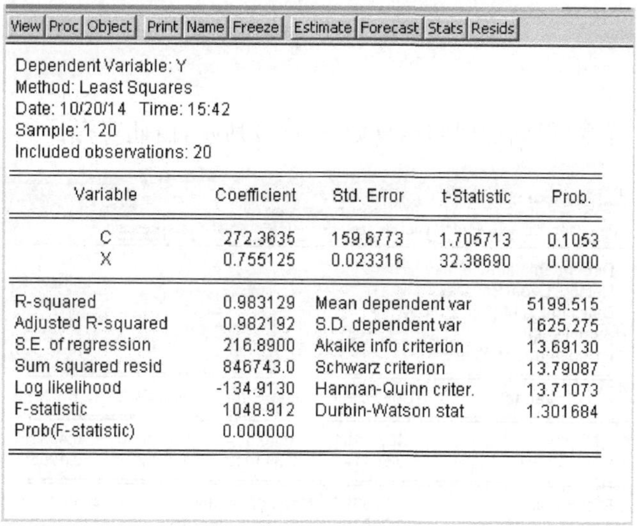

```
View|Proc|Object| Print|Name|Freeze| Estimate|Forecast|Stats|Resids|
Dependent Variable: Y
Method: Least Squares
Date: 10/20/14   Time: 15:42
Sample: 1 20
Included observations: 20

Variable        Coefficient   Std. Error   t-Statistic   Prob.
C                272.3635     159.6773     1.705713     0.1053
X                0.755125     0.023316     32.38690     0.0000

R-squared            0.983129    Mean dependent var     5199.515
Adjusted R-squared   0.982192    S.D. dependent var     1625.275
S.E. of regression   216.8900    Akaike info criterion  13.69130
Sum squared resid    846743.0    Schwarz criterion      13.79087
Log likelihood      -134.9130    Hannan-Quinn criter.   13.71073
F-statistic          1048.912    Durbin-Watson stat     1.301684
Prob(F-statistic)    0.000000
```

图 5-4　OLS 估计结果

由此，得到居民人均消费支出与可支配收入的线性模型

$$Y = 272.3635 + 0.7551X$$
$$(1.7057) \quad (32.3869)$$
$$R^2 = 0.9831 \quad F = 1048.912 \quad RSS = 846743.0$$

5.5.2 检验模型

1. 图示检验

由上一步中普通最小二乘法的估计结果可以得到残差平方项 EE，做残差平方项 EE 与 X 的散点图，如图 5-5 所示，散点图的走向趋势表明模型存在递增型异方差。

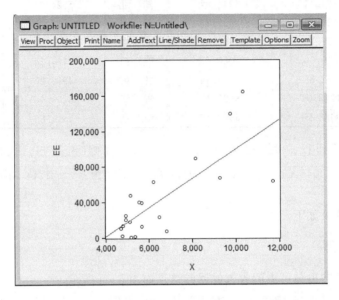

图 5-5 散点图

2. G-Q 检验

子样本 1(1—8 样本)得到的回归结果如图 5-6 所示，由此可得：

图 5-6 1—8 样本得到的回归结果

子样本 1：$\quad Y = 1277.1610 + 0.5541X$
$\qquad\qquad\quad (0.8290)\quad(1.7793)$

$\qquad R^2 = 0.3454 \quad \mathrm{RSS}_1 = \sum EE = 126528.3$

子样本 2(13—20 样本)得到的回归结果如图 5-7 所示，由此可得：

子样本 2：$\quad Y = 212.212 + 0.7619X$
$\qquad\qquad\quad (0.3997)\ (12.6251)$

$\qquad R^2 = 0.9637 \quad \mathrm{RSS}_2 = \sum EE = 615472.0$

则，$F = \mathrm{RSS}_2 / \mathrm{RSS}_1 = 615472.0 / 126528.3 = 4.8643$。

在 5% 的显著性水平下，自由度为 (6,6) 的 F 分布的临界值为 $F_{0.05} = 4.28$，可知 $F > F_{0.05}$，因此在 5% 的显著性水平下拒绝两组子样方差相同的假设，表明模型存在异方差性。

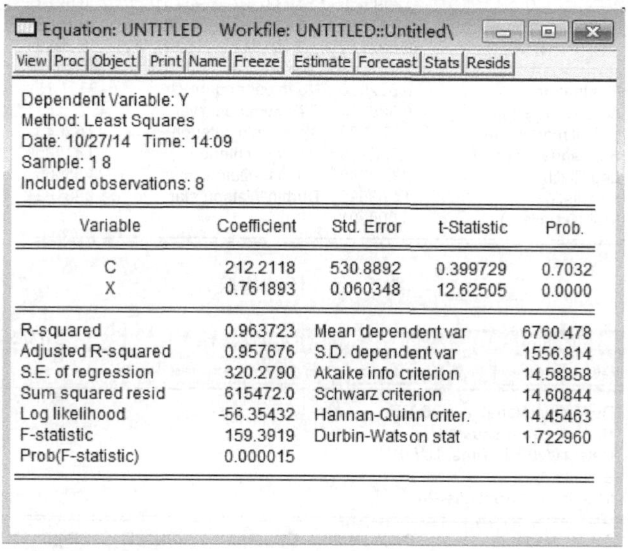

图 5-7 13—20 样本得到的回归结果

3. 怀特检验

由图 5-8 知：$nR^2 = 20 \times 0.6326 = 12.652$，该值大于 5% 显著性水平下，自由度为 2 的 $\chi^2 = 5.99$，因此拒绝同方差的原假设。

5.5.3 估计模型参数并检验

（1）作 $\ln EE$ 与 X 的回归，结果如图 5-9 所示：

$\qquad\qquad \ln EE = 6.82513 + 0.00046X$
$\qquad\qquad\quad (6.0483)\quad(2.7923)$
$\qquad\qquad\qquad R^2 = 0.3022$

于是 $w = 1/(f)^{\wedge}0.5 = 1/(\exp(6.82513 + 0.00046 * X))^{\wedge}0.5$，对原模型进行加权最小二乘法，结果如图 5-10 所示。

$\qquad\qquad Y = 359.3592 + 0.73996X$
$\qquad\qquad\quad (1.8162)\quad(20.7105)$
$\qquad\qquad R^2 = 0.9597 \quad F = 428.9242$

```
EViews - [Equation: UNTITLED  Workfile: N::Untitled\]
File  Edit  Object  View  Proc  Quick  Options  Window  Help
View | Proc | Object |  Print | Name | Freeze |  Estimate | Forecast | Stats | Resids

Heteroskedasticity Test: White

F-statistic           14.63595    Prob. F(2,17)           0.0002
Obs*R-squared         12.65213    Prob. Chi-Square(2)     0.0018
Scaled explained SS    5.568079   Prob. Chi-Square(2)     0.0618

Test Equation:
Dependent Variable: RESID^2
Method: Least Squares
Date: 10/20/14   Time: 16:02
Sample: 1 20
Included observations: 20
```

Variable	Coefficient	Std. Error	t-Statistic	Prob.
C	-180998.9	103318.2	-1.751858	0.0978
X	49.42846	28.93929	1.708006	0.1058
X^2	-0.002115	0.001847	-1.144742	0.2682

R-squared	0.632606	Mean dependent var		42337.15
Adjusted R-squared	0.589384	S.D. dependent var		45279.67
S.E. of regression	29014.92	Akaike info criterion		23.52649
Sum squared resid	1.43E+10	Schwarz criterion		23.67585
Log likelihood	-232.2649	Hannan-Quinn criter.		23.55565
F-statistic	14.63595	Durbin-Watson stat		1.008103
Prob(F-statistic)	0.000201			

图 5-8 怀特检验

```
Equation: UNTITLED  Workfile: N::Untitled\
View | Proc | Object |  Print | Name | Freeze |  Estimate | Forecast | Stats | Resids

Dependent Variable: LOG(EE)
Method: Least Squares
Date: 10/20/14   Time: 16:58
Sample: 1 20
Included observations: 20
```

Variable	Coefficient	Std. Error	t-Statistic	Prob.
C	6.825133	1.128445	6.048266	0.0000
X	0.000460	0.000165	2.792258	0.0120

R-squared	0.302237	Mean dependent var		9.827192
Adjusted R-squared	0.263472	S.D. dependent var		1.786002
S.E. of regression	1.532769	Akaike info criterion		3.786668
Sum squared resid	42.28885	Schwarz criterion		3.886242
Log likelihood	-35.86668	Hannan-Quinn criter.		3.806106
F-statistic	7.796706	Durbin-Watson stat		2.215944
Prob(F-statistic)	0.012035			

图 5-9 lnEE-X 估计结果

与不加权的 OLS 结果对比可以看出：加权最小二乘估计使得 X 前的参数估计值略有下降，但标准差却增大了，表明 OLS 估计低估了 X 对应参数的标准差。

(2)怀特检验法验证。由图 5-11 得：$nR^2=20\times 0.063560=1.2712$，该值小于 5% 显著性水平下，自由度为 3 的 $\chi^2=7.81$，因此不拒绝同方差的原假设。

```
EViews - [Equation: UNTITLED  Workfile: N::Untitled\]
 File  Edit  Object  View  Proc  Quick  Options  Window  Help
View|Proc|Object|  Print|Name|Freeze|  Estimate|Forecast|Stats|Resids|
```

Dependent Variable: Y
Method: Least Squares
Date: 10/20/14 Time: 17:16
Sample: 1 20
Included observations: 20
Weighting series: 1/(EXP(6.82513+0.00046*X))^0.5

Variable	Coefficient	Std. Error	t-Statistic	Prob.
C	359.3592	197.8595	1.816234	0.0860
X	0.739960	0.035729	20.71049	0.0000

Weighted Statistics

R-squared	0.959725	Mean dependent var	4649.659
Adjusted R-squared	0.957487	S.D. dependent var	885.0580
S.E. of regression	172.0031	Akaike info criterion	13.22754
Sum squared resid	532531.4	Schwarz criterion	13.32712
Log likelihood	-130.2754	Hannan-Quinn criter.	13.24698
F-statistic	428.9242	Durbin-Watson stat	1.555274
Prob(F-statistic)	0.000000		

Unweighted Statistics

R-squared	0.982675	Mean dependent var	5199.515
Adjusted R-squared	0.981713	S.D. dependent var	1625.275
S.E. of regression	219.7856	Sum squared resid	869503.1
Durbin-Watson stat	1.308645		

图 5-10 WLS 估计结果

```
Equation: UNTITLED  Workfile: N::Untitled\
View|Proc|Object|  Print|Name|Freeze|  Estimate|Forecast|Stats|Resids|
```

Heteroskedasticity Test: White

F-statistic	0.361996	Prob. F(3,16)	0.7813
Obs*R-squared	1.271202	Prob. Chi-Square(3)	0.7360
Scaled explained SS	0.354471	Prob. Chi-Square(3)	0.9495

Test Equation:
Dependent Variable: WGT_RESID^2
Method: Least Squares
Date: 10/27/14 Time: 13:24
Sample: 1 20
Included observations: 20

Variable	Coefficient	Std. Error	t-Statistic	Prob.
C	26898.61	70166.32	0.383355	0.7065
WGT^2	-155577.4	340500.0	-0.456909	0.6539
X^2*WGT^2	-0.004199	0.013365	-0.314166	0.7575
X*WGT^2	52.18380	126.7100	0.411837	0.6859

R-squared	0.063560	Mean dependent var	26626.57
Adjusted R-squared	-0.112022	S.D. dependent var	22667.77
S.E. of regression	23903.72	Akaike info criterion	23.17831
Sum squared resid	9.14E+09	Schwarz criterion	23.37746
Log likelihood	-227.7831	Hannan-Quinn criter.	23.21719
F-statistic	0.361996	Durbin-Watson stat	1.967849
Prob(F-statistic)	0.781289		

图 5-11 怀特检验结果

思考与练习

一、选择题(1-6题为单选题,7-8题为多选题)

1. 在多元线性回归模型中,若某个解释变量对其余解释变量的判定系数接近于1,则表明模型中存在(　　)。
   A. 异方差性　　　　　　B. 序列相关
   C. 多重共线性　　　　　D. 高拟合优度

2. 当存在异方差现象时,估计模型参数的适当方法是(　　)。
   A. 加权最小二乘法　　　B. 工具变量法
   C. 广义差分法　　　　　D. 使用非样本先验信息

3. Goldfeld-Quandt 方法用于检验(　　)。
   A. 异方差性　　　　　　B. 自相关性
   C. 随机解释变量　　　　D. 多重共线性

4. 加权最小二乘法克服异方差的主要原理是通过赋予不同观测点以不同的权数,从而提高估计精度,即(　　)。
   A. 重视大误差的作用,轻视小误差的作用
   B. 重视小误差的作用,轻视大误差的作用
   C. 重视小误差和大误差的作用
   D. 轻视小误差和大误差的作用

5. 如果戈里瑟检验表明,普通最小二乘估计结果的残差 e_i 与 x_i 有显著的形式 $|e_i| = 0.28715 x_i + v_i$ 的相关关系(v_i 满足线性模型的全部经典假设),则用加权最小二乘法估计模型参数时,权数应为(　　)。
   A. x_i　　B. $\dfrac{1}{x_i^2}$　　C. $\dfrac{1}{x_i}$　　D. $\dfrac{1}{\sqrt{x_i}}$

6. 如果戈德菲尔德-匡特检验显著,则认为(　　)是严重的。
   A. 异方差问题　　　　　B. 序列相关问题
   C. 多重共线性问题　　　D. 设定误差问题

7. 下列计量经济分析中(　　)很可能存在异方差问题。
   A. 用横截面数据建立家庭消费支出对家庭收入水平的回归模型
   B. 用横截面数据建立产出对劳动和资本的回归模型
   C. 以凯恩斯的有效需求理论为基础构造宏观计量经济模型
   D. 以国民经济核算账户为基础构造宏观计量经济模型
   E. 以30年的时序数据建立某种商品的市场供需模型

8. 异方差性将导致(　　)。
   A. 普通最小二乘估计量有偏和非一致
   B. 普通最小二乘估计量非有效
   C. 普通最小二乘估计量的方差的估计量有偏
   D. 建立在普通最小二乘估计基础上的假设检验失效

E. 建立在普通最小二乘估计基础上的预测区间变宽

二、简答题

1. 产生异方差性的原因是什么？异方差性对模型的 OLS 估计有何影响？

2. 简述异方差产生的后果，并以模型 $Y=\beta_0+\beta_1 X_i+u_i$ 为例，当异方差形式为 $\mathrm{Var}(u_i)=\sigma^2 x_i^2$ 时，说明如何消除异方差。

3. 简述用戈德菲尔德-匡特检验（G-Q 检验）检验异方差性的基本原理及其使用条件。

三、案例分析题

从总体上考察中国居民收入与消费支出的关系。表 5-2 给出了 1978—2000 年以 1990 年不变价测算的中国人均 GDP(X)与以居民消费价格指数（以 1990 年为 100）缩减的人均居民消费支出(Y)的 1978—2000 年期间的数据。

表 5-2　1978—2000 年中国人均居民消费支出与人均 GDP 数据　　　单位：元/人

年份	人均居民消费支出（Y）	人均 GDP（X）	年份	人均居民消费支出（Y）	人均 GDP（X）
1978	395.8	675.1	1990	797.1	1602.3
1979	437.0	716.9	1991	861.4	1727.2
1980	464.1	763.7	1992	966.6	1949.8
1981	501.9	792.4	1993	1048.6	2187.9
1982	533.5	851.1	1994	1108.7	2436.1
1983	572.8	931.4	1995	1213.1	2663.7
1984	635.6	1059.2	1996	1322.8	2889.1
1985	716.0	1185.2	1997	1380.9	3111.9
1986	746.5	1269.6	1998	1460.6	3323.1
1987	788.3	1393.6	1999	1564.4	3529.3
1988	836.4	1527.0	2000	1690.8	3789.7
1989	779.7	1565.9			

要求：

(1) 根据变量 Y 与 X 的散点图建立并估计二者的计量经济学模型；

(2) 对模型进行统计学检验（拟合优度检验、变量显著性检验及方程显著性检验）；

(3) 对模型运用 G-Q 法进行异方差检验，若存在请用加权最小二乘法处理异方差。

参考答案

第6章
序列自相关

6.1 序列自相关的概念

在古典假设下,线性回归模型中参数的普通最小二乘估计量具有线性、无偏性和有效性,因此是最佳的估计量。其中,有效性不仅依赖于古典假设中关于随机项的同方差假定,还依赖于 u_i 不存在序列自相关假定,即

$$\text{Cov}(u_i, u_j) = 0 \quad (i \neq j; i,j = 1,2,\cdots,n) \quad (6-1)$$

说明随机项 u_i 和 u_j 在 $i \neq j$ 条件下是不相关的。在随机项 u_i 满足零均值的假定下,式(6-1)为:

$$\text{Cov}(u_i, u_j) = E(u_i, u_j) = 0 \quad (i \neq j; i,j = 1,2,\cdots,n)$$

即,无序列自相关的含义是随机项 u_i 在某个观测点下的取值与在其他观测点下的取值无关。

如果随机项 u_i 在某个观测点下的取值与在其他观测点下的取值相关,即

$$\text{Cov}(u_i, u_j) = E(u_i, u_j) \neq 0 \quad (i \neq j; i,j = 1,2,\cdots,n)$$

说明 u_i 和 u_j 在 $i \neq j$ 条件下是相关的,此时称随机项 u_i 存在序列自相关。

以下主要考虑变量为时间序列数据的线性回归模型,其表达式为:

$$Y_t = \beta_0 + \beta_1 X_{1t} + \beta_2 X_{2t} + \cdots + \beta_k X_{kt} + u_t \quad (t=1,2,\cdots,T)$$

矩阵表达式为:

$$\boldsymbol{Y} = \boldsymbol{XB} + \boldsymbol{U}$$

式中

$$\boldsymbol{Y} = (Y_1, Y_2, \cdots, Y_T)'$$
$$\boldsymbol{B} = (\beta_0, \beta_1, \cdots, \beta_k)'$$
$$\boldsymbol{U} = (u_1, u_2, \cdots, u_T)'$$
$$\boldsymbol{X} = \begin{bmatrix} 1 & X_{11} & X_{21} & \cdots & X_{k1} \\ 1 & X_{12} & X_{22} & \cdots & X_{k2} \\ \vdots & \vdots & \vdots & & \vdots \\ 1 & X_{1T} & X_{2T} & \cdots & X_{kT} \end{bmatrix}$$

参数向量 $\boldsymbol{B}$ 的最小二乘估计量

$$\hat{\boldsymbol{B}} = (\boldsymbol{X}'\boldsymbol{X})^{-1}\boldsymbol{X}'\boldsymbol{Y}$$

在变量为时间序列数据的模型中,序列自相关的含义是指随机项 u_i 的取值与其在 t 以前时期的取值相关,即

$$u_t = f(u_{t-1}, u_{t-2}, \cdots)$$

当 u_t 的取值只与其滞后一期的值有关时,即

$$u_t = f(u_{t-1})$$

称 u_t 是一阶自相关的,其中最简单、最常见的形式是:

$$u_t = \rho u_{t-1} + \varepsilon_t$$

式中,ρ 是 u_t 与 u_{t-1} 的自相关系数($\rho>0$,u_t 是正自相关;$\rho<0$,u_t 是负自相关,$|\rho|$ 越接近 1,u_t 自相关程度越高);随机项 ε_t 满足古典假设。

6.2 序列自相关的来源与结果

6.2.1 序列自相关的来源

在线性回归模型中,随机项 u_t 反映了模型形式偏差、省略解释变量、测量误差和随机因素对被解释变量的影响,这些就是造成随机项 u_t 存在序列自相关的原因。

1. 模型数学形式的偏差

这种模型偏差对 Y_t 造成的系统影响归入随机项 u_t 中反映,那么,在不同时期随机项取值受相同因素的影响,使之出现序列自相关。

2. 省略解释变量

根据连贯性原则,经济变量一般存在自身发展变化的惯性,当期值受到前期值的影响,即当前期取值与滞后期取值相关,如果模型中省略了具有自相关的解释变量,则其对被解释变量的影响归入随机项 u_t 中,使之出现序列自相关。

3. 随机因素自身具有自相关性

某些随机因素对被解释变量的影响会延续一段时期,例如,反常的气候对收成的影响可能延续若干时期,随机项 u_t 反映相同因素在若干时期对被解释变量 Y_t 的影响,使之出现序列自相关。

此外,如果对变量的观测误差具有系统性,它也通过随机项 u_t 来反映,使之出现序列自相关。

总之,在计量经济分析模型,特别是变量为时间序列数据的模型中,随机项常常会存在序列自相关,且一般表现为正自相关。

6.2.2 序列自相关的结果

如果模型中的随机项是序列自相关的,这种情况下仍然采用最小二乘估计参数,会出现以下结果:

(1)如果随机项 u_t 存在序列自相关,则参数的最小二乘估计量是线性的和无偏的(不依赖于随机项的序列自相关)。

(2)如果随机项 u_t 存在序列自相关,则参数的最小二乘估计量不是有效的。

(3)在随机项存在序列自相关的条件下,即使其他古典假设成立,利用最小二乘估计所做的参数置信区间也是不准确的,且显著性检验失效。

(4)对被解释变量的预测精度降低,是无效的。

6.3 序列自相关的检验

由于随机项 u_t 不可观测,可利用最小二乘法计算出残差 $\hat{u}_t$,用其近似估计 u_t。 如果 u_t

存在序列自相关,则通过 $\hat{u}_t$ 可以反映出来。

6.3.1 散点图法

1. 残差 $\hat{u}_t$ 的自相关性

在图 6-1(a)中,散点分布说明 $\hat{u}_t$ 和 $\hat{u}_{t-1}$ 存在正相关关系,从而 u_t 为正相关的。

在图 6-1(b)中,散点分布说明 $\hat{u}_t$ 和 $\hat{u}_{t-1}$ 存在负相关关系,从而 u_t 为负相关的。

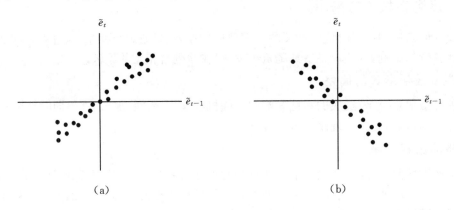

图 6-1　残差的自相关图

2. 残差 $\hat{u}_t$ 的时序图

在图 6-2(a)中,散点分布说明 $\hat{u}_t$ 的前后期值一般同大或同小,从而是正向影响关系,u_t 是正自相关的。在图 6-2(b)中,散点分布说明 $\hat{u}_t$ 的前后期值是一大一小,从而是反向作用关系,u_t 是负自相关的。

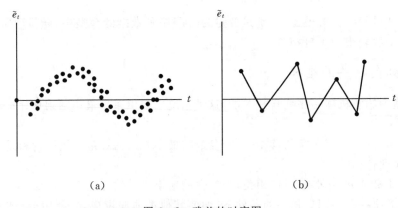

图 6-2　残差的时序图

6.3.2 杜宾-沃森(Dubin-Watson)检验法(只适用于一阶自相关的检验)

杜宾-沃森检验法(简称 D-W 检验)是利用残差 $\hat{u}_t$ 构造一个统计量,检验随机项是否存在一阶自相关,要求样本容量大于 15,被解释变量的滞后值 Y_{t-1} 不能在模型中作解释变量。原假设为 $H_0: \rho = 0$(u_t 不存在自相关);备选假设为 $H_1: \rho \neq 0$(u_t 存在一阶自相关)。

由于 u_t 不可观测,利用最小二乘法计算出模型的残差 $\hat{u}_t$,则 u_t 与 u_{t-1} 的自相关系数 ρ 的估计值为

$$\hat{\rho} = \frac{\sum_{t=2}^{T} \hat{u}_t \hat{u}_{t-1}}{\sqrt{\sum_{t=1}^{T} \hat{u}_t^2} \sqrt{\sum_{t=2}^{T} \hat{u}_{t-1}^2}}$$

当 $\hat{\rho}$ 趋近于 0 时,说明 u_t 无自相关;

当 $\hat{\rho}$ 趋近于 1 时,说明 u_t 存在一阶正自相关;

当 $\hat{\rho}$ 趋近于 -1 时,说明 u_t 存在一阶负自相关。

D-W 检验的基本思路是:构造一个 DW 统计量

$$\mathrm{DW} = d = \frac{\sum_{t=2}^{T} (\hat{u}_t - \hat{u}_{t-1})^2}{\sum_{t=1}^{T} \hat{u}_t^2}$$

可以证明,该统计量与 ρ 的估计量 $\hat{\rho}$ 存在如下关系:

$$d \approx 2(1-\hat{\rho}) \text{ 并且 } 0 \leqslant d \leqslant 4$$

显然可知:
$$\hat{\rho} \approx 0 \Leftrightarrow d \approx 2$$
$$\hat{\rho} \approx 1 \Leftrightarrow d \approx 0$$
$$\hat{\rho} \approx -1 \Leftrightarrow d \approx 4$$

且 d 关于 $\hat{\rho}$ 为减函数。

计算 d 统计量的值。根据样本容量 n 和解释变量数目 k 查 D-W 分布表,得到临界值 d_L 和 d_U,然后按照下列准则考察计算得到的 DW 值,以判断模型的自相关状态。

D-W 检验利用原假设 $\rho = 0$ 的等价假设, $d = 2$ 间接说明随机项是否存在一阶自相关。

具体步骤如下:

(1)对被解释变量 Y_t 关于解释变量 X_t 进行最小二乘回归,得到残差 $\hat{u}_t$。

(2)计算统计量

$$d = \frac{\sum_{t=2}^{T} (\hat{u}_t - \hat{u}_{t-1})^2}{\sum_{t=1}^{T} \hat{u}_t^2}$$

(3)给定显著性水平 α,查 D-W 分布表,得到临界值 d_L、d_U。由 DW 值的大小可确定自相关,如图 6-3 所示。

①当 $0 < d < d_L$ 时,拒绝 H_0,说明随机项存在一阶正自相关;

②当 $4 - d_L < d < 4$ 时,拒绝 H_0,说明随机项存在一阶负自相关;

③当 $d_U < d < 4 - d_U$ 时,接受 H_0,说明随机项不存在一阶自相关;

④当 $d_L < d < d_U$ 或 $4 - d_U < d < 4 - d_L$ 时,则不能判断随机项是否存在一阶自相关。

从以上分析也可以看出,杜宾-沃森检验法存在明显的缺陷:一是只适用于检验一阶序列自相关性,无法检验更高阶的序列相关性;二是存在无法判断的区域。

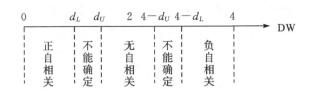

图 6-3 由 DW 值的大小确定自相关性

6.3.3 回归检验法

该方法适用于任何形式的自相关检验,检验的同时也确定了自相关的具体形式。这对序列自相关的修正非常重要。

具体步骤如下:

(1)对被解释变量 Y_t 关于解释变量做最小二乘回归,并计算残差 $\hat{u}_t$。

(2)对残差 $\hat{u}_t$ 关于其滞后值 $\hat{u}_{t-1}$,$\hat{u}_{t-2}$,…做各种形式的最小二乘回归,例如

$$\hat{u}_t = \rho \hat{u}_{t-1} + \varepsilon_t$$

$$\hat{u}_t = \rho_1 \hat{u}_{t-1} + \rho_2 \hat{u}_{t-2} + \varepsilon_t$$

$$\hat{u}_t = \rho \hat{u}_{t-1}^2 + \varepsilon_t$$

…

(3)对各个回归方程进行统计检验,如果某种回归形式的拟合优度高,t 检验显著,就说明该序列自相关存在。

这种方法的缺点是计算量过大,一般情况下,可以先通过散点图初步确定 $\hat{u}_t$ 与其滞后值的影响关系形式,再有针对性地选择回归形式。

6.3.4 拉格朗日乘数(LM)检验

拉格朗日乘数检验方法由统计学家布劳舒(Breusch)和戈弗雷(Godfrey)于 1978 年提出,简称 LM 检验,又称 BG 检验。相比杜宾-沃森检验,这种方法更具有一般性,它允许被解释变量的滞后项存在,同时可以检验高阶序列相关性。

设定原始模型为

$$Y_i = \beta_0 + \beta_1 X_{1i} + \beta_2 X_{2i} + \cdots + \beta_k X_{ki} + u_i \quad (i=1,2,\cdots,n) \tag{6-2}$$

假设式(6-2)中的随机干扰项存在 p 阶序列相关性,即有

$$u_i = \rho_1 u_{i-1} + \rho_2 u_{i-2} + \cdots + \rho_p u_{i-p} + \varepsilon_i \tag{6-3}$$

式中,ε_i 符合经典假设。

那么,拉格朗日乘数检验就是检验如下受约束的回归方程:

$$Y_i = \beta_0 + \beta_1 X_{1i} + \beta_2 X_{2i} + \cdots + \beta_k X_{ki} + \rho_1 u_{i-1} + \rho_2 u_{i-2} + \cdots + \rho_p u_{i-p} + \varepsilon_i \quad (i=1,2,\cdots,n) \tag{6-4}$$

约束条件为拉格朗日乘数检验的原假设 H_0,即

$$H_0: \rho_1 = \rho_2 = \cdots = \rho_p = 0$$

备择假设 $H_1: \rho_t(t=1,2,\cdots,p)$,其中至少有一个不为零。

如果 H_0 为真,那么 LM 统计量在大样本下渐进服从自由度为 p 的 χ^2 分布,即为

$$\text{LM} = nR^2 \sim \chi^2(p)$$

式中，n 和 R^2 分别是辅助回归方程式(6-4)的样本容量和可决系数。

$$e_i = \beta_0 + \beta_1 X_{1i} + \beta_2 X_{2i} + \cdots + \beta_k X_{ki} + \rho_1 e_{i-1} + \rho_2 e_{i-2} + \cdots + \rho_p e_{i-p} + \varepsilon_i \quad (6-5)$$

式(6-5)中，e_i 是对式(6-2)进行普通最小二乘估计得到的残差项。

给定显著性水平 α，查得自由度为 k，序列相关系数为 p 的 χ^2 分布的临界值 $\chi_\alpha^2(p)$。如果 $\text{LM} > \chi_\alpha^2(p)$，则拒绝 H_0，判定模型存在序列相关性；反之，不存在序列相关性。在实际应用中，通常是从一阶开始向更高阶逐次判断。

6.4 序列自相关的修正方法

如果模型被检验证明存在序列相关性，则需要发展新的方法估计模型，以消除序列自相关。

6.4.1 一阶差分法

一阶差分法是将模型设定为

$$Y_i = \beta_0 + \beta_1 X_{1i} + \beta_2 X_{2i} + \cdots + \beta_k X_{ki} + u_i \quad (i=1,2,\cdots,n)$$

令

$$\Delta Y_i = y_i - y_{i-1}$$

$$\Delta Y_i = \beta_0 + \beta_1 \Delta X_{1i} + \beta_2 \Delta X_{2i} + \cdots + \beta_k \Delta X_{ki} + u_i - u_{i-1} \quad (i=1,2,\cdots,n) \quad (6-6)$$

如果原模型存在完全一阶正相关，即

$$u_i = u_{i-1} + \varepsilon_i$$

那么对于差分模型式(6-6)，则满足应用普通最小二乘法的基本假设。用 OLS 估计差分模型得到的参数估计量，即为原模型参数的无偏的、有效的估计量。

6.4.2 广义差分法（一阶差分法是它的特例）

如果原模型存在

$$u_i = \rho_1 u_{i-1} + \rho_2 u_{i-2} + \cdots + \rho_l u_{i-l} + \varepsilon_i$$

原模型仍然设定为

$$Y_i = \beta_0 + \beta_1 X_{1i} + \beta_2 X_{2i} + \cdots + \beta_k X_{ki} + u_i$$

那么

$$\rho_1 Y_{i-1} = \rho_1 \beta_0 + \rho_1 \beta_1 X_{1i-1} + \rho_1 \beta_2 X_{2i-1} + \cdots + \rho_1 \beta_k X_{ki-1} + \rho_1 u_{i-1}$$

$$\rho_2 Y_{i-2} = \rho_2 \beta_0 + \rho_2 \beta_2 X_{1i-2} + \rho_2 \beta_2 X_{2i-2} + \cdots + \rho_2 \beta_k X_{ki-2} + \rho_2 u_{i-2}$$

$$\vdots$$

$$\rho_l Y_{i-l} = \rho_l \beta_0 + \rho_l \beta_1 X_{1i-l} + \rho_l \beta_2 X_{2i-l} + \cdots + \rho_l \beta_k X_{ki-l} + \rho_l u_{i-l}$$

相减得

$$Y_i - \rho_1 Y_{i-1} - \cdots - \rho_l Y_{i-l} = \beta_0(1 - \rho_1 - \cdots - \rho_l) + \beta_1(X_{1i} - \rho_1 X_{1i-1} - \cdots - \rho_l X_{1i-l}) + \cdots +$$
$$\beta_k(X_{ki} - \rho_1 X_{ki-1} - \cdots - \rho_l X_{ki-l}) + u_i - \rho_1 u_{i-1} - \cdots - \rho_l u_{i-l}$$
$$(i = 1+l, 2+l, \cdots, n) \quad (6-7)$$

式(6-7)为广义差分模型，该模型不存在序列相关问题。采用 OLS 估计该模型得到的参数估计量，即为原模型参数的无偏的、有效的估计量。

6.4.3 杜宾两步法（Dubin 两步法）

杜宾两步法具体步骤如下。

(1)以一阶自相关为例,u_i满足:
$$u_i = \rho u_{i-1} + \varepsilon_i \quad (i=2,3,\cdots,n)$$
则广义差分模型为
$$Y_i = \beta_0 + \beta_1 X_{1i} + \beta_2 X_{2i} + \cdots + \beta_k X_{ki} + u_i \quad (i=1,2,\cdots,n)$$
$$\rho Y_{i-1} = \rho\beta_0 + \rho\beta_1 X_{1i-1} + \rho\beta_2 X_{2i-1} + \cdots + \rho\beta_k X_{ki-1} + \rho u_{i-1}$$

相减得 $Y_i - \rho Y_{i-1} = \beta_0(1-\rho) + \beta_1(X_{1i} - \rho X_{1i-1}) + \cdots + \beta_k(X_{ki} - \rho X_{ki-1}) + u_i + \rho u_{i-1}$

对 $Y_i = \beta_0(1-\rho) + \rho Y_{i-1} + \beta_1 X_{1i} - \beta_1\rho X_{1i-1} + \cdots + \beta_k X_{ki} - \beta_k\rho X_{ki-1} + \varepsilon_i$

应用最小二乘法得到 ρ 的估计 $\hat{\rho}$。

(2)将 $\hat{\rho}$ 代入广义差分模型中,得
$$Y_i - \hat{\rho} Y_{i-1} = \beta_0(1-\hat{\rho}) + \beta_1(X_{1i} - \hat{\rho} X_{1i-1}) + \cdots + \beta_k(X_{ki} - \hat{\rho} X_{ki-1}) + \varepsilon_i^*$$

式中 $\varepsilon_i^* = u_i - \hat{\rho} u_{i-1}$

令 $Y_i^* = Y_i - \hat{\rho} Y_{i-1} \qquad \beta_0^* = \beta_0(1-\hat{\rho})$

$X_{1i}^* = X_{1i} - \hat{\rho} X_{1i-1} \qquad X_{2i}^* = X_{2i} - \hat{\rho} X_{2i-1} \qquad \cdots \qquad X_{ki}^* = X_{ki} - \hat{\rho} X_{ki-1}$

得 $Y_i^* = \beta_0^* + \beta_1 X_{1i}^* + \beta_2 X_{2i}^* + \cdots + \beta_k X_{ki}^* + \varepsilon_i^*$ (6-8)

对式(6-8)再采用最小二乘法,得到 $\beta_0^*, \beta_1, \beta_2, \cdots, \beta_k$ 的估计量 $\hat{\beta}_0^*, \hat{\beta}_1, \hat{\beta}_2, \cdots, \hat{\beta}_k$,且可得
$$\hat{\beta}_0 = \frac{\hat{\beta}_0^*}{1-\hat{\rho}}$$

6.5 案例分析:序列自相关的检验与处理

中国1980—2007年全社会固定资产投资总额 X 与工业增加值 Y 的统计资料如表6-1所示。

表6-1 中国1980—2007年全社会固定资产投资总额与工业增加值的统计资料　单位:亿元

年份	全社会固定资产投资 (X)	工业增加值 (Y)	年份	全社会固定资产投资 (X)	工业增加值 (Y)
1980	910.9	1996.5	1994	17042.1	19480.7
1981	961.0	2048.4	1995	20019.3	24950.6
1982	1230.4	2162.3	1996	22913.5	29447.6
1983	1430.1	2375.6	1997	24941.1	32921.4
1984	1832.9	2789.0	1998	28406.2	34018.4
1985	2543.2	3448.7	1999	29854.7	35861.5
1986	3120.6	3967.0	2000	32917.7	40033.6
1987	3791.7	4585.8	2001	37213.5	43580.6
1988	4753.8	5777.2	2002	43499.9	47431.3
1989	4410.4	6484.0	2003	55566.6	54945.5
1990	4517.0	6858.0	2004	70477.4	65210.0
1991	5594.5	8087.1	2005	88773.6	77230.8
1992	8080.1	10284.5	2006	109998.2	91310.9
1993	13072.3	14188.0	2007	137323.9	107367.2

设定模型为 $\ln Y_t = \beta_0 + \beta_1 \ln X_t + u_t$，根据所给的模型与数据，利用计量经济学软件对模型参数进行估计，分析回归结果并完成以下问题：

(1)当设定模型为 $\ln Y_t = \beta_0 + \beta_1 \ln X_t + u_t$ 时，是否存在序列相关性？(要求：运用图示检验、D-W 检验、LM 检验，并通过 LM 检验来判定模型存在几阶序列相关性。)

(2)试用广义差分法对模型进行自相关处理，写出所估计的模型形式；并对广义差分后的模型进行 LM 检验来判断是否还存在序列相关性。

结果分析如下。

6.5.1 序列相关性的判定

基于设定模型进行回归，回归结果如图 6－4 所示。

Equation: UNTITLED Workfile: NNN::Untitled\

View | Proc | Object | Print | Name | Freeze | Estimate | Forecast | Stats | Resids

Dependent Variable: LOG(Y)
Method: Least Squares
Date: 11/03/14 Time: 15:30
Sample: 1980 2007
Included observations: 28

Variable	Coefficient	Std. Error	t-Statistic	Prob.
C	1.588478	0.134220	11.83492	0.0000
LOG(X)	0.854415	0.014219	60.09058	0.0000

R-squared	0.992851	Mean dependent var	9.552256
Adjusted R-squared	0.992576	S.D. dependent var	1.303948
S.E. of regression	0.112351	Akaike info criterion	-1.465625
Sum squared resid	0.328192	Schwarz criterion	-1.370468
Log likelihood	22.51875	Hannan-Quinn criter.	-1.436535
F-statistic	3610.878	Durbin-Watson stat	0.379323
Prob(F-statistic)	0.000000		

图 6－4 OLS 估计结果

模型形式为

$$\ln Y_t = 1.5885 + 0.8544 \ln X_t$$
$$(11.835)\ (60.091)$$
$$R^2 = 0.9929 \qquad \bar{R}^2 = 0.9926 \qquad F = 3610.878$$

序列相关性的判定结果分析如下。

1. 图示检验

从残差项 e 与时间 t，e_t 与 e_{t-1} 的图示可以看出(见图 6－5 和图 6－6)，随机项呈现正序列相关性。

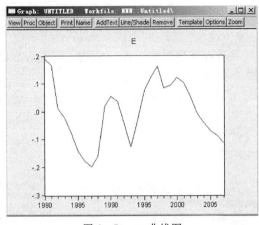
图 6-5 e-t 曲线图

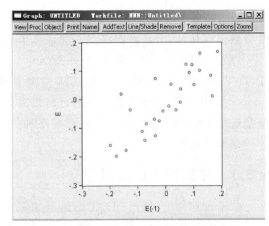
图 6-6 e_t-e_{t-1} 散点图

2. D-W 检验

在 5% 显著性水平下,$n=28$,$k=2$,查表得 $d_L=1.33$,$d_U=1.48$。

由图 6-4 可知:DW$=0.379 < d_L$,所以,D-W 检验结果表明模型存在正自相关。

3. LM 检验

(1) 1 阶序列相关性的检验如图 6-7 所示。

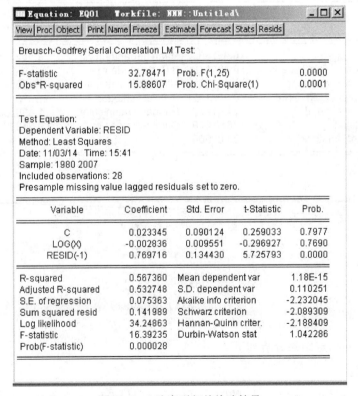

图 6-7 1 阶序列相关检验结果

由图 6-7 的检验结果可得:

$$\ln\tilde{e}_t = 0.0233 - 0.0028\ln X_t + 0.7697\tilde{e}_{t-1}$$
$$(0.259) \quad (-0.297) \quad (5.726)$$
$$R^2 = 0.567$$

LM$=27\times0.567=15.309$，5%显著性水平下、自由度为1的χ^2的临界值为3.84，显然LM>3.84，所以原模型存在1阶序列相关性。

(2) 2阶序列相关性的检验如图6-8所示。

```
Equation: EQ01    Workfile: HHH::Untitled\
View Proc Object Print Name Freeze Estimate Forecast Stats Resids

Breusch-Godfrey Serial Correlation LM Test:

F-statistic           23.23224    Prob. F(2,24)        0.0000
Obs*R-squared         18.46328    Prob. Chi-Square(2)  0.0001

Test Equation:
Dependent Variable: RESID
Method: Least Squares
Date: 11/03/14   Time: 15:42
Sample: 1980 2007
Included observations: 28
Presample missing value lagged residuals set to zero.

Variable      Coefficient   Std. Error   t-Statistic   Prob.
C             0.000108      0.082122     0.001316      0.9990
LOG(X)        -0.000134     0.008713     -0.015411     0.9878
RESID(-1)     1.115701      0.182417     6.116202      0.0000
RESID(-2)     -0.473435     0.185900     -2.546719     0.0177

R-squared            0.659403    Mean dependent var    1.18E-15
Adjusted R-squared   0.616828    S.D. dependent var    0.110251
S.E. of regression   0.068246    Akaike info criterion -2.399823
Sum squared resid    0.111781    Schwarz criterion     -2.209508
Log likelihood       37.59752    Hannan-Quinn criter.  -2.341642
F-statistic          15.48816    Durbin-Watson stat    1.590500
Prob(F-statistic)    0.000008
```

图6-8　2阶序列相关检验结果

由图6-8的检验结果可得：
$$\ln\tilde{e}_t = 0.0001 - 0.0001\ln X_t + 1.1157\tilde{e}_{t-1} - 0.4734\tilde{e}_{t-2}$$
$$(0.001) \quad (-0.015) \quad (6.116) \quad (-2.547)$$
$$R^2 = 0.659$$

LM$=26\times0.659=17.134$，5%显著性水平下、自由度为2的χ^2的临界值为5.99，显然LM>5.99，所以原模型存在2阶序列相关性。

(3) 3阶序列相关性的检验如图6-9所示。

由图6-9的检验结果可得：
$$\ln\tilde{e}_t = 0.0042 - 0.0006\ln X_t + 1.1523\tilde{e}_{t-1} - 0.5587\tilde{e}_{t-2} + 0.0799\tilde{e}_{t-3}$$
$$(0.050) \quad (-0.067) \quad (5.477) \quad (-1.876) \quad (0.371)$$
$$R^2 = 0.661$$

LM$=25\times0.661=16.525$，5%显著性水平下、自由度为3的χ^2的临界值为7.81，显然LM>7.81，原模型仍存在3阶序列相关性，但是$\tilde{e}_{t-2}$和$\tilde{e}_{t-3}$的参数未通过5%的显著性检验，表明并不存在3阶序列相关性。

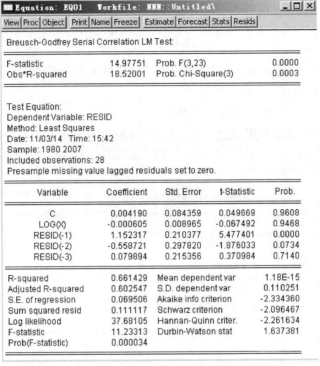

图 6-9 3 阶序列相关检验结果

6.5.2 对模型进行自相关处理并检验

(1)运用广义差分法对模型进行自相关处理,结果如图 6-10 所示。

图 6-10 2 阶广义差分结果

2 阶广义差分的估计结果如下：

$$\ln\tilde{e}_t = 1.462 + 0.866\ln X_t + 1.153AR(1) - 0.517AR(2)$$
$$(6.64)\quad(38.07)\qquad(6.42)\qquad(-3.06)$$
$$R^2 = 0.9980\qquad \bar{R}^2 = 0.9978\qquad DW = 1.8197$$

D-W 检验结果表明，在 5%显著性水平下，$n=26$，$k=4$，查表得 $d_L=1.14$，$d_U=1.65$，$d_U<DW=1.8197<4-d_U$，所以无自相关。

(2)对广义差分后的模型进行 LM 检验，如图 6-11 所示。

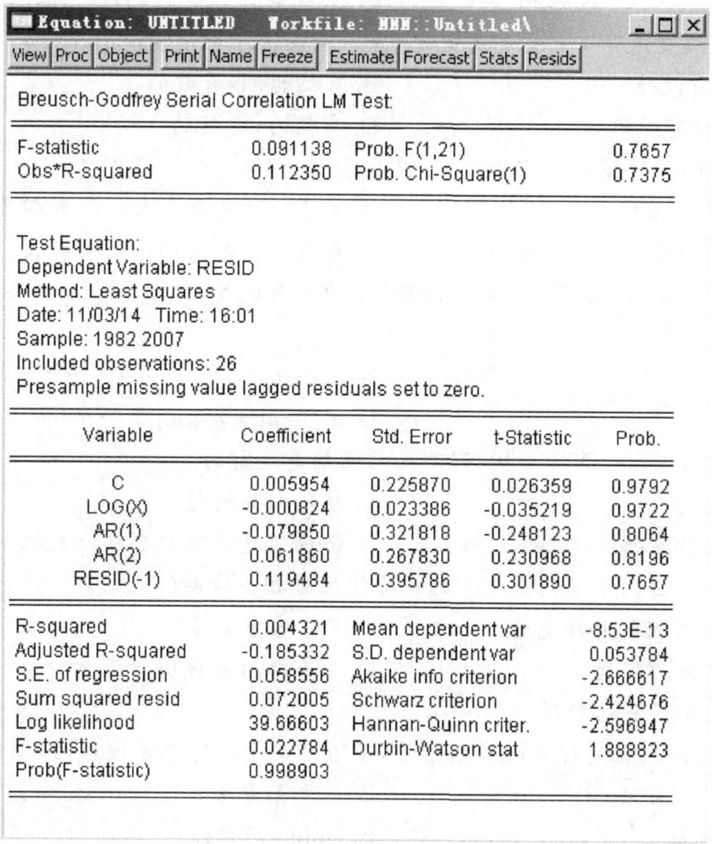

Breusch-Godfrey Serial Correlation LM Test:

F-statistic	0.091138	Prob. F(1,21)	0.7657
Obs*R-squared	0.112350	Prob. Chi-Square(1)	0.7375

Test Equation:
Dependent Variable: RESID
Method: Least Squares
Date: 11/03/14 Time: 16:01
Sample: 1982 2007
Included observations: 26
Presample missing value lagged residuals set to zero.

Variable	Coefficient	Std. Error	t-Statistic	Prob.
C	0.005954	0.225870	0.026359	0.9792
LOG(X)	-0.000824	0.023386	-0.035219	0.9722
AR(1)	-0.079850	0.321818	-0.248123	0.8064
AR(2)	0.061860	0.267830	0.230968	0.8196
RESID(-1)	0.119484	0.395786	0.301890	0.7657

R-squared	0.004321	Mean dependent var	-8.53E-13
Adjusted R-squared	-0.185332	S.D. dependent var	0.053784
S.E. of regression	0.058556	Akaike info criterion	-2.666617
Sum squared resid	0.072005	Schwarz criterion	-2.424676
Log likelihood	39.66603	Hannan-Quinn criter.	-2.596947
F-statistic	0.022784	Durbin-Watson stat	1.888823
Prob(F-statistic)	0.998903		

图 6-11　LM 检验结果

由图 6-11 的 LM 检验结果可知，LM=25×0.0043=0.1075。查表可得，在 10%显著性水平下，自由度为 1 的 χ^2 临界值为 2.71，则 LM<2.71，表明模型干扰项已不存在自相关性。

思考与练习

一、选择题(1—8 题为单选题，9—11 题为多选题)

1. 如果模型 $Y_t=\beta_1+\beta_2X_2+u_t$ 存在序列相关，则(　　)。

A. $\mathrm{Cov}(x_i,u_i)=0$　　B. $\mathrm{Cov}(u_s,u_i)=0,(i\neq s)$

C. $\mathrm{Cov}(x_i,u_i)\neq 0$　　D. $\mathrm{Cov}(u_s,u_i)\neq 0,(i\neq s)$

2. 当模型存在序列相关现象时,适宜的参数估计方法是( )。

A. 加权最小二乘法 B. 间接最小二乘法

C. 广义差分法 D. 工具变量法

3. 进行相关分析时的两个变量( )。

A. 都是随机变量 B. 都不是随机变量

C. 一个是随机变量,一个不是随机变量 D. 随机的或非随机都可以

4. 相关系数 r 的取值范围是( )。

A. $r \leqslant -1$ B. $r \geqslant 1$ C. $0 \leqslant r \leqslant 1$ D. $-1 \leqslant r \leqslant 1$

5. 如果回归模型违背了无自相关假定,最小二乘估计量是( )。

A. 无偏的,有效的 B. 有偏的,非有效的

C. 无偏的,非有效的 D. 有偏的,有效的

6. 当 DW=4 时,说明( )。

A. 不存在序列相关 B. 不能判断是否存在一阶自相关

C. 存在完全的正的一阶自相关 D. 存在完全的负的一阶自相关

7. 下列( )序列相关可用 D-W 检验(v_t 为具有零均值、常数方差且不存在序列相关的随机变量)。

A. $u_t = \rho u_{t-1} + v_t$ B. $u_t = \rho u_{t-1} + \rho^2 u_{t-2} + \cdots + v_t$

C. $u_t = \rho u_t$ D. $u_t = \rho u_t + \rho^2 u_{t-1} + \cdots + v_t$

8. 如果方差膨胀因子 VIF=10,则( )问题是严重的。

A. 异方差问题 B. 序列相关问题

C. 多重共线性问题 D. 解释变量与随机项的相关性

9. D-W 检验不适用于下列情况下的一阶线性自相关检验( )。

A. 模型包含有随机解释变量 B. 样本容量太小

C. 非一阶自回归模型 D. 含有滞后的被解释变量

E. 包含有虚拟变量的模型

10. 针对存在序列相关现象的模型估计,下述哪些方法可能是适用的( )。

A. 加权最小二乘法 B. 一阶差分法 C. 残差回归法

D. 广义差分法 E. Dubin 两步法

11. D-W 检验不能用于下列哪些现象的检验( )。

A. 递增型异方差的检验

B. $u_t = \rho u_t - 1 + \rho^2 u_t - 2 + v_t$ 形式的序列相关检验

C. $x_i = b_0 + b_1 x_j + u_t$ 形式的多重共线性检验

D. $y_t = \hat{\beta}_0 + \hat{\beta}_1 x_t + \hat{\beta}_2 y_{t-1} + e_t$ 的一阶线性自相关检验

E. 遗漏重要解释变量导致的设定误差检验

二、简答题

1. 序列相关性的后果有哪些?

2. DW 值与一阶自相关系数的关系是什么?

3. 简述 D-W 检验的局限性。

4. 什么是虚假序列相关?如何避免?

三、案例分析题

表 6-2 给出了某国 1960—1995 年 36 年间个人实际可支配收入 X 和个人实际消费支出 Y 的数据。

表 6-2　某国 1960—1995 年个人实际可支配收入和个人实际消费支出　单位：100 亿美元

年份	个人实际可支配收入 X	个人实际消费支出 Y	年份	个人实际可支配收入 X	个人实际消费支出 Y
1960	157	143	1978	326	295
1961	162	146	1979	335	302
1962	169	153	1980	337	301
1963	176	160	1981	345	305
1964	188	169	1982	348	308
1965	200	180	1983	358	324
1966	211	190	1984	384	341
1967	220	196	1985	396	357
1968	230	207	1986	409	371
1969	237	215	1987	415	382
1970	247	220	1988	432	397
1971	256	228	1989	440	406
1972	268	242	1990	448	413
1973	287	253	1991	449	411
1974	285	251	1992	461	422
1975	290	257	1993	467	434
1976	301	271	1994	478	447
1977	311	283	1995	493	458

注：资料来源于美国《总统经济报告》(Economic Report of the President)，为 1992 年数据。

要求：

(1) 用普通最小二乘法估计收入-消费模型 $(Y_t = \beta_1 + \beta_2 X_2 + u_t)$；

(2) 检验收入-消费模型的自相关状况（5% 显著水平）；

(3) 用适当的方法消除模型中存在的问题。

参考答案

第三篇
虚拟变量模型与联立方程模型的理论与应用

- 第7章　虚拟变量模型

- 第8章　联立方程模型

第7章
虚拟变量模型

7.1 虚拟变量

7.1.1 虚拟变量的概念

研究中所涉及的变量可以分为两类,即数量变量和属性变量。数量变量是指可用数值表示的变量,比如温度、长度、价格、产量以及收入等。属性变量是指不能精确计量的、说明某种属性或状态的定性变量,比如性别、民族、经济政策变化、战争等。

在回归分析中,因变量不仅受数量变量的影响,而且还受属性变量的影响。例如,人们发现,在其他因素相同的情况下,农村居民保健品的消费支出比城市居民的要少。这可能是受消费理念的影响,但是地域这种定性变量确实对因变量产生了影响,应该将其作为解释变量引入模型中。

常见的属性变量如职业、性别、文化程度、地区等,由于各种原因不能计量,但是在建立计量经济模型时它们又是必不可少的因素,因此我们引入"虚拟变量"这个概念。虚拟变量就是把表现为某种属性的变量设拟为可以用数值表示的变量。这种数值通常取"0"或"1",习惯用 D_i 表示。例如:

$$D_i = \begin{cases} 1 & 男 \\ 0 & 女 \end{cases} \qquad D_i = \begin{cases} 1 & 大学以上学历 \\ 0 & 大学以下学历 \end{cases} \qquad D_i = \begin{cases} 1 & 城市地区 \\ 0 & 农村地区 \end{cases}$$

利用虚拟变量,可以描述和度量用文字所表示的定性变量的影响,也可以测量变量在不同时期的影响,还可以用来处理异常数据的影响。

7.1.2 虚拟变量模型

引入虚拟变量的模型称为虚拟变量模型。虚拟变量模型主要有三种类型:

(1)解释变量中只包含虚拟变量。这类模型假定其他因素都不变,研究某种定性因素对被解释变量的影响是否表现为显著,只讨论有无显著性,并不讨论显著性差异的原因。

(2)解释变量中既含定量变量,又含虚拟变量。这类模型主要研究定量变量和虚拟变量同时对被解释变量的影响,这种影响既可以表现为截距的变化,也可以表现为斜率的变化。

(3)虚拟被解释变量模型。这类模型的被解释变量取值为 0 或 1,主要对某社会经济现象进行"是"与"否"判断研究。

7.1.3 虚拟变量的设置规则

在模型中设置虚拟变量的一般规则是:如果一个因素有 m 个水平,则模型中只能引入

$m-1$ 个虚拟变量。例如，居民家庭可以分成城镇和农村两类，所以只能设置 $2-1=1$ 个虚拟变量，对于居民住房消费模型可以写成以下形式：

$$C_i = \beta_0 + \beta_1 Y_i + \beta_2 D_i + u_i \tag{7-1}$$

式中，C_i 为住房消费；Y_i 为收入；$D_i = \begin{cases} 1 & \text{城镇居民} \\ 0 & \text{农村居民} \end{cases}$。

而不能设置成如下的模型：

$$C_i = \alpha_0 + \beta_0 Y_i + \beta_1 D_{1i} + \beta_2 D_{2i} + u_i \tag{7-2}$$

式中，$D_{1i} = \begin{cases} 1 & \text{城镇居民} \\ 0 & \text{其他} \end{cases}$；$D_{2i} = \begin{cases} 1 & \text{农村居民} \\ 0 & \text{其他} \end{cases}$。

因为模型(7-2)对于任何被调查的居民家庭，都有 $D_{1i} + D_{2i} = 1$，说明模型中存在着完全的多重共线性，这时参数将无法估计，这就是所谓的"虚拟陷阱"。

7.2 虚拟解释变量回归

虚拟变量作为解释变量，可以以加法形式、乘法形式以及同时以乘法和加法形式引入模型中。相应地，虚拟变量在模型中则可以影响模型的截距、模型的斜率，以及同时影响模型的截距和斜率。

7.2.1 以加法方式引入虚拟变量 D：用虚拟变量表示不同截距的回归

当各类型模型的斜率相同、截距不相同时，可考虑以加法形式引入虚拟变量 D。例如，香烟的需求量除了受收入因素影响外，还与地区有关。当香烟关于收入的边际消费倾向相同时，其消费模型可写为

$$C_i = \beta_0 + \beta_1 D_i + \beta_2 Y_i + u_i \tag{7-3}$$

式中，C_i 为香烟消费量；Y_i 为居民的收入；$D_i = \begin{cases} 1 & \text{城市} \\ 0 & \text{农村} \end{cases}$。

式(7-3)就是虚拟变量模型。当这一模型满足普通最小二乘法的假定条件时，可应用 OLS 估计消费函数：

$$\hat{C}_i = \hat{\beta}_0 + \hat{\beta}_1 D_i + \hat{\beta}_2 Y_i \tag{7-4}$$

由此可得：

农村居民消费函数：

$$\hat{C}_i = \hat{\beta}_0 + \hat{\beta}_2 Y_i \tag{7-5}$$

城市居民消费函数：

$$\hat{C}_i = (\hat{\beta}_0 + \hat{\beta}_1) + \hat{\beta}_2 Y_i \tag{7-6}$$

如果绘出这两个函数的图形，就可以明显地看出，这两个函数具有相同的斜率、不同的截距(见图 7-1)。

如果香烟的需求量除收入、地区两个因素外，还受性别差异的影响，在香烟关于收入

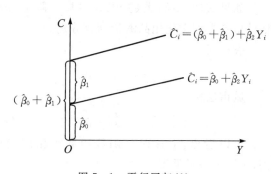

图 7-1 平行回归(1)

的边际消费倾向相同的条件下,其消费模型为

$$C_i = \beta_0 + \beta_1 D_{1i} + \beta_2 D_{2i} + \beta_3 Y_i + u_i \tag{7-7}$$

式中,$D_{1i} = \begin{cases} 1 & 城市 \\ 0 & 农村 \end{cases}$;$D_{2i} = \begin{cases} 1 & 男 \\ 0 & 女 \end{cases}$;$C_i$ 为香烟消费;Y_i 为居民收入。

如果式(7-7)满足 OLS 的基本假定条件,可估计出各类型居民香烟消费函数分别为

农村女性居民: $\hat{C}_i = \hat{\beta}_0 + \hat{\beta}_3 Y_i$ (7-8)

城市女性居民: $\hat{C}_i = (\hat{\beta}_0 + \hat{\beta}_1) + \hat{\beta}_3 Y_i$ (7-9)

农村男性居民: $\hat{C}_i = (\hat{\beta}_0 + \hat{\beta}_2) + \hat{\beta}_3 Y_i$ (7-10)

城市男性居民: $\hat{C}_i = (\hat{\beta}_0 + \hat{\beta}_1 + \hat{\beta}_2) + \hat{\beta}_3 Y_i$ (7-11)

可以看出,上述四个类型的消费函数截距不同,斜率相同,用图形表示见图7-2。

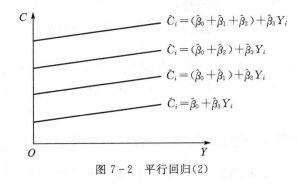

图 7-2 平行回归(2)

7.2.2 以乘法方式引入虚拟变量 D:用虚拟变量表示不同斜率的回归

当各类型模型中截距相同而斜率不相同时,可考虑通过乘法方式在模型中引入虚拟变量 D。

例如,文化用品消费量在城市和农村的边际消费倾向是不相同的,其消费模型可写成

$$C_i = \beta_0 + \beta_1 Y_i + \beta_2 D_i Y_i + u_i \tag{7-12}$$

式中,C_i 为文化用品消费量;Y_i 为居民收入;$D_i = \begin{cases} 1 & 城市 \\ 0 & 农村 \end{cases}$。

如果式(7-12)满足 OLS 的基本假定条件,可估计出各类型文化用品消费函数分别为

农村居民:
$$\hat{C}_i = \hat{\beta}_0 + \hat{\beta}_1 Y_i \tag{7-13}$$

城市居民:
$$\hat{C}_i = \hat{\beta}_0 + (\hat{\beta}_1 + \hat{\beta}_2) Y_i \tag{7-14}$$

可以看出,上述两个函数的截距相同,斜率不同,用图形表示见图7-3。

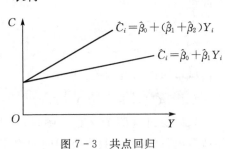

图 7-3 共点回归

7.2.3 同时以加法和乘法方式引入虚拟变量

当各类型模型中截距和斜率都不相同时,可考虑以加法和乘法方式同时引入虚拟变量 D。例如,文化用品消费量在城市和农村的边际消费倾向不同,而且基本消费量也不相同,其消费模型可写成

$$C_i = \beta_0 + \beta_1 D_i + \beta_2 Y_i + \beta_3 D_i Y_i + u_i \quad (7-15)$$

当式(7-15)满足 OLS 的基本假定条件后,可估计出各类型文化用品消费函数分别为

农村居民:

$$\hat{C}_i = \hat{\beta}_0 + \hat{\beta}_2 Y_i \quad (7-16)$$

城市居民:

$$\hat{C}_i = (\hat{\beta}_0 + \hat{\beta}_1) + (\hat{\beta}_2 + \hat{\beta}_3) Y_i \quad (7-17)$$

可以看出,上述两个函数的截距和斜率都不相同,用图形表示见图 7-4。

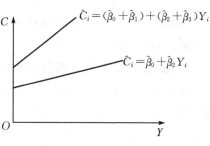

图 7-4 不同的回归

7.2.4 虚拟变量的特殊应用

1. 虚拟变量在生产函数中的应用

为了反映甲、乙两种不同的工艺过程对生产的影响,可以引入虚拟变量 D 对生产函数进行改进得到新的生产函数为

$$\ln Q_i = \ln A + \alpha \ln L_i + \beta \ln K_i + \gamma D_i + u_i \quad (7-18)$$

式中,Q_i 为产量;K_i 为资金投入;L_i 为劳动力投入;$D_i = \begin{cases} 1, \text{表示由甲工艺过程生产} \\ 0, \text{表示由乙工艺过程生产} \end{cases}$

通过对模型中 γ 进行显著性检验,如果 γ 在统计上显著,就可以说明该工艺过程对生产有影响。

2. 虚拟变量在分段回归中的应用

当现象在某一时期(或超过某一数量界限)有一明显转折点时,可利用虚拟变量建立分段回归模型。例如,进口消费品数量,主要取决于国民总收入,但 1980 年前后我国进口消费品数量明显不同,设 $t^* = 1980$ 年为转折期,1980 年国民总收入为 X_t^*,其他年份国民总收入为 X_t。则进口消费品模型为

$$Y_t = \beta_0 + \beta_1 X_t + \beta_2 (X_t - X_t^*) D_t + u_i$$

$$\text{虚拟变量 } D_t = \begin{cases} 1 & t \geqslant t^* \\ 0 & t < t^* \end{cases} \quad (7-19)$$

若式(7-19)满足 OLS 法基本假定条件,估计后

$$\hat{Y} = \hat{\beta}_0 + \hat{\beta}_1 X_t + \hat{\beta}_2 (X_t - X_t^*) D_t$$

这时,只要检验 $\hat{\beta}_2$ 的统计显著性,就可以判断在临界水平 X_t^* 处是否存在着"突变"。如果 $\hat{\beta}_2$

在统计上是显著的,则 1980 年以前,即 $t<t^*$,$D=0$,进口消费品模型的函数形式为

$$\hat{Y}_t = \hat{\beta}_0 + \hat{\beta}_2 X_t \qquad (7-20)$$

1980 年以后,即 $t \geq t^*$,$D=1$,进口消费品模型的函数形式为

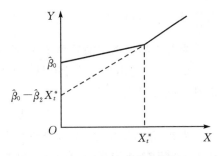

图 7-5 进口消费品变化图

$$\hat{Y}_t = (\hat{\beta}_0 - \hat{\beta}_2 X_t^*) + (\hat{\beta}_1 + \hat{\beta}_2) X_t \qquad (7-21)$$

可以看出,1980 年以后函数的斜率明显大于 1980 年以前,其图形如图 7-5 所示。

3. 虚拟变量在季节调整模型中的应用

有些经济现象常受季节变动的影响。例如,盛夏之时人们对肉食品的需求量减少,对冷饮的需求量增加;而到了元旦、春节时人们对肉食品的需求量增加,对冷饮需求量减少。所以,季节变动对某些商品的需求量影响很大。为了把季节变动的影响反映到模型中去,我们可以引进三个虚拟变量(设第一季度为基础类型),其模型为

$$Y_i = \beta_0 + \beta_1 X_{1i} + \beta_2 X_{2i} + \cdots + \beta_k X_{ki} + \alpha_1 D_{1i} + \alpha_2 D_{2i} + \alpha_3 D_{3i} + u_i \qquad (7-22)$$

这里 $X_1,X_2,X_3,\cdots,X_k$ 为影响该商品需求量 Y_i 的因素。

$$D_{1i} = \begin{cases} 1 & \text{第二季度} \\ 0 & \text{其他季度} \end{cases} \quad D_{2i} = \begin{cases} 1 & \text{第三季度} \\ 0 & \text{其他季度} \end{cases} \quad D_{3i} = \begin{cases} 1 & \text{第四季度} \\ 0 & \text{其他季度} \end{cases}$$

必须注意,我们在这里不能引进第四个虚拟变量(即 D_{4i}),不然的话,就会掉入"虚拟陷阱"。模型中系数 β_0、α_1、α_2、α_3 分别反映了一、二、三、四季度对该商品的平均影响程度,根据这些系数的统计检验就可以判断季度因素对该商品的需求量是否存在着显著影响。

4. 虚拟变量在模型结构稳定性检验中的应用

模型结构的稳定性是指两个不同时期(或不同空间)研究同一性质的问题时所建立的同一形式的回归模型的参数之间无显著差异,如果存在着差异,则认为模型结构不稳定。

在现实经济生活中,往往由于某些重要的因素影响,解释变量和被解释变量之间可能会发生结构变化,例如:1973 年、1979 年以及 1990—1991 年的海湾战争期间,由 OPEC 石油卡特尔组织发起的石油禁运引起的经济衰退使石油输出国的真实国民收入减少;我国由于经济体制的变化,改革开放前后国民经济总量指标之间的关系都会发生变化;研究我国发达地区和不发达地区投资对经济增长的影响,也会因地区不同而产生结构差异;等等。

这里介绍两种检验模型结构稳定性的方法。

1) 虚拟变量检验法

为了检验两个模型的结构稳定性问题,可引入虚拟变量进行检验。设根据两个样本估计的回归模型分别为

样本 1: $\qquad Y_i = \alpha_1 + \beta_1 X_i + \varepsilon_i$

样本 2: $\qquad Y_i = \alpha_2 + \beta_2 X_i + \varepsilon_i$

设置虚拟变量: $\qquad D_i = \begin{cases} 0 & \text{样本 1} \\ 1 & \text{样本 2} \end{cases}$

将样本 1 和样本 2 的数据合并,估计以下模型:
$$Y_i = \alpha_1 + \beta_1 X_i + (\alpha_2 - \alpha_1)D_i + (\beta_2 - \beta_1)D_i X_i + e_i$$
然后利用 t 检验判断 D_i、$D_i X_i$ 的系数的显著性,可以得到以下四种检验结果:

(1)两个系数均等于零,即 $\alpha_2 = \alpha_1, \beta_2 = \beta_1$,说明两个回归模型之间没有显著差异,称之为"重合回归"(coincident regression),模型结构是稳定的,如图 7-6(a)所示。

(2)D_i 的系数不等于零,$D_i X_i$ 的系数等于零,即 $\alpha_2 \neq \alpha_1, \beta_2 = \beta_1$,说明两个回归模型之间的斜率相同,结构差异仅仅表现在截距上,称之为平行回归(parallel regression),如图 7-6(b)所示。

(3)D_i 的系数等于零,$D_i X_i$ 的系数不等于零,即 $\alpha_2 = \alpha_1, \beta_2 \neq \beta_1$,说明两个回归模型之间的截距相同,结构差异仅仅表现在斜率上,称之为汇合回归(concurrent regression),如图 7-6(c)所示。

(4)D_i、$D_i X_i$ 的系数均不等于零,即 $\alpha_2 \neq \alpha_1, \beta_2 \neq \beta_1$,说明两个回归模型完全不同,存在着结构差异,称之为相异回归(dissimilar regression),如图 7-6(d)所示。

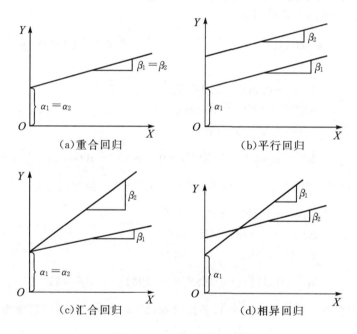

图 7-6 四种不同检验结果

2) Chow 检验法

为了验证关于两个模型结构不同的假设是正确的,我们从两个回归方程的结构是相同的原假设开始,然后看看能否拒绝这个假设。这个检验称为邹检验(Chow test),是计量经济学家邹志庄教授于 1960 年提出的一种检验方法。

设有两个样本回归模型:

样本 1: $\quad Y_i = \beta_1 + \beta_2 X_{2i} + \cdots + \beta_k X_{ki} + e_{1i}$ (7-23)

样本 2: $\quad Y_j = \alpha_1 + \alpha_2 X_{2j} + \cdots + \alpha_k X_{kj} + e_{2i}$ (7-24)

设样本 1 的容量为 N,样本 2 的容量为 M,式(7-24)的系数可以与式(7-23)的系数不一样。假设我们用 OLS 对这两个方程分别进行估计,可得到各自的误差平方和 RSS_1 和 RSS_2,由于对模型的系数没有任何限制条件,可以将这两个误差平方和相加求和表示无条件平方和,即 $RSS_{UR}=RSS_1+RSS_2$,其自由度为 $(N-K)+(M-K)=N+M-2K$。

假设原假设为真,即 $\alpha_1=\beta_1,\alpha_2=\beta_2,\cdots,\alpha_k=\beta_k$,以及 $Var(e_{1i})=Var(e_{2i})$,则回归模型式(7-23)、式(7-24)可以合并为一个方程:

$$Y_i=\gamma_1+\gamma_2 X_{2i}+\cdots+\gamma_k X_{ki}+e_{3i} \tag{7-25}$$

式(7-25)的样本容量为 $N+M$,然后用 OLS 估计式(7-25),并计算有条件误差平方和 RSS_R。如果原假设成立,则它所带来的条件限制将不会影响模型的解释能力。RSS_R 也不会超过 RSS_{UR} 太多,这样我们对这两个误差平方和的差是否显著进行 F 检验。

$$F=\frac{(RSS_R-RSS_{UR})/K}{RSS_{UR}/(N+M-2K)} \tag{7-26}$$

如果 F 统计量在一定置信水平下大于自由度为 K 和 $N+M-2K$ 的 F 分布的临界值,则拒绝原假设,认为这两个模型的结构存在着差异。

下面通过实例说明以上检验过程。

【例 7-1】假如改革开放前(1950—1977 年)我国居民储蓄(Y)与收入(X)的回归模型估计结果为:

$$\hat{Y}_t=-0.266+0.047X_t$$

SE:(0.3053) (0.0266)

t:(-0.8719) (1.7669)

$R^2=0.3092$ $RSS_1=0.1396$ $df=26$

改革开放后(1978—2000 年)居民储蓄(Y)与收入(X)的回归模型估计结果为:

$$\hat{Y}_t=-1.7502+0.1504X_t$$

SE:(0.3576) (0.0175)

t:(-4.8943) (8.5943)

$R^2=0.9131$ $RSS_2=0.1931$ $df=21$

合并两个模型数据(1950—2000 年),居民储蓄(Y)与收入(X)的回归模型估计为:

$$\hat{Y}_t=-1.0821+0.1178X_t$$

SE:(0.1451) (0.0088)

t:(-7.4576) (13.3864)

$R^2=0.9185$ $RSS_R=0.5722$ $df=47$

计算 F 统计量:

$$RSS_{UR}=RSS_1+RSS_2=0.1396+0.1931=0.3327$$

$$F=\frac{(RSS_R-RSS_{UR})/K}{RSS_{UR}/(N+M-2K)}=\frac{(0.5722-0.3327)/2}{0.3327/47}=16.9169$$

取显著性水平为 5%,查表 $F_{0.05}(2,47)=3.20$,由于 $16.9169>3.20$,所以我们拒绝原假设,认为改革开放前和改革开放后居民储蓄关于收入的回归模型存在着结构差异。

必须指出，应用邹检验法时要注意以下几点：①使用邹检验法检验模型的结构是否发生变化时，要求随机项为同方差，必须先检验是否存在异方差。②邹检验一般要求 N 和 M 足够大，以便对各个回归方程进行回归。③对多个时期的回归模型进行邹检验时，要注意 RSS_{UR} 是各个回归模型的误差平方和的累加，自由度也要相应改变。

7.3 虚拟被解释变量模型

前面我们所讨论的虚拟变量都是解释变量。在这一节我们将讨论虚拟变量是被解释变量的情形，并讨论以此建立的虚拟被解释变量模型的估计问题。虚拟被解释变量在日常经济活动中常表现在人们的决策行为上，即对某一问题人们要做出"是"或"否"的回答，如是否购买家用汽车，是否购买人寿保险，某一商品在市场上是否畅销，等等。对此类问题，我们也可以利用虚拟被解释变量模型进行决策。常用的模型有线性概率模型和非线性概率模型[包括逻辑(Logit)模型和 Probit 模型]。

7.3.1 线性概率模型

1. 线性概率模型的形式

假设人们是否购买家用小汽车的决定与其收入水平有关，则模型设定为

$$Y_i = \beta_0 + \beta_1 X_i + u_i \tag{7-27}$$

式中，X 为家庭收入；Y 为虚拟变量，表示家庭购买家用小汽车的情况：

$$Y_i = \begin{cases} 1 & \text{购买家用小汽车} \\ 0 & \text{不购买家用小汽车} \end{cases}$$

上述模型将虚拟变量 Y 表示为数量型变量 X 的函数，这样的模型称为线性概率模型。Y_i 在给定 X_i 下的条件期望 $E(Y|X_i)$ 可解释为在给定 X_i 下事件（家庭购买家用小汽车）发生的条件概率。

假定 $E(u_i) = 0$，可以得到

$$E(Y_i | X_i) = \beta_0 + \beta_1 X_i \tag{7-28}$$

若 $Y_i = 1$ 的概率为 P_i，则 $Y_i = 0$ 的概率为 $(1 - P_i)$，于是在给定 X_i 下 Y_i 的数学期望为

$$E(Y_i | X_i) = 1 \cdot P_i + 0 \cdot (1 - P_i) = P_i \tag{7-29}$$

由此可见，式(7-27)中被解释变量的条件期望可解释为收入为 X_i 的第 i 个家庭购买家用小汽车的概率。因为概率 P_i 的数值必介于 0 和 1 之间，所以要求 $E(Y_i | X_i)$ 满足限制条件：$0 \leq E(Y_i | X_i) \leq 1$，也就是说，$Y_i$ 的条件期望值只能在 0 和 1 之间。由于 Y_i 的条件期望具有概率含义，所以，线性模型式(7-27)称为线性概率模型。

2. 线性概率模型的估计

线性概率模型在形式上同普通线性回归模型很相似，但由于 Y_i 是虚拟变量，这就出现了不同于普通回归模型的新问题。

1）**随机扰动项 u_i 不服从正态分布**

因为

$$u_i = Y_i - \beta_0 - \beta_1 X_i \tag{7-30}$$

很明显
$$u_i = \begin{cases} 1-\beta_0-\beta_1 X_i & \text{当 } Y_i = 1 \\ -\beta_0-\beta_1 X_i & \text{当 } Y_i = 0 \end{cases} \quad (7-31)$$

这就是说,对于一定的 X_i 值,Y_i 只能取两个值,u_i 也只能有两个可能值出现,所以 u_i 服从的是二项分布。

即
$$Y_i \sim \begin{pmatrix} 1 & 0 \\ P_i & 1-P_i \end{pmatrix}, \quad u_i \sim \begin{pmatrix} 1-\beta_0-\beta_1 X_i & -\beta_0-\beta_1 X_i \\ P_i & 1-P_i \end{pmatrix} \quad (7-32)$$

虽然 u_i 不服从正态分布,但对参数的估计不会产生影响,因为 OLS 估计的无偏性、有效性与 u_i 的概率分布无关。但进行 t 检验、F 检验等统计推断时,却要求误差项服从正态分布。只有在大样本情况下,根据中心极限定理可知,二项分布趋近于正态分布,所以,仍然可以在正态分布假定下进行统计推断。

2) **随机误差项 u_i 具有异方差性**

$$\begin{aligned}
\text{Var}(u_i) &= E(u_i^2) = \sum u_i^2 P_i \\
&= (1-\beta_0-\beta_1 X_i)^2 P_i + (-\beta_0-\beta_1 X_i)^2 (1-P_i) \\
&= (1-P_i)^2 P_i + (-P_i)^2 (1-P_i) \\
&= P_i(1-P_i) \\
&= (\beta_0+\beta_1 X_i)(1-\beta_0-\beta_1 X_i) \neq \text{常数}
\end{aligned} \quad (7-33)$$

式(7-33)表明随机扰动项 u_i 的方差随着 X_i 的变化而变化,因此具有异方差性,这时就不能用 OLS 估计模型中的参数。

3) **线性概率模型的估计**

为了消除异方差性的影响,应采用 WLS 来估计线性概率模型中的参数。其权数 W_i 就取 $\text{Var}(u_i)$,然后对原模型式(7-27)两边各项同除以 $\text{Var}(u_i)$ 的平方根,得到

$$\frac{Y_i}{\sqrt{\text{Var}(u_i)}} = \frac{\beta_0}{\sqrt{\text{Var}(u_i)}} + \beta_1 \frac{X_i}{\sqrt{\text{Var}(u_i)}} + \frac{u_i}{\sqrt{\text{Var}(u_i)}} \quad (7-34)$$

变换后的式(7-34)的随机项不再是异方差,而是同方差,因此可用 OLS 估计式(7-34)中的参数。

但是由于 $\text{Var}(u_i) = P_i(1-P_i)$,$P_i$ 是未知的,而 $P_i = E(Y_i|X_i) = \beta_0+\beta_1 X_i$,所以可以先利用 OLS 估计式(7-27),求出 $E(Y_i|X_i)$ 的估计值 $\hat{Y}_i$,用 $\hat{Y}_i$ 代替 P_i,这样就可以求得 u_i 的方差。

$$\text{Var}(u_i) = \hat{Y}_i(1-\hat{Y}_i) \quad (7-35)$$

利用 EViews 软件可以完成上述估计过程:

(1) 利用 OLS 估计原模型式(7-27): LS Y C X。
(2) 计算 Y 的估计值: GENR EY = Y−RESID。
(3) 计算权数 WT: GENR WT = 1/[EY*(1−EY)]。
(4) 利用 WLS 估计模型: LS(W = WT) Y C X。

4) **条件 $0 \leq E(Y_i|X_i) \leq 1$ 不一定成立**

因为线性概率模型中 $E(Y_i|X_i)$ 度量的是事件"$Y_i=1$"发生的概率,所以从理论上讲,$E(Y_i|X_i)$ 的值应介于 0 和 1 之间,但是从实际估计结果看,$E(Y_i|X_i)$ 的估计值 $\hat{Y}_i$ 并不一定

在 0 和 1 之间，就是说 $\hat{Y}_i$ 的值可以大于 1，或者为负数，在这种情况下，做以下处理：当 $\hat{Y}_i > 1$ 时，应认为它等于 1；当 $\hat{Y}_i < 0$ 时，就认为它等于 0。

7.3.2 非线性概率模型

线性概率模型虽然计算简单，但不能自然符合概率值介于 0 和 1 之间的要求，当 $\hat{Y}_i < 0$ 或 $\hat{Y}_i > 1$ 时，可以人为地将其等同于 $\hat{Y}_i = 0$ 或 $\hat{Y}_i = 1$，但这在理论上是不严密的。要消除这一缺陷，另外一种解决办法是设计一种估计技术，使得对任意解释变量都能保证条件期望 $\hat{Y}_i$ 介于 0 与 1 之间。下面介绍两种能保证所估计概率落在 0 与 1 这个逻辑界限内的非线性概率模型。

1. 逻辑(Logit)模型

逻辑模型也称逻辑斯蒂模型，是一种常用的非线性概率模型，由数学生物学家韦吕勒(Verhulst)于 1845 年提出，最早被用来描述生物的生长规律（逻辑成长律），现已广泛地用来描述耐用消费品的销售规律。

以前面家庭购买家用小汽车的例子说明逻辑模型。在解释家用小汽车购买与收入的线性关系时，线性概率模型为：

$$P_i = E(Y=1 \mid X_i) = \beta_0 + \beta_1 X_i \tag{7-36}$$

其中 X 为收入，而 $Y=1$ 表示家庭购买汽车。现在考虑如下购买家用汽车的表达式：

$$P_i = E(Y=1 \mid X_i) = \frac{1}{1+e^{-(\beta_0+\beta_1 x_i)}} \tag{7-37}$$

为方便说明，将式(7-37)写成：

$$P_i = \frac{1}{1+e^{-Z_i}} \tag{7-38}$$

式中，$Z_i = \beta_0 + \beta_1 X_i$。

式(7-37)表示以逻辑分布函数(logistic distribution function)为名的模型。函数 Z_i 的图像是一条 S 形曲线，如图 7-7 所示。

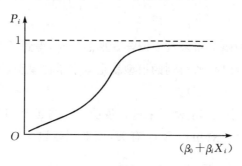

图 7-7 S 形曲线

从图 7-7 中曲线可以明显看出，由式(7-37)得出的条件概率其数值总在 0 和 1 之间，而且以渐近方式趋于 0 和 1。这样模型不仅解决了条件概率有可能大于 1 或小于 0 的矛盾，而且避免了小概率事件的概率估计值等于 0，大概率事件的概率估计值等于 1 的缺点。

如果购买家用汽车的概率 P_i 由式(7-38)给出,则不购买汽车的概率 $(1-P_i)$ 是

$$1 - P_i = \frac{1}{1+e^{z_i}} \tag{7-39}$$

进而可以得到

$$\frac{P_i}{1-P_i} = \frac{1+e^{z_i}}{1+e^{-z_i}} = e^{z_i} \tag{7-40}$$

式(7-40)中,$P_i/(1-P_i)$ 称为机会差异比,即所研究事件"发生"与"不发生"的概率之比。在本例中就是家庭购买家用汽车的概率与不购买家用汽车的概率之比。

如果对式(7-40)取自然对数,整理得到:

$$\frac{P_i}{1-P_i} = \frac{1/(1+e^{-(\beta_0+\beta_1 X_i)})}{e^{-(\beta_0+\beta_1 X_i)}/(1+e^{-(\beta_0+\beta_1 X_i)})} = e^{\beta_0+\beta_1 X_i}$$

$$\ln \frac{P_i}{1-P_i} = \beta_0 + \beta_1 X_i \tag{7-41}$$

式(7-41)将逻辑模型转化为线性模型,但当 $P_i=0$ 或 $P_i=1$ 时,$P_i/(1-P_i)$ 的对数无意义,所以不能直接用 OLS 估计模型,一般采用极大似然法或分组数据估计式(7-41),也可以利用 EViews 软件,在方程描述窗口直接选择 Logit 选项估计模型。

【例 7-2】以逻辑模型描述消费者在既定收入水平下购买家用小汽车的决策行为。假如利用 EViews 估计出模型的参数 $\hat{\beta}_0$、$\hat{\beta}_1$,于是

$$\ln(\frac{P_i}{1-P_i}) = \hat{\beta}_0 + \hat{\beta}_1 X_i$$

如果根据某消费者的收入水平 X_i,计算出 $\hat{\beta}_0 + \hat{\beta}_1 X_i = 1.76$,

即

$$\ln(\frac{P_i}{1-P_i}) = \hat{\beta}_0 + \hat{\beta}_1 X_i = 1.76 \quad 或 \quad \frac{1-P_i}{P_i} = \frac{1}{P_i} - 1 = e^{-1.76}$$

所以

$$P_i = \frac{1}{1+e^{-1.76}} = \frac{1}{1.17} = 0.85 \quad 或 \quad 85\%$$

即该消费者在既定的收入水平下购买家用小汽车的概率为 85%。

2. Probit 模型

如前所述,当我们用逻辑分布函数去拟合 S 形曲线时,得到了 Logit 模型。而当我们用正态分布函数去拟合 S 形曲线时,所得到的模型就是概率单位模型,即 Probit 模型,有时也称为正态单位模型(normal unit model)。

同样以家庭购买家用小汽车的例子来进行说明。在构建 Probit 模型时,认为第 i 个家庭是否购买家用汽车的决定与效用指数 I_i 有关,而效用指数又取决于一些解释变量,比如收入 X_i:

$$I_i = \beta_0 + \beta_1 X_i \tag{7-42}$$

其中,X_i 为第 i 个家庭的收入,而且效用指数 I_i 的值越大,家庭购买家用小汽车的概率越大。可以假定,每个家庭都有一个该指数的临界值或门槛值,记为 I^*。如果 I_i 超过 I^*,该家庭将购买家用小汽车;否则,将不购买家用小汽车。效用指数 I_i 及其门槛值都是不可观测

的,但是如果假定家庭的效用指数是有相同均值和方差正态分布变量,则可以对式(7-42)的参数进行估计。在给定正态性假定下,$I^* < I_i$ 的概率为

$$P_i = P_r(Y=1) = P_r(I^* < I_i) = F(I_i) = \frac{1}{\sqrt{2\pi}} \int_{-\infty}^{I_i} e^{-t^2/2} dt$$

$$= \frac{1}{\sqrt{2\pi}} \int_{-\infty}^{\beta_0 + \beta_1 X_1} e^{-t^2/2} dt \qquad (7-43)$$

其中 t 是标准化正态变量,即 $t \sim N(0,1)$。

关于效用指数 I_i 与 β_0 和 β_1 关系可以进一步确定为

$$I_i = F^{-1}(I_i) = \beta_0 + \beta_1 X_i \qquad (7-44)$$

运用样本数据得到 P_i 的估计值 $\hat{P}_i$ 后,可以通过求正态分布函数的反函数,得到 I_i 的估计值,进而可以对参数进行估计。模型(7-44)一般采用极大似然估计法进行估计。EViews 软件中,可以在方程描述窗口直接选择 Probit 选项估计模型。

7.4 案例分析

改革开放以来,中国城乡居民收入快速增长,同时城乡居民的储蓄存款也快速增长,但是由于20世纪90年代开始经济体制和社会保障体制的变化,居民的储蓄行为也发生了改变。为了考察改革开放以来中国居民的储蓄存款增长与收入的关系是否发生变化,以城乡居民人民币储蓄存款年底余额代表居民储蓄(Y),以国民总收入(GNI)代表城乡居民收入,分析居民收入对储蓄存款影响的数量关系。

表7-1为1978—2009年中国的国民总收入和城乡居民人民币储蓄存款年底余额及增加额的数据。

表 7-1 1978—2009年中国国民总收入与居民储蓄存款   单位:亿元

年 份	国民总收入(GNI)	城乡居民人民币储蓄存款年底余额(Y)	城乡居民人民币储蓄存款增加额(YY)	年 份	国民总收入(GNI)	城乡居民人民币储蓄存款年底余额(Y)	城乡居民人民币储蓄存款增加额(YY)
1978	3645.2	210.6	NA	1994	48108.5	21518.8	6315.3
1979	4062.6	281.0	70.4	1995	59810.5	29662.3	8143.5
1980	4545.6	399.5	118.5	1996	70142.5	38520.8	8858.5
1981	4889.5	532.7	124.2	1997	78060.8	46279.8	7759.0
1982	5330.5	675.4	151.7	1998	83024.3	53407.5	7615.4
1983	5985.6	892.5	217.1	1999	88479.2	59621.8	6253.0
1984	7243.8	1214.7	322.2	2000	98000.5	64332.4	4976.7
1985	9040.7	1622.6	407.9	2001	108068.2	73762.4	9457.6

续表

年 份	国民总收入(GNI)	城乡居民人民币储蓄存款年底余额(Y)	城乡居民人民币储蓄存款增加额(YY)	年 份	国民总收入(GNI)	城乡居民人民币储蓄存款年底余额(Y)	城乡居民人民币储蓄存款增加额(YY)
1986	10274.4	2237.6	615.0	2002	119095.7	86910.6	13233.2
1987	12050.6	3073.3	835.7	2003	135174.0	103617.3	16631.6
1988	15036.8	3801.5	728.2	2004	159586.7	119555.4	15929.4
1989	17000.9	5196.4	1374.2	2005	184088.6	141051.0	21496.8
1990	18718.3	7119.8	1923.4	2006	213131.7	161587.3	20544.0
1991	21826.2	9241.6	2121.8	2007	251483.2	172534.2	10967.1
1992	26937.3	11759.4	2517.8	2008	302853.4	217885.4	45353.0
1993	35260.0	15203.5	3444.1	2009	340320.0	260772.0	42887.0

资料来源：根据中国统计年鉴和中国经济信息网统计数据库数据整理。

为了研究 1978—2009 年城乡居民储蓄存款是否随收入的变化规律而发生变化，做城乡居民储蓄存款、国民总收入随时间变化图，如图 7-8 所示；居民储蓄增量(YY)随时间变化图，如图 7-9 所示；城乡居民储蓄存款增量与国民总收入之间关系图，如图 7-10 所示。从图 7-9 可以看出，城乡居民的储蓄行为表现出了明显的阶段性特征，在 1996 年、2000 年、2005 年以及 2007 年有四个明显的转折点。从图 7-10 也可以看出城乡居民存款增量与国民总收入之间的关系也表现出了类似的阶段性特征。

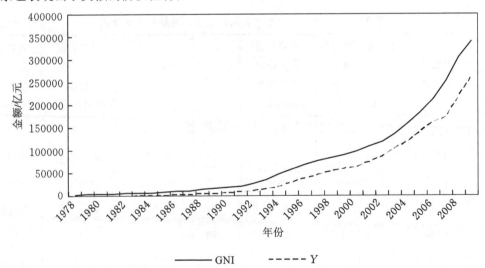

图 7-8 城乡居民储蓄存款、国民收入随时间的变化情况

为进一步分析居民储蓄行为在 1996 年、2000 年、2005 年以及 2007 年等不同时期的数量关系，在建立的模型中分别引入虚拟变量 D_1、D_2、D_3、D_4。$D_1 \sim D_4$ 的选择，分别以 1996 年、

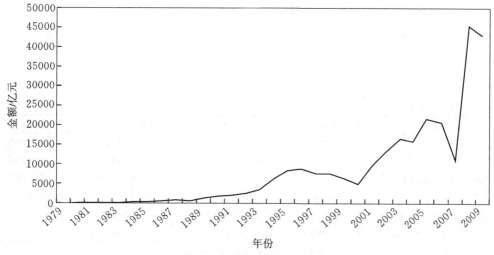

图 7-9 居民储蓄增量图

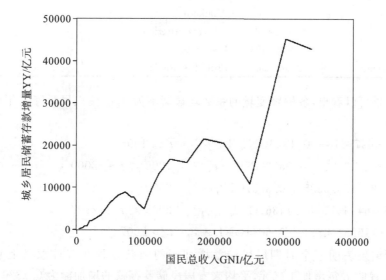

图 7-10 城乡居民储蓄存款增量与国民总收入之间关系图

2000年、2005年和2007年四个转折点为依据,这四个年度所对应的GNI分别为70142.5亿元、98000.5亿元、184088.6亿元和251483.2亿元。以加法和乘法两种方式引入虚拟变量建立如下模型:

$$YY_t = \beta_1 + \beta_2 GNI_t + \beta_3 (GNI_t - 70142.5)D_{1t} + \beta_4 (GNI_t - 98000.5)D_{2t} + \beta_5 (GNI_t - 184088.6)D_{3t} + \beta_6 (GNI_t - 251483.2)D_{4t} + u_t$$

式中:YY为城乡居民储蓄存款增加量;GNI为国民总收入;$D_{1t} = \begin{cases} 1 & t=1996\text{年以后} \\ 0 & t=1996\text{年及以前} \end{cases}$;

$D_{2t} = \begin{cases} 1 & t=2000\text{年以后} \\ 0 & t=2000\text{年及以前} \end{cases}$;$D_{3t} = \begin{cases} 1 & t=2005\text{年以后} \\ 0 & t=2005\text{年及以前} \end{cases}$;$D_{4t} = \begin{cases} 1 & t=2007\text{年以后} \\ 0 & t=2007\text{年及以前} \end{cases}$。

对以上模型进行回归,EViews软件输出结果如表7-2所示。

表 7-2 回归结果

Dependent Variable：YY
Method：Least Squares
Date：04/26/17 Time：19:10
Sample (adjusted)：1979 2009
Included observations：31 after adjustments

Variable	Coefficient	Std. Error	t-Statistic	Prob.
C	−697.2780	952.0854	−0.732369	0.4708
GNI	0.132630	0.030373	4.366687	0.0002
(GNI−70142.5)*D1	−0.185959	0.112030	−1.659900	0.1094
(GNI−98000.5)*D2	0.231090	0.111835	2.066337	0.0493
(GNI−184088.6)*D3	−0.276290	0.076597	−3.607032	0.0013
(GNI−251483.2)*D4	0.471420	0.084786	5.560090	0.0000
R-squared	0.949168	Mean dependent var		8432.042
Adjusted R-squared	0.939002	S. D. dependent var		11384.91
S. E. of regression	2811.816	Akaike info criterion		18.89303
Sum squared resid	1.98E+08	Schwarz criterion		19.17058
Log likelihood	−286.8420	F-statistic		93.36406
Durbin-Watson stat	2.943950	Prob(F-statistic)		0.000000

从回归结果可以看出，各解释变量的系数均显著不为 0，居民人民币存款年增加额的回归模型分别为：

$$YY_t = \begin{cases} -697.278 + 0.1326 GNI_t + e_t & t \leqslant 1996 \\ 12346.3492 - 0.0533 GNI_t + e_t & 1996 < t \leqslant 2000 \\ -227166.6335 + 0.3637 GNI_t + e_t & 2000 < t \leqslant 2005 \\ 50164.5613 - 0.14367 GNI_t + e_t & 2005 < t \leqslant 2007 \\ -119251.4881 + 0.6041 GNI_t + e_t & t > 2007 \end{cases}$$

回归分析结果表明五个时期居民储蓄增加额的回归方程在统计意义上确实不同。在 1996 年以前国民收入每增加 1 亿元，平均来看居民储蓄存款的增加额为 0.1326 亿元；在 2007 年以后则为 0.6041 亿元，发生了很大的变化。上述模型和图 7-10（城乡居民储蓄存款增量与国民总收入的关系图）是基本吻合的，这与该时期中国经济的实际运行状况也基本相符。

思考与练习

一、选择题

1. 某商品需求函数为 $Y_i = \beta_0 + \beta_1 X_i + u_i$，其中 Y 为需求量，X 为价格。为了考虑"地区"（农村、城市）和"季节"（春、夏、秋、冬）两个因素的影响，拟引入虚拟变量，则应引入虚拟变量的个数为（　　）。

　　A. 2　　　　　　　B. 4　　　　　　　C. 5　　　　　　　D. 6

2. 对于模型 $Y_i = \beta_0 + \beta_1 X_i + u_i$，为了考虑"地区"因素（北方、南方），引入 2 个虚拟变量形成截距变动模型，则会产生（　　）。

A. 序列的完全相关   B. 序列的不完全相关
C. 完全多重共线性   D. 不完全多重共线性

3. 设消费函数为 $y_i = a_0 + a_1 D + b_0 x_i + b_1 D x_i + u_i$，其中虚拟变量 $D = \begin{cases} 1 & 城镇家庭 \\ 0 & 农村家庭 \end{cases}$，当统计检验表明下列（　　）成立时，表示城镇家庭与农村家庭有一样的消费行为。

A. $a_1 = 0, b_1 = 0$ B. $a_1 = 0, b_1 \neq 0$ C. $a_1 \neq 0, b_1 = 0$ D. $a_1 \neq 0, b_1 \neq 0$

4. 设消费函数 $y_i = a_0 + a_1 D + b x_i + u_i$，其中虚拟变量 $D = \begin{cases} 1 & 北方 \\ 0 & 南方 \end{cases}$，如果统计检验表明 $a_0 = 1$ 成立，则北方的消费函数与南方的消费函数是（　　）。

A. 相互平行的   B. 相互垂直的   C. 相互交叉的   D. 相互重叠的

5. 假定月收入水平在 1000 元以内时，居民边际消费倾向维持在某一水平，当月收入水平达到或超过 1000 元时，边际消费倾向将明显下降，则描述消费（C）依收入（I）变动的线性关系宜采用（　　）。

A. $C_t = a_0 + b_1 I_t + b_2 D I_t + u_t$，$D = \begin{cases} 0 & I < 1000 \\ 1 & I \geq 1000 \end{cases}$

B. $C_t = a_0 + b_1 D + b_2 I_t + u_t$，$D = \begin{cases} 0 & I < 1000 \\ 1 & I \geq 1000 \end{cases}$

C. $C_t = a_0 + b_1 (I_t - I^*) + u_t$，$I^* = 1000$ 元

D. $C_t = a_0 + b_1 I_t + b_2 (I_t - I^*) + u_t$，$I^* = 1000$ 元，$D = \begin{cases} 0 & I < 1000 \\ 1 & I \geq 1000 \end{cases}$

二、简答题

1. 什么是虚拟变量？它在模型中有何作用？
2. 模型中设置虚拟变量的规则是什么？文化用品消费受收入和文化程度影响，如果文化程度分为研究生、大学和大学以下三种类型，试设计文化用品消费模型。
3. 引入虚拟变量的方式有哪几种？各适用什么情况？
4. 引入虚拟被解释变量的背景是什么？含有虚拟被解释变量模型的估计方法有哪些？
5. 根据美国 1961 年第一季度至 1977 年第二季度的数据，我们得到了如下的咖啡需求函数的回归方程：

$$\ln \hat{Q}_t = 1.2789 - 0.1647 \ln P_t + 0.5115 \ln I_t + 0.1483 \ln P'_t - 0.0089 T - 0.0961 D_{1t} - 0.157 D_{2t} - 0.0097 D_{3t}$$
$$\quad\quad\quad\quad\quad (-2.14) \quad\quad (1.23) \quad\quad (0.55) \quad\quad (-3.36) \quad (-3.74) \quad (-6.03) \quad (-0.37)$$
$$R^2 = 0.80$$

其中，Q 为人均咖啡消费量（单位：磅）；P 为咖啡的价格（以 1967 年价格为不变价格）；I 为人均可支配收入（单位：千元，以 1967 年价格为不变价格）；P' 为茶的价格（1/4 磅，以 1967 年价格为不变价格）；T 为时间趋势变量（1961 年第一季度为 1,1977 年第二季度为 66）；$D_1 = 1$，表示第一季度；$D_2 = 1$，表示第二季度；$D_3 = 1$，表示第三季度。

请回答以下问题：

(1) 模型中 P、I 和 P' 的系数的经济含义是什么？
(2) 咖啡的需求是否很有弹性？
(3) 咖啡和茶是互补品还是替代品？

(4)如何解释时间变量 T 的系数?
(5)如何解释模型中虚拟变量的作用?
(6)哪一个虚拟变量在统计上是显著的?
(7)咖啡的需求是否存在季节效应?

6. 为研究大城市一些定性变量对电影业票价的影响,某研究者得到 2018 年某大城市的下述估计的回归模型:

$$\hat{Y}=4.13+5.77D_1+8.12D_2-7.68D_3-1.13D_4+27.09D_5+31.46\lg X_1+0.81X_2 \quad R^2=0.961$$
$$\quad (2.04)(2.67) \quad (2.51) \quad (1.78) \quad (3.58) \quad (13.58) \quad (13.778) \quad (0.17)$$

式中,D_1 为影院位置:1 是城市非中心,0 是城市中心;D_2 为影院年龄:1 是建成后或大修后 10 年内,否则为 0;D_3 为影院类型:1 是露天,0 室内;D_4 为停车场:1 是有,0 是无;D_5 为上映时间:1 是首轮放映,否则为 0;X_1 为平均每场放映空位率;X_2 为平均影片租金分摊到每张影票的价格;$\hat{Y}$ 为成人晚间入场票价。括号内数字为对应参数估计值的标准误差。

(1)评论这些估计结果。
(2)怎样说明引入变量 X_1 的合理性?
(3)怎样对 D_4 的系数取负值做出解释?

7. 线性概率模型有何特点?如何估计?

8. 非线性概率模型与线性概率模型相比,有何特点?如何估计?

三、模型分析题

1. 表 7-3 是某地区 1998—2003 年工业企业的利润和销售额资料,假定利润不仅与销售额有关,而且和季度因素有关。要求:

(1)如果认为由于季度影响,利润平均值发生变异,应如何引入虚拟变量?
(2)如果认为由于季度影响,利润关于销售额的变化率发生变异,应当如何引入虚拟变量?
(3)如果认为上述两种情况都存在,又应当如何引入虚拟变量?
(4)对上述三种情况分别估计利润模型,并进行对比分析。

表 7-3 某地区工业企业有关资料　　　　　　　　　单位:百万元

年份	季节	利润 Y	销售额 X	年份	季节	利润 Y	销售额 X
1998	1	10503	114862	2001	1	12539	148862
	2	12092	123968		2	14849	158913
	3	10834	121454		3	13203	155727
	4	12201	131917		4	14947	168409
1999	1	12245	129911	2002	1	14151	162781
	2	14001	140976		2	15949	176057
	3	12213	137828		3	14024	172419
	4	12820	145465		4	14315	183327
2000	1	11349	136989	2003	1	12381	170415
	2	12615	145126		2	13991	181313
	3	11014	141536		3	12174	176712
	4	12730	151776		4	10985	180370

2.现有某家庭用餐地点决策的 Logit 模型
$$\ln(\frac{\hat{p}_i}{1-p_i}) = -9.456 + 0.3638X_i - 1.107D_i$$
式中：X_i 为年收入（千元）；$D = \begin{cases} 1 & 雇用保姆 \\ 0 & 不雇用保姆 \end{cases}$。

且知外出用餐、在家用餐的取值和概率分别如表 7-4 所示。

表 7-4 用餐决策取值和概率

用餐决策	取值	概率
外出用餐	1	p
在家用餐	0	$1-p$

现假定家庭的年收入为 44 千元且雇用了保姆，请求此家庭外出用餐的概率。

参考答案

第8章 联立方程模型

前面几章讲述的单方程模型只能描述变量之间的单向因果关系,也就是说,某一被解释变量的变化是由若干解释变量的变化引起的,而被解释变量的变化不会对解释变量产生作用。但是在现实的经济系统中,经济现象是错综复杂的,这种只有单向因果关系的经济现象却很少,很多经济现象都表现为解释变量和被解释变量之间是相互影响的。例如,在宏观经济学中,我们知道在经济处于萧条的状态下,政府采取积极的财政政策,通过增加投资可以提高国民收入水平,根据消费理论,国民收入水平的提高可以促进消费支出的增加,而消费支出的增加又会促进国民收入的增加,现实中,消费与收入之间呈现一种双向的互动关系。因此,就需要建立含有多个方程的方程组模型,被称为联立方程模型,描述相互影响的经济现象或经济系统,充分反映变量间相互依赖、相互交错的因果关系,揭示经济系统中各部分、各因素之间的数量关系和系统的数量特征,对经济系统进行预测、分析和评价。同时,要探讨参数能否估计出来,也就是探讨联立方程模型中的每个参数是否有解,如果参数存在解,用什么方法进行估计。

8.1 联立方程模型的概念

为了描述变量之间的多向因果关系,就需要建立由多个单方程组成的多方程模型。含有两个以上方程的模型称为联立方程模型,其中每个方程都描述了变量间的一个因果关系,所描述的经济系统中有多少个因果关系,联立方程模型中就对应有多少个方程。例如:

$$C_t = \alpha_0 + \alpha_1 Y_t + u_{1t} \tag{8-1}$$

$$I_t = \beta_0 + \beta_1 Y_t + \beta_2 Y_{t-1} + u_{2t} \tag{8-2}$$

$$Y_t = C_t + I_t + G_t \tag{8-3}$$

式中,C_t 为居民消费总额(第 t 期),Y_t 为第 t 期国内生产总值,I_t 为第 t 期投资总额,Y_{t-1} 为第 $t-1$ 期国内生产总值,G_t 为第 t 期政府消费额(系统外部给定)。u_{1t} 和 u_{2t} 为随机干扰项,$\alpha_0, \alpha_1, \beta_0, \beta_1, \beta_2$ 为对应变量的参数。这个联立方程组就是一个简单的描述宏观经济的联立方程计量经济学模型,即简化的凯恩斯宏观经济模型。

在上面的方程组中,方程(8-1)为消费方程,方程(8-2)为投资方程,方程(8-3)为收入方程。在这个由3个方程组成模型中,国内生产总值、居民消费支出和投资总额是相互影响并互为因果的。事实上,国内生产总值的变化,分别通过方程(8-1)和方程(8-2)直接影响居民消费和投资总额,而居民消费和投资总额的变化通过方程(8-3)对国内生产总值产生直接影响;同样,居民消费支出的变化通过直接影响国内生产总值,又间接地影响了民间投资。另外,方程(8-1)中随机干扰项 u_{1t} 影响居民消费 C_t,然后 C_t 又通过方程(8-3)影响国内生产总值 Y_t。显然,这种现象违背了单方程模型中随机干扰项 u_{1t} 与 Y_t 不相关的假设。如果采用以前学过的普通最小二乘法直接对方程(8-1)的参数 α_0 和 α_1 进行估计,就会得到参数 α_0 和

α_1 的估计量是有偏估计量。

8.1.1 联立方程模型中变量的分类

在联立方程模型中,某些变量可能是一个方程中的解释变量,同时又是另一个方程中的被解释变量。为了明确起见,需要对变量重新进行分类。

1. 内生变量

由模型系统决定其取值的变量称为内生变量。内生变量受模型中其他变量的影响,也可能影响其他内生变量,即内生变量是某个方程中的被解释变量,同时可能又是某些方程中的解释变量。

在上述宏观经济模型中,居民消费总额(C_t)、投资总额(I_t)、国内生产总值(Y_t)为内生变量。通常,联立方程组模型中每个方程左边的变量都是内生变量。

一般情况下,内生变量 Y_t 受模型中的随机干扰项的影响,满足:

$$\text{Cov}(Y_t, u_t) \neq 0$$

因此,内生变量为随机变量。

2. 外生变量

由模型系统以外的因素决定其取值的变量称为外生变量。外生变量只影响模型中的其他变量,而不受其他变量的影响,因此只能在方程中作解释变量。

在上述宏观经济模型中,政府消费额(G_t)为外生变量。

显然,外生变量 X_t 不受随机干扰项的影响,满足:

$$\text{Cov}(X_t, u_t) = 0$$

需要注意的是,在许多情况下,外生变量是人为假定的,它和我们所要考察的系统有关。对于某个变量,在一个联立方程模型中可能是外生变量,而在另一个联立方程模型中却有可能是内生变量。外生变量一般是经济变量、政策变量、虚拟变量,可以取当期和滞后值。

3. 前定内生变量

具有滞后期的内生变量称为前定内生变量,它可以反映经济系统的连续性和动态特征。外生变量和前定内生变量统称为前定变量。一般在联立方程模型中,前定变量是解释变量,它影响模型中的其他(当期)内生变量,但不受它们影响,因此,只能在当期的方程中作为解释变量,且与随机干扰项不相关。也就是说,前定变量中的外生变量 X_t 和前定内生变量 Y_{t-s} 满足:

$$\text{Cov}(X_t, u_t) = 0$$
$$\text{Cov}(Y_{t-s}, u_t) = 0$$

例如,上述宏观经济的联立方程模型中,前定内生变量为方程(8-2)中的国内生产总值 Y_{t-1}。

综上所述,在单方程计量经济模型中,内生变量作为被解释变量,外生变量与前定内生变量作为解释变量。在联立方程模型中,内生变量既作为被解释变量,又可以在不同的方程中作为解释变量,外生变量与前定内生变量作为解释变量。

8.1.2 联立方程模型中方程的分类

联立方程模型中的方程可分为两类:随机方程式与非随机方程式。

1. 随机方程式

含有随机项和未知参数的方程式称为随机方程式,随机方程式中的参数需要估计。行为方程和技术方程通常都是随机方程式。

(1)行为方程。行为方程是反映经济活动主体,如政府、企业、团体、居民的经济行为方式的函数关系式。例如,在宏观经济的联立方程模型中,投资方程(8-2)就是行为方程,反映了投资者的决策行为。

(2)技术方程。技术方程是指基于客观经济技术关系而建立的函数关系式。例如,柯布-道格拉斯生产函数,简称 C-D 函数,就是技术方程,反映了投入与产出之间的经济技术关系。

2. 非随机方程式

方程中不含有随机干扰项和未知参数的方程式称为非随机方程式。制度方程和定义方程都是确定性方程,不包含随机干扰项,也不包含待估计的参数。制度方程和定义方程都会对联立方程模型中的内生变量产生重要作用。

(1)制度方程。制度方程是指与法律、法令、规章制度有直接关系的经济变量方程式。例如,税收方程中的税率是由税收制度决定的,为制度方程。

(2)定义方程。定义方程分为两种,一种是根据经济理论定义的恒等式。例如,宏观经济的联立方程模型中,收入方程(8-3)就是根据支出法定义的恒等式,是一个定义方程。另一种是表示综合或局部均衡条件的均衡方程式。例如,在一个某种商品的供给需求系统中,均衡条件是商品的需求量等于商品的供给量,这个均衡式就是一个定义方程。

8.2 联立方程模型的形式

根据计量经济分析的不同需求,联立方程模型也可以采用不同形式的模型。联立方程模型分为结构式模型、简化式模型和递归模型。

8.2.1 结构式模型

描述经济变量之间直接影响关系的模型,称为结构式模型。

例如:简化的凯恩斯宏观经济模型

$$C_t = \alpha_0 + \alpha_1 Y_t + u_{1t}$$
$$I_t = \beta_0 + \beta_1 Y_t + \beta_2 Y_{t-1} + u_{2t}$$
$$Y_t = C_t + I_t + G_t$$

就是一个结构式模型。

结构式模型是在对经济变量的影响关系进行经济理论分析基础上建立的,反映了内生变量直接受前定变量、其他内生变量和随机项影响的因果关系。

结构式模型中的方程称为结构方程。

结构方程中变量的系数称为结构参数。结构参数表示结构方程中的解释变量对被解释变量的直接影响的大小。

所有的结构参数组成的矩阵称为结构参数矩阵。

在简化的凯恩斯宏观经济模型中,引入变量 $X_t = 1$,该模型可以表示为

$$C_t - \alpha_0 - \alpha_1 Y_t = u_{1t}$$
$$I_t - \beta_0 - \beta_1 Y_t - \beta_2 Y_{t-1} = u_{2t} \tag{8-4}$$
$$Y_t - C_t - I_t - G_t = 0$$

表示成

$$C_t + 0 \times I_t - \alpha_1 Y_t + 0 \times Y_{t-1} + 0 \times G_t - \alpha_0 X_t = u_{1t}$$
$$0 \times C_t + I_t - \beta_1 Y_t - \beta_2 Y_{t-1} + 0 \times G_t - \beta_0 X_t = u_{2t} \tag{8-5}$$
$$-C_t - I_t + Y_t + 0 \times Y_{t-1} - G_t + 0 \times X_t = 0$$

所以结构参数矩阵为

$$\begin{array}{ccccc} C_t & I_t & Y_t & Y_{t-1} & G_t & X_t \end{array}$$
$$\begin{bmatrix} 1 & 0 & -\alpha_1 & 0 & 0 & -\alpha_0 \\ 0 & 1 & -\beta_1 & -\beta_2 & 0 & -\beta_0 \\ -1 & -1 & 1 & 0 & -1 & 0 \end{bmatrix} \tag{8-6}$$

8.2.2 简化式模型

简化式模型是指模型的内生变量都用模型的前定变量和随机干扰项表示的模型。在简化式模型中,内生变量直接作为被解释变量,并且每个方程只有一个内生变量,前定变量作为解释变量。

在一定条件下(内生变量对应的结构参数矩阵是满秩矩阵),我们可以根据结构式模型求出简化式模型。简化式模型的构造有两条途径:一是直接列出模型的简化式。直接列出模型的简化式不是依据一定的经济理论而设定的模型,而是在已知模型所包含的全部前定变量的条件下,将每个内生变量直接表示为前定变量的函数。在一般情形下,直接列出简化式模型是整个参数估计过程中的一个中间步骤。二是由模型的结构式导出简化式模型。这种途径是从结构式模型本身出发,经过代数运算,最终将结构式模型中每个内生变量都表述为前定变量、随机干扰项的函数。

例如,方程(8-1)至方程(8-3)构成的结构式模型的简化式模型为

$$C_t = \pi_{10} + \pi_{11} Y_{t-1} + \pi_{12} G_t + v_{1t}$$
$$I_t = \pi_{20} + \pi_{21} Y_{t-1} + \pi_{22} G_t + v_{2t} \tag{8-7}$$
$$Y_t = \pi_{30} + \pi_{31} Y_{t-1} + \pi_{32} G_t + v_{3t}$$

式中

$$\pi_{10} = \frac{\alpha_0 - \alpha_0 \beta_1 + \alpha_1 \beta_2}{1 - \alpha_1 - \beta_1} \qquad \pi_{11} = \frac{\alpha_1 \beta_2}{1 - \alpha_1 - \beta_1} \qquad \pi_{12} = \frac{\alpha_1}{1 - \alpha_1 - \beta_1}$$

$$\pi_{20} = \frac{\beta_0 - \alpha_1 \beta_0 + \alpha_0 \beta_1}{1 - \alpha_1 - \beta_1} \qquad \pi_{21} = \frac{\beta_2 - \alpha_1 \beta_2}{1 - \alpha_1 - \beta_1} \qquad \pi_{22} = \frac{\beta_1}{1 - \alpha_1 - \beta_1}$$

$$\pi_{30} = \frac{\alpha_0 + \beta_0}{1 - \alpha_1 - \beta_1} \qquad \pi_{31} = \frac{\beta_2}{1 - \alpha_1 - \beta_1} \qquad \pi_{32} = \frac{1}{1 - \alpha_1 - \beta_1}$$

以上 9 个简化式参数建立了和结构式参数之间的关系。一方面,在估计出简化式参数后,利用简化式参数和结构式参数之间的关系,就有可能得到结构式参数。另一方面,简化式参数反映了前定变量对内生变量总的影响,是直接影响和间接影响之和,这点尤为重要。

3. 递归模型

递归模型是结构式模型的一种特殊形式：第一个方程的右边包含前定变量，第二个方程的右边包含前定变量和第一个内生变量……以此类推，可得如下形式的模型：

$$\begin{aligned} Y_1 &= \gamma_{11} X_1 + \gamma_{12} X_2 + \cdots + \gamma_{1k} X_k + u_{1t} \\ Y_2 &= \beta_{21} Y_1 + \gamma_{21} X_1 + \gamma_{22} X_2 + \cdots + \gamma_{2k} X_k + u_{2t} \\ Y_3 &= \beta_{31} Y_1 + \beta_{32} Y_2 + \gamma_{31} X_1 + \gamma_{32} X_2 + \cdots + \beta_{3k} X_k + u_{3t} \\ &\vdots \end{aligned} \qquad (8-8)$$

这就是递归模型。引入矩阵记号则式(8-8)可表示为：

$$\boldsymbol{B}_1 Y + \boldsymbol{\Gamma} X = u$$

矩阵 $\boldsymbol{\Gamma}$，向量 Y、X 和 u 同前。而矩阵

$$\boldsymbol{B}_1 = \begin{bmatrix} 1 & 0 & 0 & \cdots & 0 \\ -\beta_{21} & 1 & 0 & \cdots & 0 \\ -\beta_{31} & -\beta_{32} & 1 & \cdots & 0 \\ \vdots & \vdots & \vdots & & \vdots \\ -\beta_{M1} & -\beta_{M2} & -\beta_{M3} & \cdots & 1 \end{bmatrix}$$

为下三角矩阵。

递归模型的显著特点是，可以直接运用 OLS 法，依次估计一个方程，逐步得到全部参数估计值，而且不会产生联立偏倚。

8.3 联立方程模型的识别

8.3.1 模型识别的定义和分类

我们已经知道，结构式模型和简化式模型是联立方程模型的两种基本形式。尽管结构式模型能够直接反映经济变量的解释和被解释关系，我们需要最终得到结构参数估计值，但是，结构式模型中的解释变量和随机干扰项不是独立的，这导致直接用结构式模型来进行参数估计会产生有偏性和非一致性。简化式模型中的前定变量和随机干扰项是独立的，运用普通最小二乘法得到的参数估计量具有无偏性和一致性。

一般情况下，我们可以先对简化式模型进行估计，然后通过结构式参数和简化式参数之间的关系来推导出结构式模型的参数估计值。之所以对模型识别，是因为，我们面临的一个问题是，能否用简化式参数推导出结构式参数。我们称这个问题为联立方程模型的识别问题。因此，模型识别的本质是对于给定的结构式模型，判断有无可能求出有意义的结构式参数。

识别分为可识别和不可识别两种状态。对于可识别状态还能进一步分为恰好识别和过度识别两种情形。

1. 恰好识别

如果通过简化模型的参数估计值和参数关系式可以得到结构方程的参数估计值的唯一解，则称该结构式方程为恰好识别的。如果结构式模型中的每个随机方程式都是恰好识别的，

则称该结构式模型为恰好识别的。

如果某个结构方程是恰好识别的,就可以利用简化模型参数的最小二乘估计值和参数关系式求出该结构方程参数估计值。

2. 过度识别

如果通过简化式模型的参数估计值和参数关系式可以得到结构式方程的参数估计值的多个解,则称该结构方程为过度识别。

如果某个结构方程是恰好识别的或者是过度识别的,则称该结构方程可识别;如果结构式模型中的每个随机方程式都是可识别的,则称该结构式模型可识别。

如果某个结构方程是过度识别的,就不能利用简化式模型参数的估计值和参数关系式求出该结构方程参数的估计值。

3. 不可识别

根据参数关系体系,在已知简化式参数估计值时,如果不能得到联立方程模型中某个结构方程的确定的结构参数估计值,则称该方程为不可识别。

如果某个结构方程是不可识别的,那么采用任何方法都得不到该结构方程参数的估计值。

8.3.2 模型识别的方法——模型识别的阶条件和秩条件

在实践中,当模型中方程很多时,要确定该模型中某个方程是否可识别显然将很复杂。对于这种情况,有一些比较方便的判别准则可用。其中常用的主要有阶条件和秩条件的识别方法。

1. 模型识别的阶条件

假定:联立方程模型的结构式方程中,m 为模型中的内生变量个数,k 为模型中的前定变量个数,m_i、k_i 分别表示 i 个结构方程(随机方程)中包含的内生变量和前定变量个数。

当第 i 个结构方程是可识别时,则满足

$$k - k_i \geq m_i - 1$$

进一步讲,如果 $k - k_i = m_i - 1$,则第 i 个方程是恰好识别的;如果 $k - k_i > m_i - 1$,则第 i 个结构方程是过度识别的;如果 $k - k_i < m_i - 1$,则第 i 个结构方程是不可识别的。

例如,考察方程(8-1)至方程(8-3)构成的联立方程模型:

$$\begin{aligned} C_t &= \alpha_0 + \alpha_1 Y_t + u_{1t} \\ I_t &= \beta_0 + \beta_1 Y_t + \beta_2 Y_{t-1} + u_{2t} \\ Y_t &= C_t + I_t + G_t \end{aligned} \tag{8-9}$$

在模型(8-9)中,内生变量有居民消费支出 C_t、投资总额 I_t 和国内生产总值 Y_t,共计 3 个;前定变量有政府支出 G_t,前定内生变量 Y_{t-1},共计 2 个。

表 8-1 给出了阶条件的模型识别结果,居民消费支出方程过度识别,投资总额方程恰好识别。

表 8-1 阶条件的模型识别结果

随机方程	模型中的变量数		方程中的变量数		阶条件 $k - k_i \geq m_i - 1$	结论
	m	k	m_i	k_i		
居民消费	3	2	2	0	2>1	过度识别
投资总额	3	2	2	1	1=1	恰好识别

2. 模型识别的秩条件

模型识别的阶条件只是模型识别的必要条件，并不能保证模型可以识别，而模型识别的秩条件则是模型识别的充分必要条件。秩条件的模型识别过程如下：

首先，求出第 i 个方程的识别矩阵，其求法如下：写出结构式模型对应的结构参数矩阵 $\boldsymbol{B\Gamma}$（常数项引入虚拟变量 X_t）；删去第 i 个结构方程对应系数所在行（第 i 行）；删去第 i 个结构方程对应系数所在行中非零系数所在的列。

然后，把剩余的元素按照原次序构成一个新的矩阵，这个矩阵被称为识别矩阵，记为 $\boldsymbol{A}_i$。于是，识别的秩条件为

$$\operatorname{rank}(\boldsymbol{A}_i) = m - 1$$

式中，$\operatorname{rank}(\boldsymbol{A}_i)$ 表示识别矩阵 $\boldsymbol{A}_i$ 的秩。

模型识别的秩条件就是识别的充分必要条件。如果秩条件成立，则第 i 个结构方程是可识别的；如果秩条件不成立，则第 i 个结构方程是不可识别的。

结合模型识别的阶条件和秩条件，我们对模型进行识别的基本步骤为：

第1步：看识别矩阵是否满足识别的秩条件。如果不满足，则模型不可以识别，如果满足，则模型可以识别，可以继续判断是否过度识别。进行第2步。

第2步：看在各方程中，模型识别的阶条件是否取等号，如果取等号，则方程为恰好识别，如果不取等号，则方程为过度识别。

例如，模型(8-9)的结构参数矩阵为

$$\begin{array}{cccccc} C_t & I_t & Y_t & Y_{t-1} & G_t & X_t \end{array}$$
$$\begin{bmatrix} 1 & 0 & -\alpha_1 & 0 & 0 & -\alpha_0 \\ 0 & 1 & -\beta_1 & -\beta_2 & 0 & -\beta_0 \\ -1 & -1 & 1 & 0 & -1 & 0 \end{bmatrix}$$

则为了识别居民消费支出方程，划去第1行和第1行非零系数对应的列，即1、3、6列，就得到识别矩阵

$$\begin{bmatrix} 1 & -\beta_2 & 0 \\ -1 & 0 & -1 \end{bmatrix}$$

而这个矩阵的秩为2，正好等于内生变量的个数减1，因此，居民消费支出方程是可识别的，结合阶条件，该方程是过度识别的。用同样的方法，可以得出投资总额方程是可识别的，且是恰好识别的。

8.3.3 案例分析

假设联立方程模型为

$$C_t = \alpha_0 + \alpha_1 Y_t + u_{1t}$$
$$I_t = \beta_0 + \beta_1 Y_t + \beta_2 Y_{t-1} + u_{2t}$$
$$\text{IM}_t = \gamma_0 + \gamma_1 Y_t + u_{3t}$$
$$Y_t = C_t + I_t + G_t + \text{EX}_t - \text{IM}_t$$

式中，含有4个内生变量，$C_t, I_t, \text{IM}_t, Y_t$ 分别表示消费、投资、进口、收入；含有3个前定变量，$G_t, Y_{t-1}, \text{EX}_t$ 分别指政府支出、上年收入和出口。

1. 阶条件

阶条件识别结果为消费方程、投资方程和进出口方程都是过度识别的(见表8-2)。

表 8-2 阶条件的模型识别结果

随机方程	模型中的变量数		方程中的变量数		阶条件 $k-k_i \geqslant m_i-1$	结论
	m	k	m_i	k_i		
消费方程	4	3	2	0	3>2	过度识别
投资方程	4	3	2	1	2>1	过度识别
进口方程	4	3	2	0	3>1	过度识别

2. 秩条件

将联立方程模型写成以下形式:

$$-\alpha_0 + C_t + 0 \times I_t - \alpha_1 Y_t - 0 \times IM_t - 0 \times EX_t - 0 \times G_t - 0 \times Y_{t-1} = u_{1t}$$
$$-\beta_0 - 0 \times C_t + I_t - \beta_1 Y - 0 \times IM_t - 0 \times EX_t - 0 \times G_t - \beta_2 Y_{t-1} = u_{2t}$$
$$-\gamma_0 - 0 \times C_t - 0 \times I_t - \gamma_1 Y_t + IM_t - 0 \times EX_t - 0 \times G_t - 0 \times Y_{t-1} = u_{3t}$$
$$0 - C_t - I_t + Y_t + IM_t - EX_t - G_t - 0 \times Y_{t-1} = 0$$

写出联立方程的结构参数矩阵

$$\begin{bmatrix} -\alpha_0 & 1 & 0 & -\alpha_1 & 0 & 0 & 0 & 0 \\ -\beta_0 & 0 & 1 & -\beta_1 & 0 & 0 & 0 & -\beta_2 \\ -\gamma_0 & 0 & 0 & -\gamma_1 & 1 & 0 & 0 & 0 \\ 0 & -1 & -1 & 1 & 1 & -1 & -1 & 0 \end{bmatrix}$$

下面利用秩条件判断模型的可识别性。

(1)分析消费方程的识别问题。去掉消费方程的第1行,并去掉该行中非零系数所在列,形成识别矩阵 A_1。

$$A_1 = \begin{bmatrix} 1 & 0 & 0 & 0 & -\beta_2 \\ 0 & 1 & 0 & 0 & 0 \\ -1 & 1 & -1 & -1 & 0 \end{bmatrix}$$

rank(A_1)=3,等于内生变量的个数减1,说明消费方程是可识别的。从阶条件没有取等号来看,消费方程为过度识别的。

(2)分析投资方程的识别问题。去掉投资方程的第2行,并去掉该行中非零系数所在列,形成识别矩阵 A_2。

$$A_2 = \begin{bmatrix} 1 & 0 & 0 & 0 \\ 0 & 1 & 0 & 0 \\ -1 & 1 & -1 & -1 \end{bmatrix}$$

rank(A_2)=3,等于内生变量的个数减1,说明投资方程是可识别的。从阶条件没有取等号来看,投资方程为过度识别的。

(2)分析进口方程的识别问题。去掉进口方程的第3行,并去掉该行中非零系数所在列,形成识别矩阵 A_3。

$$A_3 = \begin{bmatrix} 1 & 0 & 0 & 0 & 0 \\ 0 & 1 & 0 & 0 & -\beta_2 \\ -1 & -1 & -1 & -1 & 0 \end{bmatrix}$$

rank(A_3)=3,等于内生变量的个数减1,说明进口方程是可识别的。从阶条件没有取等号来看,进口方程为过度识别的。

最后一个方程为确定性方程,不存在识别问题。综上所述,该联立方程模型是过度识别的。

8.4 联立方程模型的参数估计方法

在联立方程模型中,内生变量往往作为解释变量出现在方程中,通常与它作为解释变量的那个方程的扰动项相关。在这种情况下,使用OLS法得到的估计量既不是无偏的,又不是一致的。也就是说,不管样本多大,OLS估计量也不收敛于它们的真值。因此,在联立方程模型的情况下,我们一般不能再使用OLS法对模型进行估计。针对联立方程模型的特点,学者们提出了很多用于联立方程模型估计的方法。这些方法分为两类:单方程方法和系统估计方法。

单方程方法是对整个联立方程模型中每个方程分别进行估计的方法。系统估计方法是对整个模型中全部结构参数同时进行估计的方法。采用系统方法对联立方程模型进行估计,可同时决定所有结构参数的估计值。

在本节中,我们介绍两种常用的单方程方法——间接最小二乘法和两阶段最小二乘法。

8.4.1 间接最小二乘法(indirect least squares,ILS)

对于一个恰好识别的结构式方程,从结构式方程中导出相应的简化式方程来利用OLS法估计出简化式模型参数的估计值,间接地求出结构式参数的方法,称为间接最小二乘法。

间接最小二乘法的步骤包括以下几步:

第1步:模型识别。看联立方程模型是否可以识别,如果是恰好识别,则进行下一步,否则,如果是过度识别,则采用其他的估计方法,如采用下面要讲的两阶段最小二乘法。

第2步:先从结构式模型推导出简化式模型,每个方程中被解释变量为唯一的内生变量,并且仅仅是外生变量和随机变量的函数,从而建立起结构式参数与简化式参数之间的参数关系式体系。

第3步:利用样本观测值,应用OLS法,对简化式方程进行估计,估计出简化式参数的估计值。

第4步:将简化式参数估计值代入第2步求出的参数关系式,求出结构式模型中的结构式参数的估计值。

应用ILS的前提是,被估计的结构方程必须是恰好识别的,这样才能保证估计出的简化式系数与原结构系数之间存在着一一对应的关系,以保证可得出结构参数的唯一估计值。

由此可知,ILS仅适用于恰好识别方程的估计。由于这一限制,并且用我们下面介绍的2SLS法估计恰好识别方程,得到的结果与ILS完全一样,因而ILS法使用价值有限,我们在此不做深入探讨。

8.4.2 两阶段最小二乘法(two stage least squares,2SLS 或 TSLS)

间接最小二乘法只适用于恰好识别的结构式方程。对于过度识别的结构式方程,我们可以用两阶段最小二乘法对系统参数进行估计。两阶段最小二乘法是一种单一方程估计方法，每次只适用于对联立方程模型中的一个方程进行估计，并能获得较为理想的结构参数估计值。

1. 两阶段最小二乘法的思路

两阶段最小二乘法是工具变量法（instrumental variables method，简称 IV 法）的一个特例。当要估计的方程中包含与扰动项相关的解释变量时，如果能找到恰当的工具变量，则可得到一致估计量。在联立方程的情况下，由于某些方程中内生变量作为解释变量出现，因此不宜采用 OLS 进行估计，解决此问题的一种思路是工具变量法。工具变量法的思路是：用合适的前定变量作为工具变量代替结构方程中作为解释变量的内生变量，再利用最小二乘法进行参数估计。

问题是如何找到"最好的"工具变量。我们可以考虑模型中的外生变量，它们与我们的内生变量相关（通过联立系统的相互作用），而与扰动项不相关。可是，究竟哪一个外生变量是最好的呢？这是一个很难决定的问题。两阶段最小二乘法的思路是将所有的前定变量结合起来产生一个复合变量，作为"最佳"工具变量。做法是将在模型中用作解释变量的每一个内生变量对模型系统中所有前定变量回归，然后用回归所得到的这些内生变量的估计值（拟合值）作为工具变量，对原结构方程应用工具变量法。

2. 两阶段最小二乘法的具体步骤

设有结构式模型

$$y_{1t} = \beta_2 y_{2t} + \gamma_1 x_{1t} + u_{1t}$$
$$y_{2t} = \beta_2 y_{1t} + \gamma_2 x_{2t} + u_{2t}$$

其中 y_{1t}、y_{2t} 是内生变量，x_1、x_2 是外生变量。

第一阶段，写出结构式模型对应的简化式模型

$$y_{1t} = \pi_{11} x_{1t} + \pi_{12} x_{2t} + v_{1t}$$
$$y_{2t} = \pi_{21} x_{1t} + \pi_{22} x_{2t} + v_{2t}$$

对简化式的每个方程应用 OLS 法，得

$$\hat{y}_{1t} = \hat{\pi}_{11} x_{1t} + \hat{\pi}_{12} x_{2t}$$
$$\hat{y}_{2t} = \hat{\pi}_{21} x_{1t} + \hat{\pi}_{22} x_{2t}$$

于是有

$$y_{1t} = \hat{y}_{1t} + \varepsilon_{1t}$$
$$y_{2t} = \hat{y}_{2t} + \varepsilon_{2t}$$

其中，ε_{1t}、ε_{2t} 分别是 v_{1t}、v_{2t} 的 OLS 估计量。

第二阶段，将简化式估计结果代入被估计的结构方程右边的内生变量：

$$y_{1t} = \beta_2 \hat{y}_{2t} + \gamma_1 x_{1t} + \varepsilon_{1t}^*$$
$$y_{2t} = \beta_2 \hat{y}_{1t} + \gamma_2 x_{2t} + \varepsilon_{2t}^*$$

对模型每一个方程分别应用普通最小二乘法，得出结构参数的估计值，便是两阶段最小二乘估计量。在计算时需要用到的估计值 $\hat{y}_{1t}$、$\hat{y}_{2t}$，应通过简化式方程算出。由于这个方法是在两个阶段分别应用最小二乘法，故叫作两阶段最小二乘法。

在实际应用两阶段最小二乘法时，第一阶段对简化式方程应用 OLS 法只需求出我们所需要的 $\hat{y}_{it}$，并不需要求出相应的 ε_{it} 的值。第二阶段只需用代替所估计方程右边的 y_{it} 即可应用 OLS 法，只不过这里的 ε_{it}^* 已不是原来 u_{it} 罢了。

实质上,它也是一种工具变量法,是两次使用普通最小二乘法的一种估计方法。它不仅适合于可识别的方程,也适合于过度识别的方程。

8.5 案例分析

下面基于凯恩斯的宏观调控原理,建立了一个包含 3 个方程的宏观经济模型。通过消费者、企业、政府的经济活动,分析总收入的变动对消费和投资的影响。该模型包含 3 个内生变量,即支出法计算的国内生产总值 Y、居民消费总额 C、投资总额 I(包括固定资本形成总额和存货增加),1 个前定变量即政府消费 G(为了使得恒等式成立,这个数据是按照 $Y-C-I$ 计算出来的,与真实数据存在细微的差别)。采用的数据见表 8-3。

表 8-3 1978—2008 年中国宏观经济数据　　　　　　　　　　单位:亿元

年份	支出法计算的国内生产总值 Y	居民消费 C	投资额 I	政府消费 G
1978	3605.60	1377.90	1759.10	468.60
1979	4092.60	1478.90	2011.50	602.20
1980	4592.90	1599.70	2331.20	662.00
1981	5008.80	1630.20	2627.90	750.70
1982	5590.00	1784.20	2902.90	902.90
1983	6216.20	2039.00	3231.10	946.10
1984	7362.70	2515.10	3742.00	1105.60
1985	9076.70	3457.50	4687.40	931.80
1986	10508.50	3941.90	5302.10	1264.50
1987	12277.40	4462.00	6126.10	1689.30
1988	15388.60	5700.00	7868.10	1820.30
1989	17311.30	6332.70	8812.60	2166.00
1990	19347.80	6747.00	9450.90	3149.90
1991	22577.40	7868.00	10730.60	3978.80
1992	27565.20	10086.30	13000.10	4478.80
1993	36938.10	15717.70	16412.10	4808.30
1994	50217.40	20341.10	21844.20	8032.10
1995	63216.90	25470.10	28369.70	9377.10
1996	74163.60	28784.90	33955.90	11422.80
1997	81658.50	29968.00	36921.50	14769.00
1998	86531.60	31314.20	39229.30	15988.10
1999	91125.00	32951.50	41920.40	16253.10
2000	98749.00	34842.80	45854.60	18051.60
2001	108972.40	39769.40	49213.20	19989.80
2002	120350.30	45565.00	52571.30	22214.00
2003	136398.80	55963.00	56834.40	23601.40
2004	160280.40	69168.40	63833.50	27278.50
2005	188692.10	80646.30	71217.50	36828.30
2006	221651.30	94402.00	80476.90	46772.40
2007	263093.80	110919.50	93602.90	58571.40
2008	306859.80	133612.40	108392.20	64855.20

资料来源:国泰安信息技术有限公司开发的"中国宏观经济数据库"。

完备的结构式模型设定如下

$$C_t = \alpha_0 + \alpha_1 Y_t + u_{1t} \tag{8-10}$$

$$I_t = \beta_0 + \beta_1 Y_t + u_{2t} \tag{8-11}$$

$$Y_t = C_t + I_t + G_t \tag{8-12}$$

容易判断,消费方程(8-10)和投资方程(8-11)都是恰好识别的,因此,模型是恰好识别的,可以用间接最小二乘法来估计参数。

8.5.1 恰好识别模型的间接最小二乘估计

首先,根据间接最小二乘法将结构式模型转化为简约式模型,转化后的模型为

$$Y_t = \pi_{10} + \pi_{11} G_t + u_{1t} \tag{8-13}$$
$$C_t = \pi_{20} + \pi_{21} G_t + u_{2t} \tag{8-14}$$
$$I_t = \pi_{30} + \pi_{31} G_t + u_{3t} \tag{8-15}$$

相应的参数关系体系为

$$\pi_{10} = \frac{\alpha_0 + \beta_0}{1 - \alpha_1 - \beta_1} \quad \pi_{11} = \frac{1}{1 - \alpha_1 - \beta_1} \quad \pi_{20} = \alpha_0 + \alpha_1 \frac{\alpha_0 + \beta_0}{1 - \alpha_1 - \beta_1}$$

$$\pi_{21} = \frac{\alpha_1}{1 - \alpha_1 - \beta_1} \quad \pi_{30} = \beta_0 + \beta_1 \frac{\alpha_0 + \beta_0}{1 - \alpha_1 - \beta_1} \quad \pi_{31} = \frac{\beta_1}{1 - \alpha_1 - \beta_1}$$

然后,利用普通最小二乘法估计简化式模型的参数。

其 EViews 实现方法为:将数据导入 EViews,在工作文件下点击"Quick"→"Estimate Equation",键入"GDP GOV c"[①],点击"OK"即可得到方程(8-12)的回归结果,重复以上过程,分别键入"COM GOV c""INV GOV c"便可得到方程(8-13)和方程(8-14)简化方程的回归结果。其中,Y 表示 GDP,G 表示 GOV,I 表示 INV,C 表示 COM。由此得到简化式模型的估计式为

$$\hat{Y}_t = 8496.417 + 4.711 G_t$$
$$\hat{C}_t = 1809.969 + 2.016 G_t$$
$$\hat{I}_t = 6686.448 + 1.694 G_t$$

由此得到简化式参数的估计量为

$$\pi_{10} = 8496.417 \quad \pi_{11} = 4.711 \quad \pi_{20} = 1809.969$$
$$\pi_{21} = 2.016 \quad \pi_{30} = 6686.448 \quad \pi_{31} = 1.694$$

由参数关系体系计算出结构式模型的参数为

$$\alpha_0 = -858.466 \quad \alpha_1 = 0.428 \quad \beta_0 = 2659.706 \quad \beta_1 = 0.360$$

从而结构式模型的估计式为

$$C_t = -858.466 + 0.428 Y_t$$
$$I_t = 2659.706 + 0.360 Y_t$$
$$Y_t = C_t + I_t + G_t$$

在实际的宏观经济中,消费和投资都具有一定的惯性,因此,当期的消费和投资都要受到上一期消费和投资的影响,所以,需要在方程(8-10)和方程(8-11)中引入 C_{t-1} 和 I_{t-1}。此时的联立方程模型为

$$C_t = \alpha_0 + \alpha_1 Y_t + \alpha_2 C_{t-1} + u_{1t} \tag{8-16}$$

---

① 在软件操作中,为了避免字母混淆,国内生产总值用 GDP 描述,居民消费用 COM 描述,投资额用 INV 描述,政府消费用 GOV 描述。

$$I_t = \beta_0 + \beta_1 Y_t + \beta_2 I_{t-1} + u_{2t} \quad (8-17)$$

$$Y_t = C_t + I_t + G_t \quad (8-18)$$

容易判别,此时的消费方程和投资方程都是过度识别的,因此,模型是过度识别的,不能采用间接最小二乘法进行估计,需要运用两阶段最小二乘法进行估计。

8.5.2 两阶段最小二乘法

第1种方法:在将数据导入 EViews 后,在工作文件夹下点击"Quick"→"Estimate Equation",在"Method"处选择"TSLS",在弹出对话框的第一个窗口中键入"COM GDP COM(−1) c",在第二个窗口中键入"COM(−1) INV(−1) GOV C",点击"OK"就得到消费方程的估计结果,如图 8-1 所示。

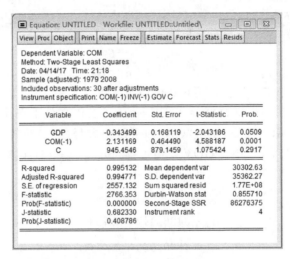

图 8-1 两阶段最小二乘法的估计结果(1)

基于图 8-1 写出消费方程的 TSLS 估计式为

$$C_t = 945.455 - 0.343 Y_t + 2.131 C_{t-1}$$

接着,按照以上方法,估计投资函数,得到结果如图 8-2 所示。

图 8-2 两阶段最小二乘法的估计结果(2)

基于图 8-2 写出投资方程的 TSLS 估计式为
$$I_t = 936.056 + 0.098Y_t + 0.826I_{t-1}$$
因此,联立方程模型的估计式为
$$C_t = 945.455 - 0.343Y_t + 2.131C_{t-1}$$
$$I_t = 936.056 + 0.098Y_t + 0.826I_{t-1}$$
$$Y_t = C_t + I_t + G_t$$

第 2 种方法:在将数据导入 EViews 后,点击"Objects"→"New object",选择"System",在弹出的窗口中键入以下内容

$$COM = C(1) + C(2) * GDP + C(3) * COM(-1)$$
$$INV = C(4) + C(5) * GDP + C(6) * INV(-1)$$
$$INST \quad COM(-1) \quad NV(-1) \quad GOV \quad C$$

其中,前面两行是随机方程,最后一行是联立方程组中的所有前定变量,包括常数项。点击"System"窗口中的"Estimate",在弹出的对话框中选择"TSLS",点击"OK"便可得到估计结果,如图 8-3 所示。

```
View Proc Object  Print Name Freeze  InsertTxt Estimate Spec Stats Resids

System: UNTITLED
Estimation Method: Two-Stage Least Squares
Date: 04/14/17   Time: 23:22
Sample: 1979 2008
Included observations: 30
Total system (balanced) observations 60

              Coefficient   Std. Error   t-Statistic   Prob.
      C(1)    945.4546      879.1459     1.075424      0.2870
      C(2)    -0.343499     0.168119     -2.043186     0.0459
      C(3)    2.131169      0.464490     4.588187      0.0000
      C(4)    936.0563      312.6276     2.994158      0.0041
      C(5)    0.097752      0.015982     6.116406      0.0000
      C(6)    0.826211      0.049364     16.73711      0.0000

Determinant residual covariance     5.27E+12

Equation: COM=C(1)+C(2)*GDP+C(3)*COM(-1)
Instruments: COM(-1) INV(-1) GOV C
Observations: 30
R-squared           0.995132   Mean dependent var    30302.63
Adjusted R-squared  0.994771   S.D. dependent var    35362.27
S.E. of regression  2557.132   Sum squared resid     1.77E+08
Durbin-Watson stat  0.855710

Equation: INV=C(4)+C(5)*GDP+C(6)*INV(-1)
Instruments: COM(-1) INV(-1) GOV C
Observations: 30
R-squared           0.998784   Mean dependent var    30782.47
Adjusted R-squared  0.998694   S.D. dependent var    30079.75
S.E. of regression  1086.922   Sum squared resid     31897764
Durbin-Watson stat  0.583762
```

图 8-3　两阶段最小二乘法的估计结果(3)

根据图 8-3 写出联立方程模型的估计式为
$$C_t = 945.455 - 0.343Y_t + 2.131C_{t-1}$$
$$I_t = 936.056 + 0.098Y_t + 0.826I_{t-1}$$

$$Y_t = C_t + I_t + G_t$$

可见,两种不同的实现方法,得出的结果是一致的。

思考与练习

一、单项选择题

1. 在联立方程模型中,前定变量包括(　　)。
   A. 外生变量和内生变量　　　　　　B. 内生变量和滞后变量
   C. 非随机变量和内生变量　　　　　D. 外生变量和滞后变量

2. 下列关于简化式模型的说法中不正确的是(　　)。
   A. 简化式方程的解释变量都是前定变量
   B. 模型的简化式一般是从模型的结构式直接导出
   C. 如果一个结构式方程包含一个内生变量和模型系统中的全部前定变量,这个结构式方程就等同于简化式方程
   D. 简化式参数是结构式参数的线性函数

3. 对联立方程模型进行参数估计的方法可以分为两类,即(　　)。
   A. 间接最小二乘法和系统估计法　　　B. 单方程估计法和系统估计法
   C. 单方程估计法和两阶段最小二乘法　D. 工具变量法和间接最小二乘法

4. 如果联立方程模型中某个结构方程包含了所有的变量,则这个方程(　　)。
   A. 恰好识别　　　B. 不可识别　　　C. 过度识别　　　D. 不确定

5. 如果某个结构式方程是过度识别的,则估计该方程的参数时可用(　　)。
   A. 有限信息极大似然估计法　　　　B. 最小二乘法
   C. 间接最小二乘法　　　　　　　　D. 广义差分法

6. 联立方程结构式模型中,结构式参数反映前定变量的变化对内生变量产生的(　　)。
   A. 总影响　　　B. 直接影响　　　C. 间接影响　　　D. 局部影响

7. 联立方程模型结构式识别的阶条件为(　　)。
   A. 该方程不包含的变量总数大于或等于模型系统中方程个数减1
   B. 该方程包含的变量总数大于或等于模型系统中方程个数减1
   C. 该方程包含的变量总数小于或等于模型系统中方程个数减1
   D. 该方程不包含的变量总数小于或等于模型系统中方程个数减1

二、简答题

1. 简述单方程计量经济学模型与联立方程计量经济学模型的区别。
2. 简述结构方程的方程类型。
3. 请用矩阵形式表示结构式模型、简化式模型和参数关系体系。
4. 说明结构式识别的秩条件和阶条件。
5. 简述联立方程计量经济学模型估计方法的类型,并列举估计方法的名称。
6. 简述间接最小二乘估计方法的思路及估计量的统计性质。
7. 简述两阶段最小二乘估计方法的思路及估计量的统计性质。

三、模型分析题

1. 对下面的联立方程模型进行识别。

$$C_t = a_0 + a_1 Y_t + a_2 C_{t-1} + a_3 P_{t-1} + u_{1t}$$
$$I_t = b_0 + b_1 Y_t + b_2 Y_{t-1} + u_{2t}$$
$$Y_t = C_t + I_t$$

其中，C，I，Y 均为内生变量。

试利用结构式识别条件判断每个方程和整个模型的可识别性。

2. 在如下的收入决定模型中，利率 R、政府支出 G 为外生变量：

$$\begin{cases} C_t = a_0 + a_1 Y_t + \alpha_2 T_t + u_{1t} & \text{消费方程} \\ I_t = \beta_0 + \beta_1 Y_{t-1} + \beta_2 R_t + u_{2t} & \text{投资方程} \\ T_t = \gamma_0 + \gamma_1 Y_t + u_{3t} & \text{税收方程} \\ Y_t = C_t + I_t + G_t & \text{收入方程} \end{cases}$$

试利用结构式识别条件判断每个方程和整个模型的可识别性。

参考答案

第四篇
时间序列计量经济学模型及其应用

- 第 9 章　时间序列的平稳性及其检验

- 第 10 章　协整与误差修正模型

- 第 11 章　向量自回归模型及其应用

第 9 章 时间序列的平稳性及其检验

计量经济分析中所用的三大类重要数据（截面数据、时间序列数据、面板数据）中，时间序列数据是其中最常见，也是最重要的一类数据。

经典计量经济学模型，如果以独立随机抽样的截面数据为样本，在模型设定是正确的条件下，模型随机扰动项满足极限法则和由极限法则导出的基本假设，继而进行的参数估计和统计推断是可靠的。以时间序列数据为样本，时间序列性破坏了随机抽样的假定，那么，经典计量经济学模型的数学基础是否被满足，自然成为一个有待讨论的问题。对照极限法则和时间序列的平稳性条件，人们发现，如果所有时间序列是平稳的，时间序列的平稳性可以替代随机抽样假定，模型随机干扰项仍然满足极限法则，所以，采用时间序列数据建立计量经济学模型，首先必须对用统计数据构造的时间序列进行平稳性检验。事实上，经济时间序列大都是非平稳的，那么，在非平稳时间序列之间能否建立计量经济学结构式模型？还需要对这些时间序列进行协整检验。对此本章将进行专门讨论。

9.1 时间序列数据的平稳性

如上文所述，采用时间序列数据建立计量经济学模型，首先必须对用统计数据构造的时间序列进行平稳性检验。

9.1.1 问题的提出

对时间序列进行平稳性检验的理由主要有以下两个方面：

第一，时间序列的平稳性可以替代随机抽样假定，采用平稳时间序列作为样本，建立经典计量经济学模型，在模型设定正确的前提下，模型随机干扰项仍然满足极限法则和经典模型的基本假设（序列无关假设除外），特别是正态性假设。这是从经典计量经济学模型的方法论基础提出的。

第二，采用平稳时间序列建立经典计量经济学结构式模型，可以有效地减少虚假回归。虚假回归（spurious regression）也称为伪回归，是由 2003 年诺贝尔经济学奖获得者格兰杰提出的。格兰杰通过模拟试验发现，完全无关的非平稳时间序列之间可以得到拟合很好但毫无道理的回归结果。这一发现说明，非平稳时间序列由于具有共同的变化趋势，即使它们之间在经济行为上并不存在因果关系，如果将它们分别作为计量经济学模型的被解释变量和解释变量，也能够显示较强的统计上的因果关系。

虚假回归，不仅可能出现在非平稳时间序列之间，也可能出现在平稳时间序列之间和截面数据序列之间。当然，非平稳时间序列之间出现虚假回归的可能性更大，因此，对时间序列进行平稳性检验，可以有效地减少虚假回归。在计量经济学模型研究中，杜绝虚假回归最根本的方法,是正确地设定模型。

9.1.2 时间序列数据的平稳性

假定某个时间序列是由某一随机过程(stochastic process)生成的,即假定时间序列$\{X_t\}$($t=1,2,\cdots$)的每个数值都从一个概率分布中随机得到,如果X_t满足下列条件:

(1)均值$E(x_t)=\mu$,与时间t无关的常数;
(2)方差$\text{Var}(x_t)=\sigma^2$,与时间t无关的常数;
(3)协方差$\text{Cov}(x_t,x_{t+k})=\gamma_k$,只与时期间隔$k$有关,与时间$t$无关的常数。

则称该随机时间序列是(宽)平稳的,而该随机过程是一个平稳随机过程(stationary stochastic process)。

例如:简单的随机时间序列$\{X_t\}$是一个具有零均值同方差的独立分布序列:

$$X_t=\mu_t \quad \mu_t \sim N(0,\sigma^2)$$

该序列常被称为一个白噪声(white noise)。由于X_t具有相同的均值与方差,且协方差为零,因此由定义知一个白噪声序列是平稳的。

广义地讲,如果时间序列数据的均值和方差是常数,且两个时期的协方差只与时间的间隔有关,而与时间的起点无关,则这个时间序列是平稳时间序列,是围绕均值变化的序列。换言之,无论度量的时间点如何,平稳时间序列的均值、方差和协方差都是常数。

9.2 时间序列数据的平稳性检验

9.2.1 平稳性的图示判断

给出一个随机时间序列,首先可通过该序列的时间路径图来粗略地判断它是否是平稳的。平稳时间序列在图形上往往表现出一种围绕其均值不断波动的过程,如图9-1(a)所示;而非平稳时间序列则往往表现出在不同的时间段具有不同的均值(如持续上升或持续下降),如图9-1(b)所示。

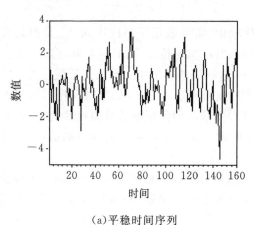

(a)平稳时间序列

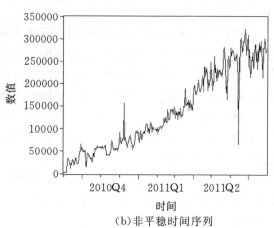

(b)非平稳时间序列

图9-1 平稳时间序列与非平稳时间序列图

然而，这种直观的图示也常产生误导，因此需要进一步判别。通常的做法是进行平稳性的单位根检验（ADF检验）。

9.2.2 平稳性检验的 ADF 检验方法

对时间序列的平稳性除了通过图形直观判断外，运用统计量进行统计检验则是更为准确与重要的。单位根检验（unit root test）是统计检验中普遍应用的一种检验方法。

1. DF 检验

我们已知道，随机游走序列

$$X_t = X_{t-1} + \mu_t$$

是非平稳的，其中 μ_t 是白噪声。而该序列可看成是随机模型

$$X_t = \alpha X_{t-1} + \mu_t \tag{9-1}$$

其中参数 $\alpha = 1$ 时的情形。也就是说，对式(9-1)做回归，如果确定发现 $\alpha = 1$，则称随机变量 X_t 有一个单位根。显然，一个单位根的时间序列就是随机游走序列，而随机游走序列是非平稳的。因此，要判断某时间序列是否是平稳的，可通过式(9-1)判断它是否有单位根。这就是时间序列平稳性的单位根检验。

式(9-1)可变形成差分形式

$$\begin{aligned}\Delta X_t &= (\alpha-1)X_{t-1} + \mu_t \\ &= \rho X_{t-1} + \mu_t\end{aligned} \tag{9-2}$$

检验式(9-1)是否存在单位根 $\alpha = 1$，也可通过式(9-2)判断是否有 $\rho = 0$。

一般地，检验一个时间序列 X_t 的平稳性，可通过检验带有截距项的一阶自回归模型

$$X_t = \alpha_0 + \alpha_1 X_{t-1} + \mu_t \tag{9-3}$$

其中的参数 α_1 是否小于1，或者说检验其等价变形式

$$\Delta X_t = \alpha_0 + \rho X_{t-1} + \mu_t \tag{9-4}$$

其中的参数 ρ 是否小于0。式中，$\rho = \alpha_1 - 1$。于是检验 $\alpha_1 = 1$ 是否成立就等价于 $\rho = 0$ 是否成立，如果 $\rho = 0$ 在统计意义下成立，则表明时间序列 X_t 是非平稳的。由于是检验 $\alpha_1 = 1$ 是否成立，所以，把这种检验也称为单位根检验。

2. ADF 检验

在上述使用式(9-4)对时间序列进行平稳性检验中，实际假定了时间序列 X_t 是由具有白噪声随机干扰项的一阶自回归过程 AR(1) 生成的。但在实际检验中，时间序列可能由更高阶的自回归过程生成，或者随机干扰项并非是白噪声，这样用普通最小二乘法进行估计得到的 t 统计量的渐近分布会受到无关参数的干扰，导致 DF 检验失效。另外，如果时间序列包括有明显的随时间变化的某种趋势（如上升或下降），则 DF 检验必须保证能够除去这些趋势，否则时间趋势成分会进入随机干扰项。在这两种情况都偏离了随机干扰项为白噪声的情形，统计量的渐近分布随之改变。

为了保证 DF 检验中随机干扰性的白噪声特性，迪基（Dickey）和富勒（Fuller）对 DF 检验进行了扩充，形成了 ADF 检验（augmented Dickey-Fuller test）。ADF 检验是通过下面三个模型完成的。

模型1：
$$\Delta X_t = \rho X_{t-1} + \sum_{i=1}^{p}\beta_i \Delta X_{t-i} + \mu_t \tag{9-5}$$

模型 2：
$$\Delta X_t = \alpha + \rho X_{t-1} + \sum_{i=1}^{p} \beta_i \Delta X_{t-i} + \mu_t \qquad (9-6)$$

模型 3：
$$\Delta X_t = \alpha + \rho X_{t-1} + \gamma t + \sum_{i=1}^{p} \beta_i \Delta X_{t-i} + \mu_t \qquad (9-7)$$

模型 3 中的 t 是时间变量，代表了时间序列随时间变化的某种趋势（如果有的话）。零假设都是 $H_0: \rho=0$，即存在一个单位根；备选假设 $H_1: \rho<0$，不存在单位根。模型 1 与另外两个模型的差别在于是否包含常数项和趋势项。如果得到的 ADF 统计量小于给定显著性水平下所对应的 ADF 临界值，则拒绝原假设，表明不存在单位根，时间序列是平稳的；否则，存在单位根，时间序列是非平稳的。

模型 1、2、3 中都增加了 ΔX_t 的滞后项，是为了消除时间序列由更高阶的自回归过程生成时模型（9-4）随机干扰项的序列相关，保证随机项是白噪声。在进行实际检验时，一般采用拉格朗日乘数检验（LM 检验）确定滞后阶数 p，或者其他数据依赖方法。当采用一些软件（例如 EViews）进行 ADF 检验时，可以自动得到滞后阶数，使得估计过程更加简单。但是，在软件中一般采用信息准则（例如 AIC、SC 等）确定滞后阶数。

实际检验时从模型 3 开始，然后模型 2，最后模型 1。何时检验拒绝零假设，即原序列不存在单位根，为平稳序列，何时可停止检验；否则，就要继续检验，直到检验完成模型 1 为止。检验原理与 DF 检验相同，只是对模型 1、2、3 进行检验时，有各自相应的临界值表。

一个简单的检验是同时估计出上述三个模型的适当形式，然后通过 ADF 临界值表检验零假设 $H_0: \rho=0$。只要其中有一个模型的检验结果拒绝了零假设，就可以认为时间序列是平稳的。当三个模型的检验结果都不能拒绝零假设时，则认为时间序列是非平稳的。这里所谓模型适当的形式就是在每个模型中选取适当的滞后差分项，以使模型的残差项是一个白噪声（主要保证不存在自相关）。

9.3 单整时间序列

随机游走序列
$$X_t = X_{t-1} + \mu_t$$
经差分后等价地变形为
$$\Delta X_t = X_t - X_{t-1} = \mu_t$$
由于 μ_t 是一个白噪声，因此差分后的序列 $\{\Delta X_t\}$ 是平稳的。

如果一个时间序列经过一次差分变成平稳的，就称原序列是一阶单整序列，记为 $I(1)$。一般地，如果一个时间序列经过 d 次差分后变成平稳序列，则称原序列是 d 阶单整序列，记为 $I(d)$。显然，$I(0)$ 代表平稳时间序列。

现实生活中，只有少数经济指标的时间序列表现为平稳，如利率，而大多数指标的时间序列是非平稳的，如一些宏观经济总量序列常常是二阶单整的。在下面的案例中，将分别对平稳序列、一阶单整序列和二阶单整序列进行检验。大多数非平稳的时间序列一般可通过一次或多次差分变为平稳的。但也有一些时间序列，无论经过多少次差分，都不能变为平稳的，这种序列称为非单整的（non-integrated）。

9.4 案例分析

居民消费价格指数(consumer price index,CPI)是反映一定时期内城乡居民所购买的生活消费品和服务项目价格变动趋势和程度的相对数,是对城市居民消费价格指数和农村居民消费价格指数进行综合汇总计算的结果。通过该指数可以观察和分析消费品的零售价格和服务项目价格变动对城乡居民实际生活费支出的影响程度。表9-1描述了1978年至2019年中国居民消费价格指数的数据。

表 9-1　1978—2019 年中国居民消费价格指数(1978 年=100)

年份	CPI	年份	CPI	年份	CPI
1978	100.0	1992	238.1	2006	471.0
1979	101.9	1993	273.1	2007	493.6
1980	109.5	1994	339.0	2008	522.7
1981	112.2	1995	396.9	2009	519.0
1982	114.4	1996	429.9	2010	536.1
1983	116.7	1997	441.9	2011	565.0
1984	119.9	1998	438.4	2012	579.7
1985	131.1	1999	432.2	2013	594.8
1986	139.6	2000	434.0	2014	606.7
1987	149.8	2001	437.0	2015	615.2
1988	177.9	2002	433.5	2016	627.5
1989	209.9	2003	438.7	2017	637.5
1990	216.4	2004	455.8	2018	650.9
1991	223.8	2005	464.0	2019	669.8

数据来源:中宏网。

在本例中,我们利用 EViews 8.0 软件对表9-1中的时间序列数据——居民消费价格指数进行平稳性检验。

对序列 CPI 进行平稳性检验的主要过程为:

(1)绘制序列曲线图初步判断平稳性;

(2)序列的单位根检验。

在序列 CPI 窗口工具栏中,单击"View"→"Graph/Line"选项,屏幕输出图9-2所示曲线图。

根据序列图判断时间序列是否平稳,主要根据曲线是否围绕均值上下波动,从图9-2中可知,CPI 呈现出随时间增长而上扬的趋势,初步判断为非平稳序列。

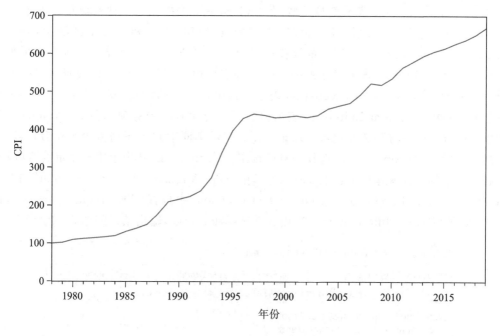

图 9-2 序列 CPI 曲线图

在进行序列的单位根检验的时候,按照步骤,首先选择有时间趋势项和截距项的"Trend and intercept",其次选择有截距项的"Intercept",最后选择没有时间趋势项和截距项的"None"。为了方便选择 AIC、SC 与 HQ 信息准则的值进行比较,每做完一次检验后将窗口固定。

在序列 CPI 窗口工具栏中,单击选择"View"→"Unit Root Test"选项,将出现图 9-3 的对话框。

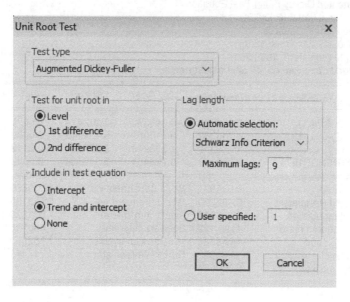

图 9-3 单位根检验对话框

图 9-3 中，Test type 表示检验类型，在 EViews 8.0 中提供了 6 种检验方法，默认方法是 ADF 检验，对于这些方法的检验原理，有兴趣的读者可以参考相关计量经济学数据了解。Test for unit root in 选项表示序列的检验形式，共有 3 个选项，Level 指对序列在水平值进行单位根检验，1st different 表示对序列的一阶差分进行检验，2nd different 表示对序列的二阶差分进行检验。Include in test equation 表示对检验包含项的设置，其中 Intercept 表示检验式中包含截距项，Trend and intercept 表示检验式中包含时间趋势项和截距项，None 表示检验式中不包含时间趋势项和截距项。Lag length 表示不同准则下序列检验的滞后长度，也可以在最大滞后期（Maximum lag）选择区自己设定。User specified 表示用户设定的滞后阶数。

在本例中的具体操作如下：在"Test type"中选择"Augmented Dickey – Fuller"，在"Test for unit in"中选择"Level"，在"Include in test equation"中选择"Trend and intercept"，使用 EViews 根据 Schwarz Info Criterion 准则自动选择滞后长度，输出结果如图 9-4 所示。

Null Hypothesis: CPI has a unit root
Exogenous: Constant, Linear Trend
Lag Length: 1 (Automatic - based on SIC, maxlag=9)

		t-Statistic	Prob.*
Augmented Dickey-Fuller test statistic		-3.112474	0.1173
Test critical values:	1% level	-4.205004	
	5% level	-3.526609	
	10% level	-3.194611	

*MacKinnon (1996) one-sided p-values.

Augmented Dickey-Fuller Test Equation
Dependent Variable: D(CPI)
Method: Least Squares
Date: 05/19/21   Time: 16:09
Sample (adjusted): 1980 2019
Included observations: 40 after adjustments

Variable	Coefficient	Std. Error	t-Statistic	Prob.
CPI(-1)	-0.154291	0.049572	-3.112474	0.0036
D(CPI(-1))	0.706362	0.115059	6.139143	0.0000
C	11.58308	4.333948	2.672639	0.0112
@TREND("1978")	2.359399	0.774454	3.046534	0.0043

R-squared	0.535931	Mean dependent var	14.19750
Adjusted R-squared	0.497259	S.D. dependent var	15.23196
S.E. of regression	10.80011	Akaike info criterion	7.691628
Sum squared resid	4199.122	Schwarz criterion	7.860516
Log likelihood	-149.8326	Hannan-Quinn criter.	7.752693
F-statistic	13.85623	Durbin-Watson stat	1.717441
Prob(F-statistic)	0.000004		

图 9-4 ADF 检验结果（Trend and intercept）

图 9-4 中，ADF 检验拒绝原假设，需要继续进行不含时间趋势项的检验，如果继续拒绝原假设，则进行不含时间趋势项和截距项的检验。当三种情形中有两种及以上情形拒绝原假设时，可以综合三种情形下 AIC、SC、HQ 值（图中箭头所指方框），以及截距项、时间趋势项的显著性来判断选择哪种情形作为最终结论。为了方便比较，可以在得出计算结果后将窗口冻结，即点击 freeze 选项，三种情形下的检验结果可以直接进行对比。

为了节省篇幅，以下直接给出 Intercept 和 None 的 ADF 检验结果，分别见表 9-2 与表 9-3，并且将三种检验的 AIC、SC 与 HQ 值列表比较，见表 9-4。

表 9-2 ADF 检验结果（Intercept）

Augmented Dickey-Fuller test statistic		−0.289241	0.9174
Test critical values：	1% level	−3.610453	
	5% level	−2.938987	
	10% level	−2.607932	

表 9-3 ADF 检验结果（None）

Augmented Dickey-Fuller test statistic		1.995430	0.9876
Test critical values：	1% level	−2.625606	
	5% level	−1.949609	
	10% level	−1.611593	

表格中显示的检验结果主要分为两部分：上部分显示的 ADF 检验的 t 统计量以及检验的概率值；下部分显示在 1%、5% 与 10% 的检验水平下，t 统计量的临界值。从结果看，在 CPI 原始序列情况下，Trend and intercept、Intercept、None 三种情况下的 ADF 统计量均显著大于显著水平为 1%、5% 与 10% 的临界值，不能拒绝存在单位根的原假设，即 CPI 数据非平稳。

表 9-4 ADF 检验的 AIC、SC 与 HQ 值的对比

情况	AIC	SC	HQ
Trend and intercept	7.691628	**7.860516**	**7.752693**
Intercept	**7.822994**	7.993616	7.884212
None	7.856273	7.984239	7.902186

表 9-4 给出了三种情况下的 AIC、SC 与 HQ 的值的比较，每一个准则下的最小值都用加粗方式表现出来。由于 Trend and intercept 中有 2 个值最小，所以我们可以判断该序列为存在时间趋势和截距项的单位根过程。

继续对序列进行一阶差分的单位根检验。步骤同上。在"Test for unit root in"中选择"1st different"，分别进行 Trend and intercept、Intercept、None 三种情况下的检验，软件检验结果见表 9-5、表 9-6 与表 9-7。

表 9-5　一阶差分的 ADF 检验结果（Trend and intercept）

Augmented Dickey-Fuller test statistic			−3.646736	0.0386
Test critical values：	1% level		−4.211868	
	5% level		−3.529758	
	10% level		−3.196411	

Variable	Coefficient	Std. Error	t-Statistic	Prob.
D(CPI(−1))	−0.486835	0.133499	−3.646736	0.0009
D(CPI(−1),2)	0.353967	0.157304	2.250213	0.0308
C	6.689636	4.421659	1.512924	0.1393
@TREND("1978")	0.015858	0.164306	0.096513	0.9237

观察时间趋势项@TREND("1978")对应的系数的显著性，显著为 0，拒绝原假设，继续进行包含截距项的检验。

表 9-6　一阶差分的 ADF 检验结果（Intercept）

Augmented Dickey-Fuller test statistic			−3.696698	0.0080
Test critical values：	1% level		−3.610453	
	5% level		−2.938987	
	10% level		−2.607932	

Variable	Coefficient	Std. Error	t-Statistic	Prob.
D(CPI(−1))	−0.486452	0.131591	−3.696698	0.0007
D(CPI(−1),2)	0.353183	0.154917	2.279816	0.0286
C	7.033345	2.584472	2.721385	0.0100

观察截距项 C 对应的系数对应的显著性，显著不为 0，不拒绝原假设，序列是一阶差分平稳序列，即一阶单整，记为 $I(1)$。当然，我们也可以继续进行没有时间趋势项和截距项的检验，将 AIC、SC 与 HQ 的值比较得出结果。表 9-7 是不包含时间趋势项和截距项的 ADF 检验结果。

表 9-7　一阶差分的 ADF 检验结果（None）

Augmented Dickey-Fuller test statistic			−1.932522	0.0519
Test critical values：	1% level		−2.624057	
	5% level		−1.949319	
	10% level		−1.611711	

将三种情形下的 AIC、SC 与 HQ 值进行比较得出表 9-8。

表 9-8　ADF 检验的 AIC、SC 与 HQ 值的对比

情况	AIC	SC	HQ
Trend and intercept	7.825116	7.995737	7.886333
Intercept	**7.774100**	**7.902066**	**7.820013**
None	7.894159	7.936381	7.909425

从检验结果看,依然表明该序列是一阶差分平稳序列,即一阶单整。

思考与练习

一、选择题(第1—2题为单选题,第3—6题为多选题)

1. 某一时间序列经一次差分变换成平稳时间序列,此时间序列称为(　　)。
   A. 1阶单整 B. 2阶单整
   C. K阶单整 D. 以上答案均不正确

2. 当随机误差项存在自相关时,进行单位根检验是由(　　)来实现。
   A. DF检验 B. ADF检验
   C. EG检验 D. D-W检验

3. 平稳性检验的方法有(　　)。
   A. 散点图 B. 相关函数检验
   C. 单位根检验 D. ADF检验

4. 当时间序列是非平稳的时候,下面说法正确的有(　　)。
   A. 均值函数不再是常数
   B. 方差函数不再是常数
   C. 自协方差函数不再是常数
   D. 时间序列的统计规律随时间的位移而发生变化

5. 随机游走序列是(　　)序列。
   A. 平稳序列
   B. 非平稳序列
   C. 统计规律不随时间的位移而发生变化的序列
   D. 统计规律随时间的位移而发生变化的序列

6. 有关DF检验的说法正确的是(　　)。
   A. DF检验的零假设是"被检验时间序列平稳"
   B. DF检验的零假设是"被检验时间序列非平稳"
   C. DF检验是单侧检验
   D. DF检验是双侧检验

二、简答题

1. 什么是伪回归?
2. 请描述平稳时间序列的条件。
3. 单整变量的单位根检验为什么从DF检验发展到ADF检验?
4. 什么是一阶单整序列?

三、案例分析题

表9-9为1992—2013年我国国内生产总值(GDP)与上证指数(SH)的数据。

表 9-9 1992—2013 年我国 GDP 与上证指数(SH)

年份	GDP/百亿元	上证指数(SH)	年份	GDP/百亿元	上证指数(SH)
1992	269.235	780.00	2003	1358.228	1497.04
1993	353.339	834.00	2004	1598.783	1266.50
1994	481.979	648.00	2005	1849.374	1161.06
1995	607.937	555.00	2006	2163.144	2675.47
1996	711.766	917.00	2007	2658.103	5261.56
1997	789.730	1194.00	2008	3140.454	1820.81
1998	844.023	1147.00	2009	3409.030	3277.14
1999	896.771	1367.00	2010	3979.830	2808.00
2000	992.146	2073.48	2011	4731.040	2199.44
2001	1096.552	1645.97	2012	5193.220	2269.13
2002	1203.327	1357.65	2013	5688.450	2115.98

要求：

(1) 初步判断 GDP 与 SH 的平稳性。

(2) 对 GDP 和 SH 进行单位根检验。

参考答案

第10章

协整与误差修正模型

对于时间序列数据,如果通过平稳性检验为非平稳序列,能否建立经典计量经济学模型?例如,对于中国居民消费总量和居民可支配收入序列,采用 ADF 检验,已经表明它们都是 2 阶单整序列,那么,在案例中所建立的以居民可支配收入为解释变量的中国居民消费总量模型是否是正确的?本章将讨论这个问题。

10.1 长期均衡关系与协整

10.1.1 协整

经济理论指出,某些经济变量间确实存在着长期均衡关系。这种均衡关系意味着经济系统不存在破坏均衡的内在机制。如果变量在某时期受到干扰后偏离其长期均衡点,则均衡机制将会在下一期进行调整以使其重新回到均衡状态。

假设 X 与 Y 间的长期"均衡关系"由式(10-1)描述:

$$Y_t = \alpha_0 + \alpha_1 X_t + u_t \tag{10-1}$$

式中,u_t 是随机干扰项。该均衡关系意味着给定 X 的一个值,Y 相应的均衡值也随之确定为 $\alpha_0 + \alpha_1 X$。在 $t-1$ 期末,存在下述三种情形之一:

(1) Y 等于它的均衡值:

$$Y_{t-1} = \alpha_0 + \alpha_1 X_{t-1} \tag{10-2}$$

(2) Y 小于它的均衡值:

$$Y_{t-1} < \alpha_0 + \alpha_1 X_{t-1}$$

(3) Y 大于它的均衡值:

$$Y_{t-1} > \alpha_0 + \alpha_1 X_{t-1}$$

在时期 t,假设 X 有一个变化量 ΔX_t,如果变量 X 与 Y 在时期 t 与 $t-1$ 期末仍满足它们间的长期均衡关系,则 Y 的相应变化量 ΔY_t 由式(10-3)给出:

$$\Delta Y_t = \alpha_1 \Delta X_t + v_t \tag{10-3}$$

式中,$v_t = u_t - u_{t-1}$。然而情况往往并非如此。如果 $t-1$ 期末,发生了上述第二种情况,即 Y 的值小于其均衡值,则 Y 的变化往往会比第一种情形下 Y 的变化 ΔY_t 大一些;反之,如果 Y 的值大于其均衡值,则 Y 的变化往往会小于第一种情形下的 ΔY_t。

可见,如果式(10-1)正确地揭示了 X 与 Y 间的长期稳定的"均衡关系",则意味着 Y 对其均衡点的偏离从本质上说是"临时性"的。因此,一个重要的假设就是随机干扰项 u_t 必须是平稳序列。显然,如果 u_t 有随机性趋势(上升或下降),则会导致 Y 对其均衡点的任何偏离都会被长期累积下来而不能被消除。

式(10-1)中的随机干扰项 u_t 也称为非均衡误差,它是变量 X 与 Y 的一个线性组合:
$$u_t = Y_t - \alpha_0 - \alpha_1 X_t \tag{10-4}$$

因此,如果式(10-1)所揭示的 X 与 Y 间的长期均衡关系正确,式(10-4)表述的非均衡误差应是一个平稳时间序列,并且具有零均值,即 u_t 是具有零均值的 $I(0)$ 序列。

正像前面所指出的,许多经济变量是非平稳的,即它们是 1 阶或更高阶的单整时间序列。但从这里我们已看到,非平稳的时间序列,它们的线性组合也可能成为平稳的。如假设式(10-1)中的 X 与 Y 是 $I(1)$ 序列,如果该式所表述的它们间的长期均衡关系成立,则意味着由非均衡误差式(10-4)给出的线性组合是 $I(0)$ 序列。这时我们称变量 X 与 Y 是协整的。

一般地,如果序列 $X_{1t}, X_{2t}, \cdots, X_{kt}$ 都是 d 阶单整的,存在向量 $\boldsymbol{\alpha} = (\alpha_1, \alpha_2, \cdots, \alpha_k)$,使得 $Z_t = \boldsymbol{\alpha} X_t' \sim I(d-b)$,其中,$b > 0$,$X_t = (X_{1t}, X_{2t}, \cdots, X_{kt})'$,则认为序列 $X_{1t}, X_{2t}, \cdots, X_{kt}$ 是 (d, b) 阶协整,记为 $X_t \sim CI(d, b)$,$\boldsymbol{\alpha}$ 为协整向量。

由此可见,如果两个变量都是单整变量,只有当它们的单整阶相同时,才可能协整;如果它们的单整阶不相同,就不可能协整。

三个以上的变量,如果具有不同的单整阶数,有可能经过线性组合构成低阶单整变量。例如,如果存在
$$W_t \sim I(1), V_t \sim I(2), U_t \sim I(2)$$
并且
$$P_t = aV_t + bU_t \sim I(1)$$
$$Q_t = cW_t + eP_t \sim I(0)$$
那么认为
$$V_t, U_t \sim CI(2, 1)$$
$$W_t, P_t \sim CI(1, 1)$$

从协整的定义可以看出,(d, d) 阶协整是一类非常重要的协整关系,它的经济意义在于:两个变量,虽然它们具有各自的长期波动规律,但是如果它们是 (d, d) 阶协整的,则它们之间存在着一个长期稳定的比例关系。例如,前面提到的中国居民消费总量 Y 和总可支配收入 X,它们各自都是 2 阶单整序列,它们取对数后的序列 $\ln Y$ 与 $\ln X$ 各自都是 1 阶单整序列,如果 $\ln Y$ 与 $\ln X$ 是 $(1, 1)$ 阶协整的,说明它们的对数序列间存在一个长期稳定的比例关系。从计量经济学模型的意义上讲,建立如下居民总量消费函数模型:
$$\ln Y_t = \alpha_0 + \alpha_1 \ln X_t + u_t$$
变量的选择是合理的,随机干扰项也一定是一个白噪声,而且模型参数有合理的经济解释。这也解释了尽管这两个时间序列是非平稳的,但却可以用经典的回归分析方法建立双对数因果关系回归模型的原因。

从这里,我们已经初步认识到,检验变量之间的协整关系在建立计量经济学模型中是非常重要的。而且,从变量之间是否具有协整关系出发选择模型的变量,其数据基础是牢固的,且其统计性质是优良的。

10.1.2 协整的检验

1. 两变量的 Engle-Granger 检验

在时间序列分析中,最令人关注的一种协整关系是 $(1, 1)$ 阶协整。为了检验两个均呈现 1

阶单整的变量 Y_t、X_t 是否为协整，恩格尔和格兰杰于 1987 年提出两步检验法，也称为 Engle-Granger 检验（EG 检验）。

第 1 步，用普通最小二乘法估计 $Y_t = \alpha_0 + \alpha_1 X_t + u_t$，并计算非均衡误差，得到

$$\hat{Y}_t = \hat{\alpha}_0 + \hat{\alpha}_1 X_t$$

$$e_t = Y_t - \hat{Y}_t$$

称为协整回归或静态回归。

第 2 步，检验 e_t 的单整性。如果 e_t 为稳定序列 $I(0)$，则认为变量 Y_t、X_t 为 $(1,1)$ 阶协整；否则，认为变量 X_t、Y_t 不存在协整关系。

检验 e_t 的单整性的方法即是 9.2.2 节中使用的 DF 检验或者 ADF 检验。由于协整回归中已含有截距项，则检验模型中无须再用截距项；如果协整回归中还含有趋势项，则检验模型中也无须再用时间趋势项。使用模型 1

$$\Delta e_t = \delta e_{t-1} + \sum_{i=1}^{p} \theta_i \Delta e_{t-i} + \varepsilon_t$$

进行检验时，拒绝零假设 $H_0: \delta = 0$，意味着残差项 e_t 是平稳序列，从而说明 X 与 Y 是协整的。

一个需要注意的问题是，这里的 DF 检验或 ADF 检验是针对协整回归计算出的残差项 e_t 而非真正的非均衡误差 u_t 进行的。而普通最小二乘法采用了残差平方和最小原理，因此估计量 δ 往往是向下偏倚的，这样将导致拒绝零假设的机会比实际情形大。于是对 e_t 平稳性检验的 DF 与 ADF 临界值应该比正常的 DF 与 ADF 临界值还要小。麦金农（MacKinnon,1991）通过模拟试验给出了协整检验的临界值，表 10-1 是双变量情形下不同样本容量的临界值。

表 10-1 双变量协整 ADF 检验临界值

样本容量	显著性水平		
	0.01	0.05	0.10
25	-4.37	-3.59	-3.22
50	-4.12	-3.46	-3.13
100	-4.01	-3.39	-3.09
∞	-3.90	-3.33	-3.05

【例 10-1】 对表 10-1 中经居民消费价格指数调整后的 1980—2013 年中国居民消费总量 Y_t 与总可支配收入 X_t 的数据，检验它们的对数序列 $\ln Y_t$ 与 $\ln X_t$ 间的协整关系。

已经检验得到：$\ln Y_t$ 与 $\ln X_t$ 都是 1 阶单整序列，即 $\ln Y_t \sim I(1)$，$\ln X_t \sim I(1)$。采用两变量的 Engle-Granger 检验方法，首先，对 $\ln Y_t$ 与 $\ln X_t$ 做如下协整回归：

$$\ln \hat{Y}_t = 0.6837 + 0.8714 \ln X_t$$
$$(7.126) \quad (95.275)$$
$$\overline{R}^2 = 0.9964, \quad DW = 0.5907$$

然后，对该式计算的残差序列 e_t 进行 ADF 检验，由软件自动选择检验模型中的滞后项，得到适当的检验模型为

$$\Delta \hat{e}_t = -0.897 e_{t-1} + 0.405 \Delta e_{t-1} + 0.485 \Delta e_{t-2} + 0.568 \Delta e_{t-3} + 0.643 \Delta e_{t-4}$$
$$(-6.106) \quad (2.869) \quad (3.370) \quad (3.889) \quad (4.355)$$

由本书附录 C 中表 C-6 的协整检验临界值表容易算得，5%的显著性水平下协整的 ADF 检验临界值为 $-3.3377 - \frac{5.967}{34} - \frac{8.98}{34^2} = -3.521$，$e_{t=1}$ 前参数的 t 值为 -6.106，因此拒绝存在单位根的假设，表明残差序列 e_t 是平稳序列。因此判断，中国居民消费总量的对数序列 $\ln Y_t$ 与总可支配收入的对数序列 $\ln X_t$ 是(1,1)阶调整的，说明了这两个变量的对数序列间存在长期稳定的"均衡"关系。

这里特别指出实际应用研究中经常出现的一个错误。我们这里采用由协整检验临界值表算得的临界值(-3.521)，没有采用 ADF 检验给出的临界值(-1.953)，是正确的，原因已在前文中说明。但是，在很多应用研究中忽视了这一点，而直接采用 ADF 检验给出的临界值，这是错误的，容易产生误判。

2. 多变量协整关系的检验

多变量协整关系的检验要比双变量更复杂一些，主要原因在于协整变量间可能存在多种稳定性的线性组合。假设有 4 个 $I(1)$ 变量 Z、X、Y、W，它们有如下的长期均衡关系：

$$Z_t = \alpha_0 + \alpha_1 W_t + \alpha_2 X_t + \alpha_3 Y_t + u_t \tag{10-5}$$

其中，非均衡误差项 u_t 应是 $I(0)$ 序列：

$$u_t = Z_t - \alpha_0 - \alpha_1 W_t - \alpha_2 X_t - \alpha_3 Y_t \tag{10-6}$$

然而，如果 Z 与 W，X 与 Y 间分别存在长期均衡关系：

$$Z_t = \beta_0 + \beta_1 W_t + \nu_{1t}$$
$$X_t = \gamma_0 + \gamma_1 Y_t + \nu_{2t}$$

则非均衡误差项 ν_{1t} 和 ν_{2t} 一定是稳定序列 $I(0)$。于是它们的任意线性组合也是稳定的。

例如，

$$\nu_t = \nu_{1t} + \nu_{2t} - Z_t - \beta_0 - Y_t - \beta_1 Y_t + X_t - \gamma_1 Y_t \tag{10-7}$$

一定是 $I(0)$ 序列。由于 ν_t 像式(10-6)中的 u_t 一样，也是 Z、X、Y、W 4 个变量的线性组合，由此式(10-7)也成为这 4 个变量的另一个稳定线性组合。$(1, -\alpha_0, -\alpha_1, -\alpha_2, -\alpha_3)$ 是对应于式(10-6)的协整向量，$(1, -\beta_0, -\gamma_0, -\beta_1, 1, -\gamma_1)$ 是对应于式(10-7)的协整向量。

对于多变量的协整检验过程，基本与双变量情形相同，即需要检验变量是否具有同阶单整性，以及是否存在稳定的线性组合。后者需通过设置一个变量为被解释变量，其他变量为解释变量，进行普通最小二乘估计并检验残存序列是否平稳。如果不平稳，则需要更换别的解释变量，进行同样的普通最小二乘估计及相应的残差项检验。当所有的变量都被作为被解释变量之后，仍不能得到平稳的残差项序列，则认为这些变量间不存在 (d,d) 阶调整。

同样的，检验残差项是否平稳的 DF 与 ADF 检验临界值要比通常的 DF 与 ADF 检验临界值小，而且该临界值还受到所检验的变量个数的影响。表 10-2 给出了麦金龙通过模拟实验得到的不同变量协整检验的临界值，其一般计算表示见附录中的表 C-6。

表 10-2 多变量协整检验 ADF 临界值

样本容量	显著性水平(变量数=3)			显著性水平(变量数=4)			显著性水平(变量数=36)		
	0.01	0.05	0.1	0.01	0.05	0.1	0.01	0.05	0.1
25	−4.92	−4.1	−3.71	−5.43	−4.56	−4.15	−6.36	−5.41	−4.96
50	−4.59	−3.92	−3.58	−5.02	−4.32	−3.98	−5.78	−5.05	−4.69
100	−4.44	−3.83	−3.51	−4.83	−4.21	−3.89	−5.51	−4.88	−4.52
∞	−4.30	−3.74	−3.45	−4.65	−4.1	−3.81	−5.24	−4.7	−4.42

约翰森(Johansen)于 1988 年,以及与尤塞柳斯(Juselius)一起于 1990 年提出了一种基于向量自回归模型的多重协整检验方法,通常称为 Johansen 检验或 JJ 检验,是一种进行多重协整检验的较好方法。

3. 多阶单整变量的 Engle-Granger 检验

EG 检验是针对 2 个及多个 $I(1)$ 变量之间的协整关系检验而提出的。在实际宏观经济研究中,经常需要检验 2 个或多个高阶单整变量之间的协整关系。例如例 10-1 中两个 $I(2)$ 变量(中国居民消费总量 Y_t 与总可支配收入 X_t)之间的协整。虽然从直观上看,也可以用 EG 检验,也有许多这样的例子,但从理论上讲,是不严谨的,因为残差单位根检验的分布肯定会发生改变,并且没有成熟的临界值分布表。

10.2 误差修正模型

10.2.1 误差修正模型

前面已经提到,对于非平稳时间序列,可通过差分的方法将其化为平稳序列,然后才可以建立经典的回归分析模型。例如,如果人均消费水平(Y)与人均可支配收入(X)都是 1 阶单整序列。当我们建立二者之间的回归模型

$$Y_t = \alpha_0 + \alpha_1 X_t + u_t \tag{10-8}$$

时,如果 Y 与 X 具有共同的向上或向下的变化趋势,为了避免虚假回归,通常都需要通过差分的方法消除变量的共同变化趋势,使之成为平稳序列,再建立差分回归模型

$$\Delta Y_t = \alpha_1 \Delta X_t + v_t \tag{10-9}$$

式中,$v_t = u_t - u_{t-1}$。

然而,这种做法会引起两个问题:一是,如果 X 与 Y 间存在着长期稳定的均衡关系,见式(10-8),且误差项 u_t 不存在序列相关,则差分式(10-9)中的 v_t 是一个一阶移动平均时间序列,因而是序列相关的;二是,如果采用式(10-9)的差分形式进行估计,则关于变量水平值的重要信息将被忽略。这时模型只表达了 X 与 Y 之间的短期关系,而没有揭示它们之间的长期关系。因为,从长期均衡的观点看,Y 于第 t 期的变化不仅取决于 X 本身的变化,还取决于 X 与 Y 在第 $t-1$ 期末的状态,尤其是 X 与 Y 在第 $t-1$ 期的不平衡程度。

另外，使用差分变量也往往会得出不能令人满意的回归方程。例如，使用式(10-9)回归时，很少出现截距项显著为零的情况，即我们常常会得到如下形式的方程：

$$\Delta Y_t = \hat{\alpha}_0 + \hat{\alpha}_1 \Delta X_t + \nu_t, \quad \hat{\alpha}_0 \neq 0 \tag{10-10}$$

但如果使用式(10-10)，即使 X 保持不变，Y 也会处于长期上升（$\hat{\alpha}_0 > 0$）或下降（$\hat{\alpha}_0 < 0$）的过程中，这意味着 X 与 Y 间不存在静态平衡(static equilibrium)。这与大多数具有静态均衡的经济理论假说不相符。可见，简单差分不一定能解决非平稳时间序列所遇到的全部问题，因此，误差修正模型便应运而生。

误差修正模型(error correction model, ECM)是一种具有特定形式的计量经济学模型，它的主要形式是由戴维森(Davidson)、亨德里(Hendry)、斯尔巴(Srba)和约(Yeo)于1978年提出的，称为 DHSY 模型。为了便于理解，我们通过一个具体的模型来介绍它的结构。

假设两个变量 X 与 Y 的长期均衡关系如式(10-8)所示，由于现实经济中 X 与 Y 很少处在均衡点上，因此我们实际观测到的只是 X 与 Y 之间短期的或非均衡的关系，假设其有如下(1,1)阶分布滞后形式：

$$Y_t = \beta_0 + \beta_1 X_t + \beta_2 X_{t-1} + \delta Y_{t-1} + u_t \tag{10-11}$$

该模型显示出第 t 期的 Y 值，不仅与 X 的变化有关，而且与第 $t-1$ 期 X 与 Y 的状态值有关。

对式(10-11)适当变形得

$$\Delta Y_t = \beta_0 + \beta_1 \Delta X_t + (\beta_1 + \beta_2) X_{t-1} - (1-\delta) Y_{t-1} + u_t$$
$$= \beta_1 \Delta X_t - (1-\delta)\left(Y_{t-1} - \frac{\beta_0}{1-\delta} - \frac{\beta_1 + \beta_2}{1-\delta} X_{t-1}\right) + u_t$$

或

$$\Delta Y_t = \beta_1 \Delta X_t - \lambda(Y_{t-1} - \alpha_0 - \alpha_1 X_{t-1}) + u_t \tag{10-12}$$

其中 $\lambda = 1 - \delta, \alpha_0 = \beta_0/(1-\delta), \alpha_1 = (\beta_1 + \beta_2)/(1-\delta)$

如果将式(10-12)中的参数 α_0、α_1 与式(10-8)中的相应参数视为相等，则式(10-12)中括号内的项就是第 $t-1$ 期的非均衡误差项。于是式(10-12)表明 Y 的变化取决于 X 的变化以及前一时期的非均衡程度。同时，式(10-12)也弥补了简单差分式(10-9)的不足，因为该式含有用 X、Y 水平值表示的前期非均衡程度。因此，Y 的值已对前期的非均衡程度做出了修正。式(10-12)称为一阶误差修正模型(first-order error correction model)。

式(10-12)可以写成：

$$\Delta Y_t = \beta_1 \Delta X_t - \lambda \times \text{ecm}_{t-1} + u_t \tag{10-13}$$

其中，ecm 表示误差修正项。由式(10-13)可知，一般情况下 $|\delta| < 1$，所以有 $0 < \lambda < 1$。我们可以据此分析 ecm 的修正作用：若 $t-1$ 时刻 Y 大于其长期均衡解 $\alpha_0 + \alpha_1 X$，ecm 为正，则 $-\lambda \times \text{ecm}$ 为负，使得 ΔY_t 减少；若 $t-1$ 时刻小于其长期均衡解 $\alpha_0 + \alpha_1 X$，ecm 为负，$-\lambda \times \text{ecm}$ 为正，使得 ΔY_t 增大。这体现了长期非均衡误差对 Y_t 的控制。

需要注意的是，在实际分析中，变量常以对数的形式出现，其主要原因在于变量对数的差分分析近似地等于该变量的变化率，而经济变量的变化率常常是平稳序列，因此适合于包含在经典回归方程中。于是长期均衡模型式(10-8)中的 α_1 可视为 Y 关于 X 的长期弹性(long-run elasticity)，而短期非均衡模型式(10-11)中的 β_1 可视为 Y 关于 X 的短期弹性(short-run elasticity)。

更复杂的误差修正模型可依照一阶误差修正模型类似地建立。如具有季度数据的变量，可在短期非均衡模型式(10-11)中引入更多的滞后项。引入二阶滞后项的模型为

$$Y_t = \beta_0 + \beta_1 + \beta_2 X_{t-1} + \beta_3 X_{t-2} + \delta_1 Y_{t-1} + \delta_2 Y_{t-2} + u_t \tag{10-14}$$

经过适当的恒等变形，可得如下误差修正模型：

$$\Delta Y_t = -\delta_2 \Delta Y_{t-1} + \beta_1 \Delta X_t - \beta_3 \Delta X_{t-1} - \lambda(Y_{t-1} - \alpha_0 - \alpha_1 X_{t-1}) + u_t \tag{10-15}$$

其中 $\lambda = 1 - \delta_1 - \delta_2, \alpha_0 = \beta_0/\lambda, \alpha_1 = (\beta_1 + \beta_2 + \beta_3)/\lambda$

同样的，引入三阶滞后项的误差修正模型与式(10-15)相仿，只不过模型中多出差分滞后项 $\Delta Y_{t-2}、\Delta X_{t-2}$。

多变量的误差修正模型也可类似地建立。例如，三个变量如果存在如下长期均衡关系：

$$Y_t = \alpha_0 + \alpha_1 X_t + \alpha_2 Z_t \tag{10-16}$$

则其一阶非均衡关系可写成

$$Y_t = \beta_0 + \beta_1 X_t + \beta_2 X_{t-1} + \gamma_1 Z_t + \gamma_2 Z_{t-2} + u_t \gamma_2 Z_{t-1} + \delta Y_{t-1} + u_t \tag{10-17}$$

于是它的一个误差修正模型为

$$\Delta Y_t = \beta_1 \Delta X_t + \gamma_1 \Delta Z_t - \lambda(Y_{t-1} - \alpha_0 - \alpha_1 X_{t-1} - \alpha_2 Z_{t-1}) + u_t \tag{10-18}$$

其中 $\lambda = 1 - \delta, \alpha_0 = \beta_0/\lambda, \alpha_1 = (\beta_1 + \beta_2)/\lambda, \alpha_2 = (\gamma_1 + \gamma_2)/\lambda$

10.2.2 误差修正模型的建立

1. 格兰杰表述定理

误差修正模型有许多明显的优点，如：一阶差分项的使用消除了变量可能存在的趋势因素，从而避免了虚假回归问题；一阶差分项的使用也消除模型可能存在的多重共线性问题；误差修正项的引入保证了变量水平值的信息没有被忽视；误差修正项本身的平稳性，使得该模型可以用经典的回归方法进行估计，尤其是模型中差分项可以使用通常的 t 检验与 F 检验来进行选取；等等。于是，一个重要的问题就是变量间的关系是否都可以通过误差修正模型来表述。就此问题，恩格尔与格兰杰于 1987 年提出了著名的格兰杰表述定理（Granger representation theorem）：

如果变量 X 与 Y 是协整的，则它们之间的短期非均衡关系总能由一个误差修正模型表述，即

$$\Delta Y_t = \text{lagged}(\Delta Y, \Delta X) - \lambda \times \text{ecm}_{t-1} + u_t \quad 0 < \lambda < 1 \tag{10-19}$$

式中，ecm_{t-1} 是非均衡误差项或者说是长期均衡偏差项；λ 是短期调整参数。

对于上述(1,1)阶自回归分布滞后模型式(10-11)，如果

$$Y_t \sim I(1), X_t \sim I(1)$$

那么，式(10-12)左边 $\Delta Y_t \sim I(0)$，右边的 $\Delta X_t \sim I(0)$，于是，只有 Y 与 X 协整，才能保证右边也是 $I(0)$。因此，建立误差修正模型，需要首先对变量进行协整分析，以发现变量之间的协整关系，将误差修正项作为一个解释变量，连同其他反映短期波动的解释变量一起，建立短期模型，即误差修正模型。

注意，由于式(10-19)中没有明确指出 ΔY 与 ΔX 的滞后项数，因此，可以是多个；同时，由于一阶差分项是 $I(0)$ 变量，因此模型中也允许使用 X 的非滞后差分项 ΔX_t。

格兰杰表述定理可类似地推广到多个变量的情形中去。

2. Engle-Granger(EG)两步法

由协整与误差修正模型的关系,可以得到误差修正模型建立的EG两步法:

第1步,进行协整回归(普通最小二乘法),检验变量间的协整关系,估计协整向量(长期均衡关系参数);

第2步,若协整性存在,则以第1步求到的残差作为非均衡误差项加入误差修正模型中,并用普通最小二乘法估计相应参数。

需要注意的是,在进行变量间的协整检验时,如有必要可在协整回归式中加入趋势项,这时,对残差项的稳定性检验就无须再设趋势项。另外,第2步中变量差分滞后项的多少,可以残差项序列是否存在自相关性来判断。如果存在自相关,则应加入变量差分的滞后项。

直接用普通最小二乘法估计模型。但仍需事先对变量间的协整关系进行检验。例如,对双变量误差修正模型式(10-12),可打开非均衡误差项的括号直接估计式(10-20):

$$\Delta Y_t = \lambda \alpha_0 + \beta_1 \Delta X_t - \lambda Y_{t-1} + \lambda \alpha_1 X_{t-1} + u_t \quad (10-20)$$

这种短期弹性与长期弹性可一并获得。需注意的是,用不同方法建立的误差修正模型结果也往往不一样。

【例10-2】 建立中国居民消费总量 Y_t 的误差修正模型。

例10-1中验证了中国居民消费总量(Y_t)与总可支配收入(X_t)的对数序列间成(1,1)阶协整关系。下面尝试建立它们的误差修正模型。

以 $\ln Y_t$ 关于 $\ln X_t$ 的协整回归中的平稳残差序列 e_t 作为误差修正项,可建立如下误差修正模型:

$$\Delta \ln \hat{Y}_t = 0.521 \Delta \ln X_t + 0.393 \Delta \ln Y_{t-1} - 0.226 e_{t-1}$$
$$(5.847) \qquad (3.854) \qquad (-2.174) \qquad (10-21)$$
$$R^2 = 0.3450$$

式(10-21)中包含滞后项 $\Delta \ln Y_{t-1}$,是由对不包含该项的模型估计式进行LM序列相关性检验所决定的。e_{t-1} 的参数估计值为负,表明了前一期的非均衡误差对后一期居民消费的修正。注意:如果误差修正模型中 e_{t-1} 的参数估计值为正,模型肯定是错误的。

由例10-1中的协整回归式可得 $\ln Y_t$ 关于 $\ln X_t$ 的长期弹性为0.8714;由式(10-21)可得 $\ln Y_t$ 关于 $\ln X_t$ 的短期弹性为0.521。

10.3 案例分析

为了从总体上考察中国固定资本形成总额(GFCF)、最终消费支出(FCE)与国内生产总值(GDP)的关系,表10-3给出了1978—2019年固定资本形成总额(GFCF)、最终消费支出(FCE)、国内生产总值(GDP)和同比物价总指数(RPI)数据。

表 10-3　1978—2019 年中国固定资本形成总额、最终消费支出与物价总指数

年份	固定资本形成总额 GFCF/亿元	最终消费支出 FCE/亿元	国内生产总值 GDP/亿元	同比物价总指数 RPI	年份	固定资本形成总额 GFCF/亿元	最终消费支出 FCE/亿元	国内生产总值 GDP/亿元	同比物价总指数 RPI
1978	1108.7	2232.88	3634.13	100.0	1999	30241.4	56621.66	90823.8	359.8
1979	1194.1	2578.26	4078.17	102.0	2000	33527.7	63667.72	100576.8	354.4
1980	1345.8	2966.85	4575.29	108.1	2001	38064.0	68546.66	111250.2	351.6
1981	1381.9	3277.32	4957.26	110.7	2002	43796.9	74068.16	122292.2	347.0
1982	1558.6	3575.59	5426.28	112.2	2003	53964.4	79513.07	138314.7	346.7
1983	1742.6	4059.58	6078.69	114.5	2004	65669.8	89086.01	162742.1	356.4
1984	2192.1	4784.43	7345.89	117.7	2005	75809.6	101447.80	189190.4	359.3
1985	2844.1	5917.94	9180.47	128.1	2006	87223.3	114728.55	221206.5	362.9
1986	3299.7	6726.97	10473.68	135.8	2007	105052.2	136229.50	271699.3	376.7
1987	3821.4	7638.67	12294.22	145.7	2008	128001.9	157466.30	319935.9	398.9
1988	4842.0	9423.05	15332.17	172.7	2009	156734.5	172728.30	349883.3	394.1
1989	4518.6	11033.32	17359.62	203.4	2010	181041.0	201581.00	408505.0	406.3
1990	4636.1	12001.44	19066.97	207.7	2011	214017.0	244747.00	484109.0	426.2
1991	5794.8	13614.15	22124.21	213.7	2012	244601.0	271113.00	540989.0	434.7
1992	8461.0	16225.07	27334.24	225.2	2013	263980.0	306664.00	596344.0	440.8
1993	13574.4	20796.67	35900.10	254.9	2014	282242.0	338031.00	646548.0	445.2
1994	17187.9	28272.27	48822.65	310.2	2015	289970.0	371921.00	692094.0	445.6
1995	20357.4	36197.92	61539.05	356.1	2016	310145.0	410806.00	745981.0	448.7
1996	23319.8	43086.76	72102.48	377.8	2017	348300.0	456518.00	828983.0	453.6
1997	25363.2	47508.65	80024.78	380.8	2018	393848.0	506135.00	915774.0	462.2
1998	28751.4	51460.39	85486.31	370.9	2019	422019.0	551495.00	994927.0	471.4

数据来源：中国经济社会发展统计数据库。

对数据的基本处理主要有以下几步：由于 RPI 是以"1978 年＝100"来衡量的，所以不需要进行定基处理；将当年价格的固定资本形成总额、最终消费和国内生产总值转换为不变价格，同时为避免异方差，利用公式 $\ln\text{GFCF}=\log(\text{GFCF}/\text{RPI})$、$\ln\text{FCE}=\log(\text{FCE}/\text{RPI})$ 和 $\ln\text{GDP}=\log(\text{GDP}/\text{RPI})$ 得到新的时间序列。

10.3.1　变量的平稳性检验

根据第 9 章所学内容，GDP_t、FCE_t 与 GFCF_t 的时序图与 $\ln\text{GDP}_t$、$\ln\text{FCE}_t$ 与 $\ln\text{GFCF}_t$ 的时序图分别见图 10-1 与图 10-2，可以看出，三个对数序列的变化趋势基本一致，可能存在协整关系。

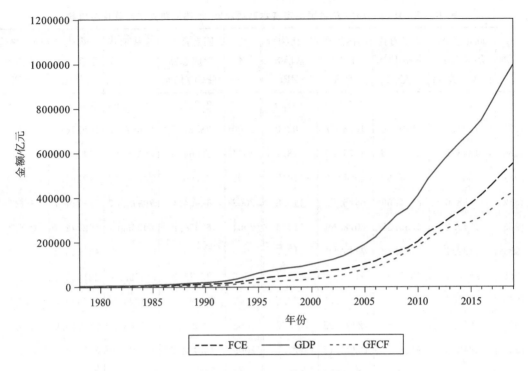

图 10-1　GDP_t、FCE_t 与 $GFCF_t$ 的时序图

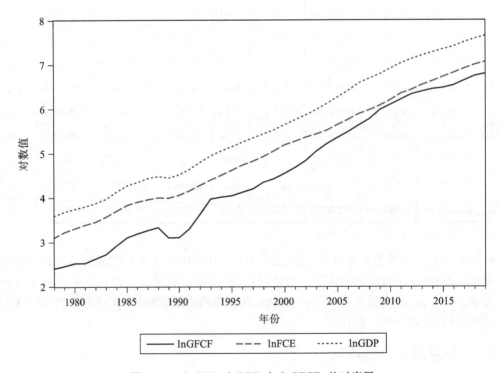

图 10-2　$lnGDP_t$、$lnFCE_t$ 与 $lnGFCF_t$ 的时序图

对 lnGFCF、lnFCE 和 lnGDP 进行平稳性检验,检验方法如前所述。结果表明,lnGFCF、lnFCE 和 lnGDP 都是 1 阶单整序列,可以进行协整检验。

10.3.2 EG 检验

协整检验一般可以通过两种方法检验:第一种可以称之为传统检验,即先进行实际 GDP 和实际固定资本形成总额、最终消费的回归,然后检验残差的平稳性,进而确定变量间是否存在协整关系。第二种方法则是直接采用 EG 协整检验,既可以检验单个协整关系,也可以检验多个协整关系,如果有协整关系,则可以建立误差修正模型。以下用第二种方法进行检验,由于模型中涉及多个解释变量,所以检验多个协整关系。

(1)为了更好地说明问题,我们以单个协整关系为例进行估计,多个协整关系也可以通过该数据集进行分析。假设估计方程 $\ln\text{GDP}_t = \beta_0 + \beta_1 \ln\text{GCGF} + u_t$。

(2)在工作文件中,选中 Lngdp、Lngfcf,右键选择"Open"→"as Group",在弹出的对话框中依次点击"Proc"→"Make equation",在"Estimation settings"的"Method"中选择"COINTREG",即协整回归,在计算结果页面中依次点击"View"→"Cointegration Tests",在"Test method"中选择"Engel-Granger",其余选项默认,点击"OK"。图 10-3 是部分检验结果。

```
Cointegration Test - Engle-Granger
Date: 05/19/21    Time: 20:57
Equation: UNTITLED
Specification: LNGDP LNGFCF C
Cointegrating equation deterministics: C
Null hypothesis: Series are not cointegrated
Automatic lag specification (lag=1 based on Schwarz Info Criterion,
    maxlag=9)
```

	Value	Prob.*
Engle-Granger tau-statistic	-4.595765	0.0035
Engle-Granger z-statistic	-43.84503	0.0000

*MacKinnon (1996) p-values.

图 10-3 EG 检验结果

拒绝原假设,lnGDP 与 lnGFCF 存在协整关系。如果要进行多个协整关系的检验的话,可以在工作文件中选取 LnGDP、LnGFCF、LnFce,右击"Open"→"as Group",在数据表中点击"View"→"Cointegration Test"→"Single"—"Equation Cointegration Test",在"Test method"中依然选择 EG 检验方法,其余默认设置,点击"确定"。这一方法可以分析多个变量作为被解释变量时候的协整关系检验。

10.3.3 误差修正模型

EG 检验结果表明 lnGDP 与 lnGFCF 之间存在协整关系,根据这一结果,可以建立误差修正模型。

$$\Delta Y_t = \text{lagged}(\Delta Y, \Delta X) - \lambda \times \text{ecm}_{t-1} + u_t, \ 0 < \lambda < 1$$

在工作文件中选取 LnGDP、LnGFCF,点击右键选择"as Equation",在"Equation specification"中输入"d(lngdp) d(lngdp(−1)) d(lngfcf(−1))ecm(−1)",点击"确定",得到结果如表 10-4 所示。

表 10-4 误差修正模型

Variable	Coefficient	Std. Error	t-Statistic	Prob.
D(LNGDP(−1))	1.122496	0.118636	9.461685	0.0000
D(LNGFCF(−1))	−0.121646	0.094368	−1.289054	0.2056
ECM(−1)	−0.242535	0.181623	−1.335373	0.1901

ECM(−1)的系数一般介于(−1,0)之间,说明是负向修正。估计结果用公式表示如下:
D(LNGDP)=1.1225×D(LNGDP(−1)) − 0.1216×D(LNGFCF(−1))−0.2425×ECM(−1)

表示当短期波动偏离长期均衡时候,误差修正项将以 0.2425 的反向力度做反向调整,将非均衡状态恢复到均衡状态。

思考与练习

一、选择题(第 1—4 题为单选题,第 5 题为多选题)

1. 如果两个变量都是一阶单整的,则( )。
A. 这两个变量一定存在协整关系
B. 这两个变量一定不存在协整关系
C. 相应的误差修正模型一定成立
D. 还需对误差项进行检验

2. 有关 EG 检验的说法正确的是( )。
A. 拒绝零假设说明被检验变量之间存在协整关系
B. 接受零假设说明被检验变量之间存在协整关系
C. 拒绝零假设说明被检验变量之间不存在协整关系
D. 接受零假设说明被检验变量之间不存在协整关系

3. 对协整回归模型残差项 ADF 检验的说法正确的是( )。
A. 拒绝零假设说明被检验变量之间存在协整关系
B. 接受零假设说明被检验变量之间存在协整关系
C. 拒绝零假设说明被检验变量之间不存在协整关系
D. 接受零假设说明被检验变量之间不存在协整关系

4. 如果两个经济变量具有同阶单整,这两个经济变量( )。
A. 一定具有协整关系
B. 一定不具有协整关系
C. 要通过协整检验来判断是否存在协整关系
D. 可能存在着长期稳定的均衡关系

5. 下面可以做协整性检验的有( )。
A. DF 检验   B. ADF 检验   C. EG 检验   D. D-W 检验

二、简答题

1. 简述建立误差修正模型的步骤。
2. 简述建立误差修正模型(ECM)的基本思路。

3. 相互协整隐含的意义。

三、案例分析题

表 10-5 为甘肃省 2001—2012 年农业总产值与种植面积、农药使用量、农业机械动力及有效灌溉面积的数据。

表 10-5　2001—2012 年甘肃省农业相关数据

年份	农业总产值 Y /亿元	种植面积 X_1 /千公顷	农药使用量 X_2 /万吨	农业机械动力 X_3 /万千瓦	有效灌溉面积 X_4 /千公顷
2001	238.97	3740.18	1.14	1056.91	981.47
2002	253.99	3688.90	1.28	1122.04	982.30
2003	257.26	3649.93	1.33	1185.33	988.27
2004	275.82	3620.92	1.27	1255.38	994.44
2005	331.37	3668.89	1.63	1321.25	1003.33
2006	362.89	3726.01	2.08	1406.92	1030.43
2007	395.84	3658.74	2.17	1466.34	1050.24
2008	529.56	3868.61	3.65	1686.32	1254.73
2009	597.27	3938.64	3.99	1822.65	1264.17
2010	757.60	3995.18	4.46	1977.55	1278.45
2011	828.45	4094.76	6.84	2136.48	1291.82
2012	984.24	4099.84	7.37	2279.08	1297.58

要求：

(1) 利用 EG 两步法对序列 Y、X_1 做协整检验。

(2) 建立误差修正模型。

参考答案

第11章 向量自回归模型及其应用

在联立方程模型中,把一些变量看作内生变量,另一些变量看作前定变量。为了保证模型是可识别的,必须确保联立方程模型中的每一个随机方程都是可识别的。因此,为了实现这个目的,依据阶条件或秩条件,常常要假定一些前定变量只能出现在某些方程中。但是,这种决定是主观的,如果一组变量确实具有相关性,但不能确信一些变量是外生变量时,这些变量就不应该事先被划分为内生变量和外生变量,而应该平等地加以对待。向量自回归模型(vector autoregressive model,简称 VAR 模型),就是针对变量无法确定为外生变量时,这种新的多方程模型的分析方法。向量自回归模型是指每个方程等号右侧有相同的变量,而这些在方程右侧的变量包括所有内生变量的滞后项。

向量自回归模型可以用于分析和预测相互联系的多变量时间序列系统,分析随机干扰项所探讨的经济系统的动态冲击,解释各种经济冲击对经济变量的影响。

11.1 向量自回归模型

11.1.1 简单的向量自回归模型

当我们对变量是否真是外生变量的情况不自信时,很自然的想法就是均等地对待每一个变量,把它们都看作内生变量。在两个变量的情况下,我们可以令$\{Y_t\}$的时间路径受序列$\{Z_t\}$的当期或过去的实际值的影响。考虑如下简单的双变量模型

$$Y_t = b_{10} - b_{12}Z_t + \gamma_{11}Y_{t-1} + \gamma_{12}Z_{t-1} + u_{yt} \tag{11-1}$$

$$Z_t = b_{20} - b_{21}Z_t + \gamma_{21}Y_{t-1} + \gamma_{22}Z_{t-1} + u_{zt} \tag{11-2}$$

其中,假设:

(1) Y_t 与 Z_t 都是平稳的随机过程。

(2) u_{yt} 和 u_{zt} 是白噪声干扰项,即均值都为零,标准差分别为 σ_y 和 σ_z。

(3) 白噪声干扰项 u_{yt} 和 u_{zt} 不相关,$\text{Cov}(u_{yt}, u_{zt}) = 0$,即相互间的协方差为零。

因为最长的滞后长度为1,因此,方程(11-1)和方程(11-2)构成了一个1阶向量自回归模型,是一个最简单的向量自回归模型。这一简单的双变量1阶VAR模型,有利于阐述在后面所提到的多元高阶向量自回归模型。

因为由方程(11-1)和方程(11-2)构成的向量自回归模型中,允许 Y_t 和 Z_t 相互影响,所以模型结构中结合了反馈因素。例如,$-b_{12}$ 是 1 单位 Z_t 的变化对 Y_t 的影响,γ_{21} 表示 1 单位 Y_{t-1} 的变化对 Z_t 的影响。u_{yt} 和 u_{zt} 分别是 Y_t 和 Z_t 中的随机干扰项(或冲击,或脉冲),因此,如果 b_{21} 不为零,则 u_{yt} 通过影响 Y_t 的路径,对 Z_t 有一个间接的影响,如果 b_{12} 不为零,u_{zt} 同时对 Y_t 也有一个间接的影响。

例如，假定我国的居民消费支出和国民收入分别为 C_t 和 Y_t，设定居民消费支出的当期值和过去值影响人均国民收入，同时也允许国民收入的当期值与过去值影响居民消费支出。显然，居民消费支出与国民收入二者之间存在反馈因素。也就是说，构成了如方程(11-3)和方程(11-4)所示的向量自回归模型。

$$Y_t = b_{10} + b_{11}C_t + \gamma_{11}C_{t-1} + u_{1t} \tag{11-3}$$

$$C_t = b_{20} + b_{21}Y_t + \gamma_{22}Y_{t-1} + u_{2t} \tag{11-4}$$

11.1.2 结构式 VAR 模型与标准型 VAR 模型

方程(11-1)和方程(11-2)并不是一个简约型方程。因为 Y_t 对 Z_t 有一个同时期的影响，而 Z_t 对 Y_t 也有一个同时期的影响，所以，无法通过方程(11-1)或方程(11-2)导出简约型方程。但是，我们可以将由方程(11-1)和方程(11-2)构成的模型写成矩阵形式

$$\begin{bmatrix} 1 & b_{12} \\ b_{21} & 1 \end{bmatrix} \begin{bmatrix} Y_t \\ Z_t \end{bmatrix} = \begin{bmatrix} b_{10} \\ b_{20} \end{bmatrix} + \begin{bmatrix} \gamma_{11} & \gamma_{12} \\ \gamma_{21} & \gamma_{22} \end{bmatrix} \begin{bmatrix} Y_{t-1} \\ Z_{t-1} \end{bmatrix} + \begin{bmatrix} u_{yt} \\ u_{xt} \end{bmatrix} \tag{11-5}$$

或

$$\boldsymbol{B}\boldsymbol{X}_t = \boldsymbol{\Gamma}_0 + \boldsymbol{\Gamma}_1 \boldsymbol{X}_{t-1} + \boldsymbol{u}_t \tag{11-6}$$

式中

$$\boldsymbol{B} = \begin{bmatrix} 1 & b_{12} \\ b_{21} & 1 \end{bmatrix} \quad \boldsymbol{X}_t = \begin{bmatrix} Y_t \\ Z_t \end{bmatrix} \quad \boldsymbol{\Gamma}_0 = \begin{bmatrix} b_{10} \\ b_{20} \end{bmatrix}$$

$$\boldsymbol{\Gamma}_1 = \begin{bmatrix} \gamma_{11} & \gamma_{12} \\ \gamma_{21} & \gamma_{22} \end{bmatrix} \quad \boldsymbol{u}_t = \begin{bmatrix} u_{yt} \\ u_{xt} \end{bmatrix}$$

用 $\boldsymbol{B}^{-1}$ 左乘以方程(11-6)，得到向量自回归模型的简约式——标准向量自回归模型

$$\boldsymbol{X}_t = \boldsymbol{A}_0 + \boldsymbol{A}_1 \boldsymbol{X}_{t-1} + \boldsymbol{e}_t \tag{11-7}$$

式中 $\boldsymbol{A}_0 = \boldsymbol{B}^{-1}\boldsymbol{\Gamma}_0, \boldsymbol{A}_1 = \boldsymbol{B}^{-1}\boldsymbol{\Gamma}_1, \boldsymbol{e}_t = \boldsymbol{B}^{-1}\boldsymbol{u}_t$。

我们定义 a_{i0} 为列向量 $\boldsymbol{A}_0$ 的第 i 个元素，a_{ij} 为列向量 $\boldsymbol{A}_1$ 中第 i 行第 j 列的元素，e_{it} 为列向量 $\boldsymbol{e}_t$ 的第 i 个元素。于是，可以用等价形式把方程(11-7)改写为

$$Y_t = a_{10} + a_{11}Y_{t-1} + a_{12}Z_{t-1} + e_{1t} \tag{11-8}$$

$$Z_t = a_{20} + a_{21}Y_{t-1} + a_{22}Z_{t-1} + e_{2t} \tag{11-9}$$

由方程(11-1)和方程(11-2)所组成的模型同方程(11-8)和方程(11-9)所代表的模型的差异在于，前者被称为结构式向量自回归模型(SVAR)或原始系统，后者被称为标准型向量自回归模型或诱导系统。

更一般地，我们可以在向量自回归模型中，包含很多向量，每个内生变量的滞后阶数扩展为高阶。假定有 k 个变量，滞后阶数为 p，则 p 阶结构向量自回归模型 SVAR(p) 为

$$\boldsymbol{B}\boldsymbol{X}_t = \boldsymbol{\Gamma}_0 + \boldsymbol{\Gamma}_1 \boldsymbol{X}_{t-1} + \boldsymbol{\Gamma}_2 \boldsymbol{X}_{t-2} + \cdots + \boldsymbol{\Gamma}_p \boldsymbol{X}_{t-p} + \boldsymbol{u}_t \tag{11-10}$$

式中

$$\boldsymbol{B} = \begin{bmatrix} 1 & b_{12} & \cdots & b_{1k} \\ b_{21} & 1 & \cdots & b_{2k} \\ \vdots & \vdots & & \vdots \\ b_{k1} & b_{k2} & \cdots & 1 \end{bmatrix} \quad \boldsymbol{X}_t = \begin{bmatrix} X_{1t} \\ X_{2t} \\ \vdots \\ X_{kt} \end{bmatrix} \quad \boldsymbol{\Gamma}_0 = \begin{bmatrix} b_{10} \\ b_{20} \\ \vdots \\ b_{k0} \end{bmatrix}$$

$$\boldsymbol{\Gamma}_i = \begin{cases} \gamma_{11}^{(i)} & \gamma_{12}^{(i)} & \cdots & \gamma_{1k}^{(i)} \\ \gamma_{21}^{(i)} & \gamma_{22}^{(i)} & \cdots & \gamma_{2k}^{(i)} \\ \vdots & \vdots & & \vdots \\ \gamma_{k1}^{(i)} & \gamma_{k2}^{(i)} & \cdots & \gamma_{kk}^{(i)} \end{cases} \quad i=1,2,\cdots,p \quad \boldsymbol{u}_t = \begin{bmatrix} u_{1t} \\ u_{2t} \\ \vdots \\ u_{kt} \end{bmatrix}$$

需要说明的是,$\boldsymbol{\Gamma}_i$ 是内生变量向量 $\boldsymbol{X}_t$ 的滞后 i 期的前定内生变量向量 $\boldsymbol{X}_{t-1}$ 的系数矩阵。

用 $\boldsymbol{B}^{-1}$ 左乘以方程(11-10),得到 p 阶向量自回归模型的简约式,标准向量自回归模型

$$\boldsymbol{X}_t = \boldsymbol{A}_0 + \boldsymbol{A}_1 \boldsymbol{X}_{t-1} + \boldsymbol{A}_2 \boldsymbol{X}_{t-2} + \cdots + \boldsymbol{A}_p \boldsymbol{X}_{t-p} + \boldsymbol{e}_t \tag{11-11}$$

式中,$\boldsymbol{A}_0 = \boldsymbol{B}^{-1} \boldsymbol{\Gamma}_0$;$\boldsymbol{A}_i = \boldsymbol{B}^{-1} \boldsymbol{\Gamma}_i, i=1,2,\cdots,p$;$\boldsymbol{e}_t = \boldsymbol{B}^{-1} \boldsymbol{u}_t$。

事实上,模型(11-6)是结构向量自回归模型 SVAR(p) 中的最简单形式。

11.2 向量自回归模型的估计

11.2.1 向量自回归模型的识别条件

同第 8 章联立方程模型一样,在对结构式模型的参数进行估计时,遇到的首要问题是模型的识别问题。也就是说,能否从结构式和简约式之间的参数关系中,估计得到相应的结构参数。

对于 k 个变量的 p 阶结构向量自回归模型 SVAR(p)

$$\boldsymbol{B}\boldsymbol{X}_t = \boldsymbol{\Gamma}_0 + \boldsymbol{\Gamma}_1 \boldsymbol{X}_{t-1} + \boldsymbol{\Gamma}_2 \boldsymbol{X}_{t-2} + \cdots + \boldsymbol{\Gamma}_p \boldsymbol{X}_{t-p} + \boldsymbol{u}_t \tag{11-12}$$

需要估计的参数个数为 $pk^2 + \dfrac{k+k^2}{2}$。

对于 k 个变量的 p 阶简约向量自回归模型

$$\boldsymbol{X}_t = \boldsymbol{A}_0 + \boldsymbol{A}_1 \boldsymbol{X}_{t-1} + \boldsymbol{A}_2 \boldsymbol{X}_{t-2} + \cdots + \boldsymbol{A}_p \boldsymbol{X}_{t-p} + \boldsymbol{e}_t \tag{11-13}$$

需要估计的参数个数为 $k + pk^2$。

如果要得到唯一的结构式参数估计值,则要求简约式的未知参数不能多于结构式的未知参数。

11.2.2 向量自回归模型的参数估计

向量自回归模型类似于联立方程模型,可以用两阶段最小二乘法进行估计。对于标准向量自回归模型,也就是说,如果每一方程都含有同样个数的模型中的滞后变量,则可以直接采用普通的最小二乘法进行估计。

在 EViews 软件中,可以分两种情况,分别进入估计向量自回归模型的对话框。

第 1 种情形:带变量名。在 EViews 软件的工作窗口下,选中向量自回归模型中所需变量,例如变量 X 和 Y,单击右键"Open"→"as VAR",将出现如图 11-1 所示的对话框。其中,VAR Specification 表示 VAR 设定选择框,Unrestricted VAR 指无约束的 VAR 模型。Vector Error Correct(VEC)表示受约束的 VAR 模型,即向量误差修正模型。Lag Intervals for Endogenous 表示滞后区间选择框,默认情况是 1~2 期,最佳滞后期的确定通常采用 SC 和 AIC 统计量以及相应滞后期系数的显著性加以判别。Estimation Sample 表示样本区间的范围。Endogenous Variables 表示内生变量,在对应窗口中填写内生变量。Exogenous Variables 表示外生变量,可在对应窗口中填写外生变量。此时,只需进行相关设置,比如选择

滞后期等,再点击"确定"便可得到 VAR 模型的估计结果。

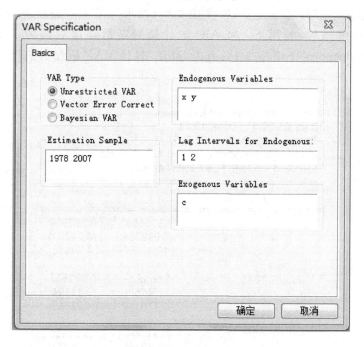

图 11-1　有变量名的 VAR 模型估计对话框

第 2 种情形:不带变量名。在 EViews 软件的主菜单下,选择"Object"→"New Object"→"VAR",或"Quick"→"Estimate VAR",弹出如图 11-2 所示的对话框。

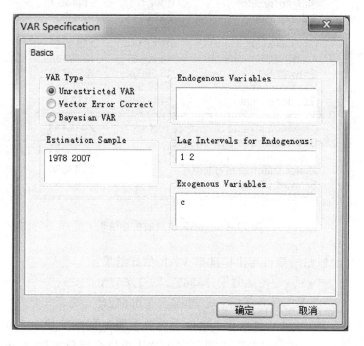

图 11-2　无变量名的 VAR 模型估计对话框

当出现图 11-2 的对话框后,只需在相应的窗口下填入 VAR 模型需要的变量名,然后进行相关设置,点击"确定"即可得到 VAR 模型的估计结果。在"Endogenous Variables"下面键入"Y X",通过反复试验,利用 SC 和 AIC 统计量判断最佳滞后期为 1 期,因此在"Lag Intervals for Endogenous"下填写"1 1",点击"确定"得到 VAR 模型的估计结果,如图 11-3 所示。

```
Vector Autoregression Estimates
Date: 05/06/17   Time: 13:18
Sample (adjusted): 1979 2007
Included observations: 29 after adjustments
Standard errors in ( ) & t-statistics in [ ]
```

	Y	X
Y(-1)	1.835689	0.222308
	(0.09975)	(0.04730)
	[18.4036]	[4.70018]
X(-1)	-1.656529	0.571537
	(0.24450)	(0.11594)
	[-6.77516]	[4.92968]
C	213.6907	102.1186
	(73.1315)	(34.6777)
	[2.92201]	[2.94479]
R-squared	0.998325	0.997534
Adj. R-squared	0.998196	0.997344
Sum sq. resids	1398476.	314446.4
S.E. equation	231.9214	109.9731
F-statistic	7746.472	5258.016
Log likelihood	-197.5114	-175.8727
Akaike AIC	13.82837	12.33605
Schwarz SC	13.96982	12.47749
Mean dependent	5316.966	2297.241
S.D. dependent	5460.003	2133.879
Determinant resid covariance (dof adj.)		2.43E+08
Determinant resid covariance		1.95E+08
Log likelihood		-359.0950
Akaike information criterion		25.17896
Schwarz criterion		25.46185

图 11-3 VAR 模型的估计结果

根据图 11-3 的回归结果可写出标准型 VAR 估计结果:

$$Y_t = 213.691 + 1.836 Y_{t-1} - 1.657 X_{t-1} + e_{1t}$$
$$X_t = 102.119 + 0.222 Y_{t-1} + 0.572 X_{t-1} + e_{2t}$$

从结果中可以看到,上期 Y 每变化 1 单位会导致本期 Y 同向变化 1.836 单位,上期 X 会使本期 Y 反向变化 1.657 单位;同理,上期 Y 每变化 1 单位会导致本期 X 正向变化 0.222 单位,而上期 X 会使本期 X 同向变化 0.572 单位。

11.3 脉冲响应函数

11.3.1 线性动态模型与动态乘数

差分方程组解起来比较容易,将差分方程组拆分成独立的单方程模型很有用处。如果构成一个模型的所有差分方程都是线性的,则称这个模型是线性的。

考察一个由 3 个方程构成的乘数-加速数宏观经济模型。

$$C_t = \alpha_0 + \alpha_1 Y_{t-1} \tag{11-14}$$

$$I_t = \beta_0 + \beta_1 (Y_{t-1} - Y_{t-2}) \tag{11-15}$$

$$Y_t = C_t + I_t + G_t \tag{11-16}$$

式中,C 代表消费,I 代表投资,Y 代表 GDP,它们为内生变量;G 代表政府支出,为外生变量。

先把 3 个方程合并成一个差分方程,我们称这个差分方程为基本动态方程。例如,把方程 (11-14) 和方程 (11-15) 代入方程 (11-16),得到的方程

$$Y_t - (\alpha_1 + \beta_1) Y_{t-1} + \beta_1 Y_{t-2} = (\alpha_0 + \beta_0) + G_t \tag{11-17}$$

就是一个基本动态方程。我们所关心的是外生变量 G 的变化是如何影响内生变量 Y 的变化的,并且在未来的时间内 Y 会有什么变化。最初 G_t 的 1 单位变化引起 Y_t 的动态变化程度称为动态乘数,Y_t 的最初变化称为 1 期动态乘数,而各时期动态乘数之和称为长期总乘数。

11.3.2 脉冲响应乘数

1. 脉冲响应乘数的提出

在上述的线性动态模型中,只讨论了外生变量变化对内生变量的影响,没有涉及每个内生变量对自己以及其他所有内生变量的变化是如何反应的。脉冲响应函数表达的正是内生变量对自己或其他内生变量的变化的反应。

仍然考察一个由 3 个方程构成的乘数-加速数宏观经济计量模型。

$$C_t = \alpha_0 + \alpha_1 Y_{t-1} + u_{ct} \tag{11-18}$$

$$I_t = \beta_0 + \beta_1 (Y_{t-1} - Y_{t-2}) + u_{it} \tag{11-19}$$

$$Y_t = C_t + I_t + G_t \tag{11-20}$$

现在,考察随机干扰项 u_{ct} 和 u_{it} 的变化对模型产生的影响。首先,根据方程(11-18),u_{ct} 的变化将立即影响消费,通过方程(11-20)也会影响收入,其结果就会通过方程(11-19)很快影响未来的投资。随着时间的推移,随机干扰项的最初影响在模型中的逐步扩散,将会影响模型中其他内生变量,使之变化可能更大。同样的原因,u_{it} 的变化将立即直接影响投资,进而影响收入,最终在未来影响消费,也影响投资。

脉冲响应就试图描述随机干扰项对内生变量的影响轨迹。如果可以的话,我们很想分辨各内生变量的扰动,从而使我们能够准确确定一个变量的意外变化是如何影响模型中其他内生变量的。如果模型是线性的,并且不同随机方程中的随机行为是相互独立的,这一点是可以做到的。

2. 脉冲响应函数

为了便于阐述,继续采用双变量 1 阶 VAR 模型

$$Y_t = a_{10} + a_{11}Y_{t-1} + a_{12}Z_{t-1} + e_{1t} \tag{11-21}$$

$$Z_t = a_{20} + a_{21}Y_{t-1} + a_{22}Z_{t-1} + e_{2t} \tag{11-22}$$

把双变量 VAR 模型写成矩阵的形式为

$$\begin{bmatrix} Y_t \\ Z_t \end{bmatrix} = \begin{bmatrix} a_{10} \\ a_{20} \end{bmatrix} + \begin{bmatrix} a_{11} & a_{12} \\ a_{21} & a_{22} \end{bmatrix} \begin{bmatrix} Y_{t-1} \\ Z_{t-1} \end{bmatrix} + \begin{bmatrix} e_{1t} \\ e_{2t} \end{bmatrix} \tag{11-23}$$

应用 1 阶 VAR 模型稳定时的特解，我们可得到

$$\begin{bmatrix} Y_t \\ Z_t \end{bmatrix} = \begin{bmatrix} \overline{Y} \\ \overline{Z} \end{bmatrix} + \sum_{i=0}^{\infty} \begin{bmatrix} a_{11} & a_{12} \\ a_{21} & a_{22} \end{bmatrix}^i \begin{bmatrix} e_{1t-i} \\ e_{2t-i} \end{bmatrix} \tag{11-24}$$

方程 (11-24) 是用序列 $\{e_{1t}\}$ 和 $\{e_{2t}\}$ 来表示内生变量 Y_t 和 Z_t 的，由于误差向量为

$$\begin{bmatrix} e_{1t} \\ e_{2t} \end{bmatrix} = \frac{1}{1 - b_{12}b_{21}} \begin{bmatrix} 1 & -b_{12} \\ -b_{21} & 1 \end{bmatrix} \begin{bmatrix} u_{yt} \\ u_{zt} \end{bmatrix} \tag{11-25}$$

所以，结合方程 (11-24) 和方程 (11-25)，用序列 $\{u_{yt}\}$ 和 $\{u_{zt}\}$ 把方程 (11-24) 再次改写为

$$\begin{bmatrix} Y_t \\ Z_t \end{bmatrix} = \begin{bmatrix} \overline{Y} \\ \overline{Z} \end{bmatrix} + \frac{1}{1 - b_{12}b_{21}} \sum_{i=0}^{\infty} \begin{bmatrix} a_{11} & a_{12} \\ a_{21} & a_{22} \end{bmatrix}^i \begin{bmatrix} 1 & -b_{12} \\ -b_{21} & 1 \end{bmatrix} \begin{bmatrix} u_{yt-i} \\ u_{zt-i} \end{bmatrix} \tag{11-26}$$

显然方程 (11-26) 是一个移动平均表达式，是有深刻见解的。

为了使用更为方便，定义 2×2 的矩阵 $\boldsymbol{\Phi}_i$ 对其简化，矩阵的元素表示为 $\phi_{jk}(i)$，$\boldsymbol{\Phi}_i$ 的定义为

$$\boldsymbol{\Phi}_i = \frac{\boldsymbol{A}_1^i}{1 - b_{12}b_{21}} \begin{bmatrix} 1 & -b_{12} \\ -b_{21} & 1 \end{bmatrix} \tag{11-27}$$

因此，方程 (11-26) 的移动平均表达式可用序列 $\{u_{yt}\}$ 和 $\{u_{zt}\}$ 描述。

$$\begin{bmatrix} Y_t \\ Z_t \end{bmatrix} = \begin{bmatrix} \overline{Y} \\ \overline{Z} \end{bmatrix} + \sum_{i=0}^{\infty} \begin{bmatrix} \phi_{11}(i) & \phi_{12}(i) \\ \phi_{21}(i) & \phi_{22}(i) \end{bmatrix}^i \begin{bmatrix} u_{yt-i} \\ u_{zt-i} \end{bmatrix} \tag{11-28}$$

或更紧凑的形式为

$$\boldsymbol{X}_t = \boldsymbol{u} + \sum_{i=0}^{\infty} \boldsymbol{\phi}_i \boldsymbol{u}_{t-i} \tag{11-29}$$

移动平均表达式是一种解释序列 $\{Y_t\}$ 与 $\{Z_t\}$ 相互作用的极其有用的工具，$\boldsymbol{\Phi}_i$ 的系数能够被用于构造 u_{yt} 和 u_{zt} 脉冲对序列 $\{Y_t\}$ 与 $\{Z_t\}$ 的整个时间路径所产生的影响。

事实上，式 (11-29) 是式 (11-28) 的矩阵形式。在式 (11-28) 中，$\phi_{jk}(i)(j=1,2;k=1,2;i=0,1,\cdots,\infty)$ 是效应乘数。例如，系数 $\phi_{12}(0)$ 是指 1 单位 u_{zt} 的变化对 Y_t 产生的当期影响。同样，$\phi_{11}(1)$ 和 $\phi_{12}(1)$ 是 1 单位 u_{yt-1} 和 u_{zt-1} 的变化使得 Y_t 在 1 个时期后的响应。修正 1 期为 $\phi_{11}(1)$ 和 $\phi_{12}(1)$，也表示了 u_{yt} 和 u_{zt} 的 1 个单位变化对 Y_{t+1} 产生的影响。

u_{yt} 和(或) u_{zt} 的单位脉冲的累积效果，是通过对脉冲响应函数的系数的恰当加总获取的。例如，在 n 期后，u_{zt} 对 Y_{t+n} 的值的影响是 $\phi_{12}(n)$。因此，在 n 期后，u_{zt} 对序列 $\{Y_t\}$ 影响的累积和为

$$\sum_{i=0}^{n} \phi_{12}(i) \tag{11-30}$$

令 n 趋于无穷大，得到长期乘数。因为假定序列 $\{Y_t\}$ 与 $\{Z_t\}$ 是平稳的，所以，对于所有的 j 和

k,满足

$$\sum_{i=0}^{\infty} \phi_{jk}(i) \text{ 是有限的} \qquad j,k=1,2 \qquad (11-31)$$

系数 $\phi_{11}(i)$、$\phi_{12}(i)$、$\phi_{21}(i)$ 和 $\phi_{22}(i)$ 被称为脉冲响应函数。对脉冲响应函数进行描图(即描绘出不同 i 的 $\phi_{kj}(i)$ 的系数)是展现 $\{Y_t\}$ 与 $\{Z_t\}$ 对各种冲击的响应行为的实际方法。

如果随机干扰项恰好相关,则脉冲响应将取决于模型中方程的先后次序。不管怎样,脉冲响应显示出任何一个内生变量的变动是如何通过模型影响所有其他内生变量,最终又反馈到最初的那个变量自己身上来的。

更一般的讨论,请读者参考相关时间序列分析的著作。不过需要指出的是,如果动态结构式模型中有 n 个内生变量,则有 n^2 个脉冲响应函数。

我们用 EViews 对图 11-3 给出的人均国内生产总值和居民消费水平两个时间序列的 VAR 估计结果进行脉冲响应分析。在 VAR 窗口下,在 VAR 估计结果界面点击"View"→"Impulse VAR Decomposition"或者直接点击界面下的"Impulse",将会弹出如图 11-4 所示的对话框。

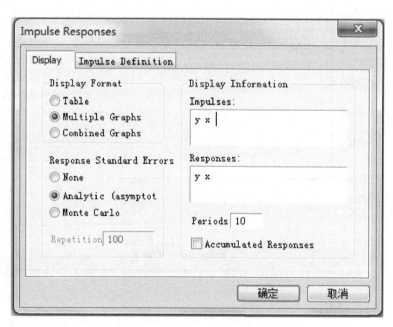

图 11-4 脉冲响应对话框

图 11-4 中 Periods 要求指定脉冲响应函数的响应期数。Display Format 表示输出的类型,Table 指以表格的形式输出;Multiple Graphs 指以图形的形式输出;Combined Graphs 指以描述每个内生变量对所有随机干扰项响应的联合图表输出。Impulses 指脉冲,Responses 指响应。Response Standard Errors 表示脉冲响应函数标准差的获取方式,None 指不计算标准差;Analytic(asymptotic)指通过渐进分析公式计算标准差;Monte Carlo 指通过蒙特卡罗实验计算标准差;Repetition 表示重复的次数。

按照图 11-4 的设置,点击"确定",便得到脉冲响应函数的图形输出结果,如图 11-5 所示。

从图 11-5 中可以看到,图中实线为 1 单位脉冲冲击的脉冲响应函数的时间路径,两边虚线为 2 个标准差的置信区间。图 11-5(a)和(c)为 Y 的响应函数时间路径,图 11-5(a)为 Y 对其自身的响应函数时间路径,响应路径一直为正且较为平坦,这说明居民消费水平的提高会引起后面时期居民消费增长的提高,但对后面各期的影响比较稳定,响应变化不大。图 11-5(c)为 X 对 Y 实施冲击的 Y 的时间响应路径,响应路径也一直为正且比较平坦,说明人均国内生产总值的增长会引起后面时期消费的增长,但对后面各期的影响比较稳定,响应变化不大。图 11-5(b)和(d)为 X 的响应函数时间路径,图 11-5(b)为 Y 对 X 实施冲击中 X 的脉冲响应函数时间路径,响应路径一直为负且响应随时间的推移不断增加,说明居民消费水平对人均国内生产总值具有乘数效应。图 11-5(d)为 X 对其自身响应函数的时间路径,响应路径一直为负且响应随时间的推移不断增加,说明人均国内生产总值对其自身也有乘数效应。

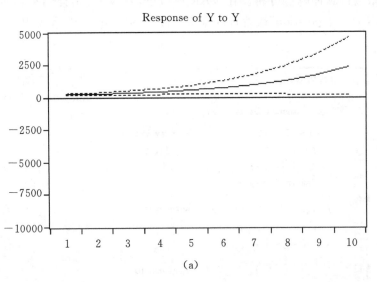

(a)

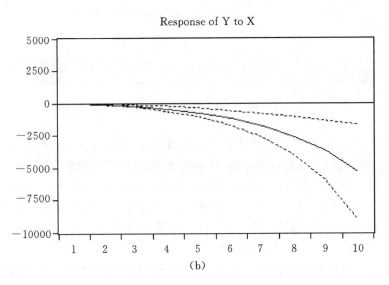

(b)

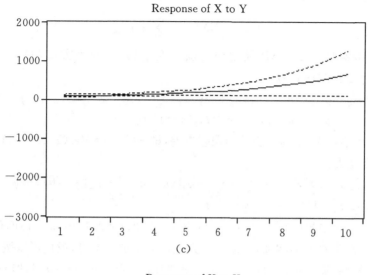

(c)

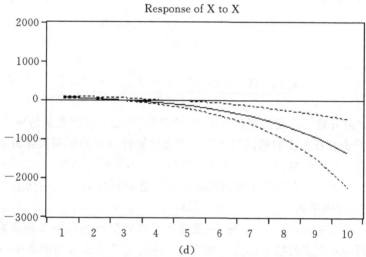

(d)

图 11-5 脉冲响应函数的图形输出结果

11.4 预测误差方差分解

理解预测误差的特征对于揭示系统中各变量间的相互关系是很有帮助的。方差分解能够给出随机干扰项的相对重要性信息。这种预测误差来源于随机干扰项的当期值和未来值。在第一个时期，一个变量的变动均来自其本身的信息。如果使用式(11-29)预测 X_{t+1}，则 1 步预测误差为

$$X_{t+1}-E_t X_{t+1}=\phi_0 u_{t+1} \tag{11-32}$$

更一般的形式为

$$X_{t+n}=u+\sum_{i=0}^{\infty}\phi_i u_{t+n-i} \tag{11-33}$$

所以，n 步预测误差 $X_{t+n} - EX_{t+n}$ 为

$$X_{t+n} - EX_{t+n} = \sum_{i=0}^{n-1} \phi_i u_{t+n-i} \tag{11-34}$$

现在，我们考察两变量 VAR 模型中的随机变量 $\{Y_t\}$，根据方程(11-28)和方程(11-34)，可以看到 n 步预测误差为

$$Y_{t+n} - E_t Y_{t+n} = \phi_{11}(0) u_{yt+n} + \phi_{11}(1) u_{yt+n-1} + \cdots + \phi_{11}(n-1) u_{yt+1} + \phi_{12}(0) u_{zt+n} + \phi_{12}(1) u_{zt+n-1} + \cdots + \phi_{12}(n-1) u_{zt+1} \tag{11-35}$$

若用 $\sigma_y(n)^2$ 表示 Y_{t+n} 的 n 步预测误差方差，即 $\sigma_y(n)^2 = \mathrm{Var}(Y_{t+n} - E_t Y_{t+n})$，则 Y_{t+n} 的 n 步预测误差方差为

$$\sigma_y(n)^2 = \sigma_y^2 [\phi_{11}(0)^2 + \phi_{11}(1)^2 + \cdots + \phi_{11}(n-1)^2] + \sigma_z^2 [\phi_{12}(0)^2 + \phi_{12}(1)^2 + \cdots + \phi_{12}(n-1)^2] \tag{11-36}$$

因为式(11-36)中的所有 $\phi_{jk}(i)^2 (j=1,2; k-1,2; i=0,1,\cdots,n-1)$ 的值都一定是非负的，所以，随着预测步数 n 的增加，预测误差方差也会增加。不过，我们可以按照每个冲击把 n 步预测误差方差分解成一定比例，在 $\sigma_y(n)^2$ 中，归因序列于 $\{u_{yt}\}$ 和 $\{u_{zt}\}$ 冲击的比例分别为

$$\frac{\sigma_y^2 [\phi_{11}(0)^2 + \phi_{11}(1)^2 + \cdots + \phi_{11}(n-1)^2]}{\sigma_y(n)^2} \tag{11-37}$$

和

$$\frac{\sigma_z^2 [\phi_{12}(0)^2 + \phi_{12}(1)^2 + \cdots + \phi_{12}(n-1)^2]}{\sigma_y(n)^2} \tag{11-38}$$

预测误差方差分解告诉我们序列中由于其"自身"冲击与其他变量的冲击而导致的移动的比例，如果 u_{zt} 冲击在任何步数的预测水平上都无法解释 $\{Y_t\}$ 的预测误差方差，则就可以说变量 $\{Y_t\}$ 是外生的。在这种情况下，序列 $\{Y_t\}$ 将独立于 u_{zt} 冲击和序列 $\{Z_t\}$ 而自我独自变化。在另一种极端情况下，u_{zt} 在所有步数的预测水平下能解释序列 $\{Y_t\}$ 中所有预测误差方差，所以，序列 $\{Y_t\}$ 完全是内生的。

在实际应用研究中，对于一个变量，一般可解释其短期预测误差方差的绝大部分，以及可解释其长期预测误差方差的较小部分。如果 u_{zt} 冲击对 $\{Y_t\}$ 没有当期影响，而滞后一期对序列 $\{Y_t\}$ 有影响，则我们可采用预测误差方差分解模型。

我们用 EViews 对图 11-3 给出的人均国内生产总值和居民消费水平两个时间序列的 VAR 估计结果进行方差分解。在上述 VAR 估计结果界面下，选择"Variance Decomposition"，其他设置保持不变，点击"确定"，便得到方差分解的图形输出结果，如图 11-6 所示。

从图 11-6 中可以看到，图中实线为方差分解的时间路径。图 11-6(a)、图 11-6(b)为居民消费水平的方差分解时间路径。其中，图 11-6(a)为居民消费水平对其自身的方差分解时间路径，时间路径一直为正且不断下降，这说明当期居民消费水平对后面时期居民消费水平的贡献越来越小，在滞后 10 期贡献作用只有 20% 左右。图 11-6(b)为人均国内生产总值对居民消费水平的方差分解时间路径，时间路径也一直为正且不断增加，说明人均国内生产总值的增长对后面时期居民消费水平的贡献越来越大，在滞后 10 期贡献作用达到了 80% 左右，中间还呈现出加速的过程。

图 11-6(c)、图 11-6(d)为人均国内生产总值的方差分解时间路径。从图 11-6(c)我们可以看到居民消费水平对人均国内生产总值的方差分解时间路径先升后降，这说明居民消费

水平对人均国内生产总值的贡献小幅上升后不断减小,在滞后10期贡献作用只有30%左右;图11-6(d)为人均国内生产总值对自身的方差分解时间路径,其路径先降后升,这说明人均国内生产总值当期对自身后面时期的贡献作用小幅下降后不断增加,在滞后10期达到70%左右,中间有个减速过程。

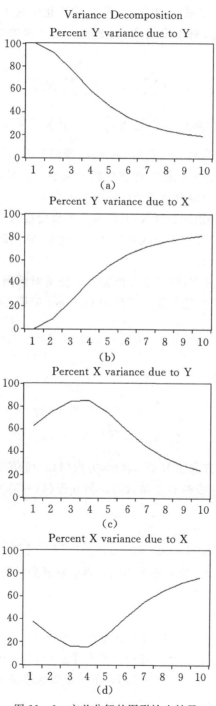

图11-6 方差分解的图形输出结果

11.5 格兰杰(Granger)因果关系检验

事实上,因果关系检验是要确定是否一个变量的滞后项包含在另一个变量的方程中,因果关系检验的基本思想是:对于变量 X 和 Y,如果 X 的变化引起了 Y 的变化,X 的变化应当发生在 Y 的变化之前。实际上,对于变量 X 和 Y,Granger 因果关系检验要求估计如下回归方程:

$$Y_t = \alpha_0 + \sum_{i=1}^{m} \alpha_i Y_{t-i} + \sum_{i=1}^{m} \beta_i X_{t-i} + u_{1t} \qquad (11-39)$$

$$X_t = \lambda_0 + \sum_{i=1}^{m} \lambda_i Y_{t-i} + \sum_{i=1}^{m} \delta_i X_{t-i} + u_{2t} \qquad (11-40)$$

换句话说,如果说"X 是引起 Y 变化的 Granger 原因",则必须满足两个条件:

(1)变量 X 应该有助于预测变量 Y,即在变量 Y 关于变量 Y 的过去值的回归中,添加变量 X 的过去值作为独立变量应当显著地增加回归的解释能力。

(2)变量 Y 不应当有助于预测变量 X,其原因是如果变量 X 有助于预测变量 Y,变量 Y 也有助于预测变量 X,则很可能存在一个或几个其他的变量,它们既是引起 X 变化的原因,也是引起 Y 变化的原因。

要检验这两个条件是否成立,我们需要检验一个变量对预测另一个变量没有帮助的原假设。首先,检验"变量 X 不是引起变量 Y 变化的 Granger 原因"的原假设,要求对下列两个回归模型进行估计。

无约束条件回归方程为

$$Y_t = \alpha_0 + \sum_{i=1}^{m} \alpha_i Y_{t-i} + \sum_{i=1}^{m} \beta_i X_{t-i} + u_t \qquad (11-41)$$

有约束条件回归方程为

$$Y_t = \alpha_0 + \sum_{i=1}^{m} \alpha_i Y_{t-i} + u_t \qquad (11-42)$$

方程(11-41)的残差平方和用 RRS_U 表示,方程(11-42)的残差平方和用 RSS_R 表示。

然后,用方程(11-41)的残差平方和 RRS_U 和方程(11-42)的残差平方和 RSS_R 构造 F 统计量为

$$F = \frac{(RSS_R - RSS_U)/m}{RSS_U/[n-(k+1)]} \sim F[m, n-(k+1)] \qquad (11-43)$$

式中,n 是样本观察值的个数;k 是无约束回归方程中解释变量的个数;m 是参数限制个数,即变量 X 的滞后期数。

接着,检验联合假设

$$H_0: \beta_1 = \beta_2 = \cdots = \beta_m = 0$$

$$H_1: \beta_i \text{ 中至少有一个不为零且 } i = 1, 2, \cdots, m$$

是否成立。F 统计量服从 $F[m, n-(k+1)]$ 分布。如果原假设 H_0 成立,我们就不能拒绝"X 不是引起 Y 变化的 Granger 原因"。

在给定显著水平 α 下,如果 F 统计量大于临界值 $F_\alpha[m, n-(k+1)]$,则我们就拒绝原假

设 H_0,得到 X 是引起 Y 变化的 Granger 原因;否则,不能拒绝原假设 H_0,得到 X 不是引起 Y 变化的 Granger 原因。

采用同样的原理,可以检验"变量 Y 不是引起变量 X 变化的 Granger 原因"。只需交换变量 X 与 Y,做同样的回归估计,检验变量 Y 的滞后项是否显著为零。要得到变量 Y 是引起变量 X 变化的 Granger 原因的结论,我们必须拒绝原假设"Y 不是引起 X 变化的 Granger 原因",同时接受备择假设"Y 是引起 X 变化的 Granger 原因"。

显然,变量 X 与 Y 之间存在 3 种影响关系:

(1)变量 X 与 Y 之间互不影响,没有因果关系。

(2)变量 X 与 Y 之间只存在单向因果关系,要么变量 X 是引起变量 Y 变化的 Granger 原因,要么变量 Y 是引起变量 X 变化的 Granger 原因。

(3)变量 X 与 Y 之间只存在双向因果关系,变量 X 是引起变量 Y 变化的 Granger 原因,同时,变量 Y 也是引起变量 X 变化的 Granger 原因。

值得注意的是,Granger 因果检验只能建立在平稳变量之间或者是存在协整关系的非平稳变量之间,还有就是 Granger 因果检验对滞后期的长度比较敏感,不同的滞后期长度可能会得到完全不同的检验结果。关于 Granger 因果检验滞后期的选择有下列方法:

(1)Granger 因果检验的检验式是 VAR 模型的一个方程,因此,VAR 模型的最佳滞后期便是 Granger 因果检验的最佳滞后期。

(2)任意选择滞后期,用检验结果来判别。以 X_t 和 Y_t 为例,如果 X_{t-1} 对 Y_t 存在显著影响,则不必再做滞后期更长的检验;反之,则应该做滞后期更长的检验。一般来说,要检验若干个不同滞后期的 Granger 因果检验,并且结论相同时才能最终下结论。

还要注意这个因果关系检验的一个不足之处是,第三个变量 Z 也可能是引起 Y 变化的原因,而且同时又与 X 相关。

我们在工作文件下选中变量 X 和 Y,点击右键"Open"→"as Group"→"View/Granger Causality",将会出现如图 11-7 所示的对话框。

图 11-7 Granger 因果检验对话框

图 11-7 中的 Lags to include 对应的窗口中需要填写的是 Granger 因果检验的滞后期,系统中默认的滞后阶数为 2。由于图 11-3 给出的基于变量 X 和 Y 的 VAR 模型的最佳滞后期为 1,因此,Granger 因果检验的最佳滞后期也为 1。在"Lags to include"对应的窗口中填入 1,点击"OK",便得到 Granger 因果检验的结果,如图 11-8 所示。

```
Pairwise Granger Causality Tests
Date: 05/06/17   Time: 13:38
Sample: 1978 2007
Lags: 1

Null Hypothesis:                      Obs    F-Statistic    Prob.

Y does not Granger Cause X             29     22.0916      7.E-05
X does not Granger Cause Y                    45.9028      3.E-07
```

图 11-8 Granger 因果检验的输出结果

在图 11-8 中，原假设 "X does not Granger Cause Y" 即 "X 不是 Y 的 Granger 原因" 的概率为 "3.E-07"，非常接近于 0，因此，拒绝原假设，接受备择假设，认为 X 是 Y 的 Granger 原因；同理，原假设 "Y does not Granger Cause X" 即 "Y 不是 X 的 Granger 原因" 的概率为 "7.E-05"，也非常接近于 0，因此，拒绝原假设，接受备择假设，认为 Y 是 X 的 Granger 原因。因此，我们可以认为变量 X 和 Y 之间是双向因果关系。这一结果与向量自回归模型给出的结果是一致的。

11.6 案例分析

表 11-1 列举了 1978—2019 年中国进出口总额，以下我们利用 VAR 模型来分析中国改革开放以来进出口总额之间的关系。

表 11-1 1978—2019 年中国进出口总额　　　　　　　　　　单位：亿元

年份	出口总额	进口总额	年份	出口总额	进口总额
1978	167.6	187.4	1999	16159.8	13736.5
1979	211.7	242.9	2000	20634.4	18638.8
1980	271.2	298.8	2001	22024.4	20159.2
1981	367.6	367.7	2002	26947.9	24430.3
1982	413.8	357.5	2003	36287.9	34195.6
1983	438.3	421.8	2004	49103.3	46435.8
1984	580.5	620.5	2005	62648.1	54273.7
1985	808.9	1257.8	2006	77597.2	63376.9
1986	1082.1	1498.3	2007	93563.6	73300.1
1987	1470.0	1614.2	2008	100394.9	79526.5
1988	1766.7	2055.1	2009	82029.7	68618.4
1989	1956.0	2199.9	2010	107022.8	94699.5
1990	2985.8	2574.3	2011	123240.6	113161.4
1991	3827.1	3398.7	2012	129359.3	114801.0
1992	4676.3	4443.3	2013	137131.4	121037.5
1993	5284.8	5986.2	2014	143883.8	120358.0
1994	10421.8	9960.1	2015	141166.8	104336.1
1995	12451.8	11048.1	2016	138419.3	104967.2
1996	12576.4	11557.4	2017	153309.4	124789.8
1997	15160.7	11806.5	2018	164127.8	140880.3
1998	15223.6	11626.1	2019	172373.6	143253.7

数据来源：中宏网。

建立时间序列的 VAR 模型一般首先进行平稳性检验。如果序列平稳,可以直接建立 VAR 模型;如果序列不平稳,则需要进行 Johansen 协整分析以避免伪回归问题。一般的 VAR 模型建模步骤包括以下几步:单位根检验、确定滞后阶数、判断模型的稳定性、脉冲响应、方差分解等。表 11-1 中的数据均为一阶单整,但为避免数据变动幅度过大引起的异方差和自相关性,对进口与出口两个序列取对数处理,新的两个序列为平稳序列。

11.6.1 VAR 模型的估计

在 EViews 8.0 中工作页面中,点击"Genr",在弹出的对话框中输入"lnex＝log(export)",生成出口数据的对数值,同样方法输入"lnim＝log(import)",生成进口数据的对数值。

选中变量 lnex 与 lnim,点右键"Open"→"as VAR",弹出图 11-9 所示窗口。

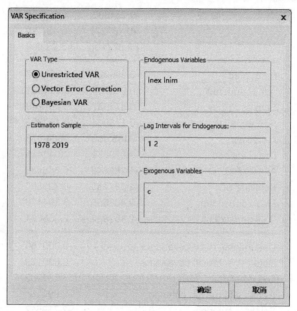

图 11-9　VAR 模型对话框选择

对话框左上角设置 VAR 类型:Unrestricted VAR(无约束向量自回归)、Vector Error Correction(向量误差修正)以及 Bayesian VAR(贝叶斯);左下角设置样本区间;右上角输入内生变量;右中为滞后区间,这一信息应被成对输入;右下角为外生变量(截距项也属外生变量)。

点击"确定",得到结果,依次点击"View"→"Lag Structure"→"Lag Length Criteria",默认"Lags to include"为 3,输出结果如表 11-2 所示。

表 11-2　滞后阶数的选择

Lag	LogL	LR	FPE	AIC	SC	HQ
0	−53.63429	NA	0.059446	2.853040	2.938351	2.883649
1	62.30731	214.0460*	0.000191	−2.887554	−2.631622*	−2.795728*
2	67.28388	8.677097	0.000182*	−2.937635*	−2.511081	−2.784591
3	68.27009	1.618398	0.000214	−2.783082	−2.185906	−2.568820

在表 11-2 中根据不同信息准则选择带星号最多的滞后阶数 1。

在对话框点击"Estimate",在"Lag Intervals for Endogenous"中输入"1 1",点击"确定"得到图 11-10,即向量自回归模型的回归结果。

	LNEX	LNIM
LNEX(-1)	0.509322	-0.030712
	(0.16036)	(0.19921)
	[3.17607]	[-0.15417]
LNIM(-1)	0.484946	1.001113
	(0.16857)	(0.20941)
	[2.87685]	[4.78072]
C	0.254886	0.437258
	(0.10722)	(0.13320)
	[2.37718]	[3.28277]
R-squared	0.996928	0.994757
Adj. R-squared	0.996766	0.994481
Sum sq. resids	0.574937	0.887249
S.E. equation	0.123004	0.152803
F-statistic	6165.080	3604.878
Log likelihood	29.29839	20.40415
Akaike AIC	-1.282848	-0.848983
Schwarz SC	-1.157465	-0.723599
Mean dependent	9.468555	9.394476
S.D. dependent	2.162922	2.056851
Determinant resid covariance (dof adj.)	0.000150	
Determinant resid covariance	0.000129	
Log likelihood	67.30082	
Akaike information criterion	-2.990284	
Schwarz criterion	-2.739517	

图 11-10 VAR 结果

接下来进行外生性检验,在刚才 VAR 结果窗口点击"View"→"Lag Structure"→"Granger Causality"→"Block Exogeneity Tests",得到检验结果如图 11-11 所示。

从图 11-11 中可知,当解释变量为 lnex 的时候,lnim 及其滞后值对 lnex 有显著性影响,拒绝原假设;当解释变量为 lnim 的时候,lnex 及其滞后值对 lnim 没有显著性影响,不拒绝原假设。

模型的表达式可以在估计结果页面点击"View"→"Representations",得到软件给出的具体模型:

$$LNIM = -0.0307 * LNEX(-1) + 1.001 * LNIM(-1) + 0.4373$$

接下来进行模型的稳定性检验。按照刚才的程序重新估计模型,在图 11-11 中,点击"View"→"Lag Structure"→"AR Roots Graph",得到图 11-12。

从图 11-12 可看出,特征根均落在横线上,表明为实数,也都在单位圆内。当然也可以通过表格方式判断是否可以做脉冲响应模型。在图 11-11 中,点击"View"→"Lag Structure"→

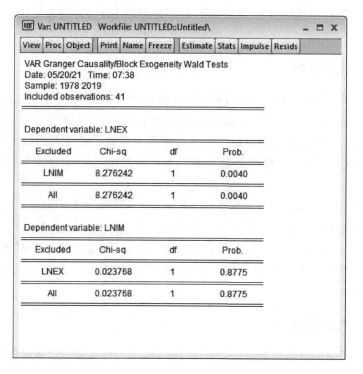

图 11-11　外生性检验

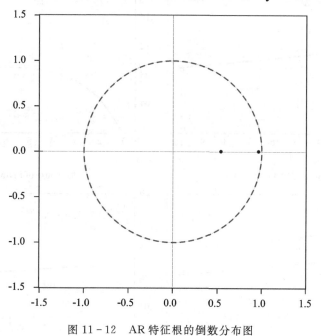

图 11-12　AR 特征根的倒数分布图

"AR Roots Table",在结果中查看 Modulus,看值是否均小于 1。用表的方法可以精确地判断特征根是否在单位圆内。

11.6.2 脉冲响应分析

在图 11-11 中,点击"Impulse",两个方程的拟合优度系数分别为 0.9969 和 0.9948,VAR(2)模型能够较好地反映改革开放以来的进出口之间的动态关系。感兴趣的读者也可以在构建 VAR 模型之前通过绘制 lnex 与 lnim 的图形直观地判断二者的较为紧密的关系。

模型的表达式可以在估计结果页面点击"View"→"Representations",得到软件给出的具体模型:

$$LNEX_t = 0.255 + 0.509 * LNEX_{(t-1)} + 0.485 * LNIM_{(t-1)} + e_{1t}$$
$$LNIM_t = 0.437 - 0.031 * LNEX_{(t-1)} + 1.001 * LNIM_{(t-1)} + e_{2t}$$

在做 VAR 模型时候,滞后阶数的选择依据有两种,一种是根据经济理论的要求设定合适的滞后期,如月度数据一般为滞后 12 期,季度数据滞后 4 期;另一种是根据 AIC 或 SC 值最小准则选择滞后期。

11.6.3 脉冲响应函数

在图 11-11 页面中点击左上角"View"→"Impulse Responses",点"确定",弹出图 11-13。

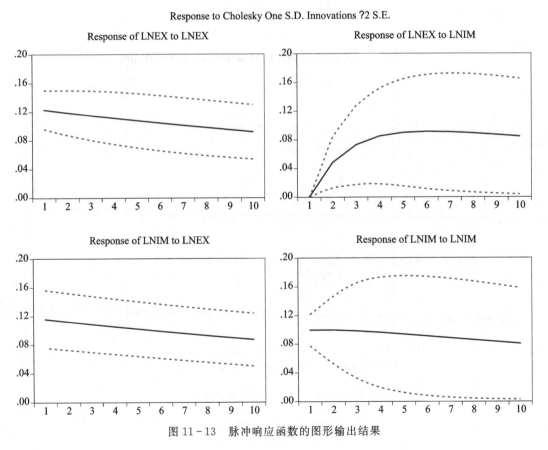

图 11-13 脉冲响应函数的图形输出结果

图 11-13 中横轴表示时期数,纵轴表示脉冲响应函数大小,实线表示 1 单位脉冲冲击的脉冲响应函数的时间路径,两侧虚线表示 2 个标准差的置信区间(±2S.E)。左上角图形表示 lnex 对自身响应函数的时间路径,随着时间的延续,脉冲影响逐渐下降,说明出口的增长引起后面各时期出口增长的作用下降。右上角的图形表明当进口初期变化引起出口的大幅波动,但影响逐渐平稳。其余两个图形也可做出类似的解释。

11.6.4 方差分解

为得到 VAR 模型的方差分解,从 VAR 对象的工具栏中选"View"→"Variance decomposition",点击"确定",默认以图形的形式(也可以选择表格等方式),弹出如图 11-14 所示窗口。

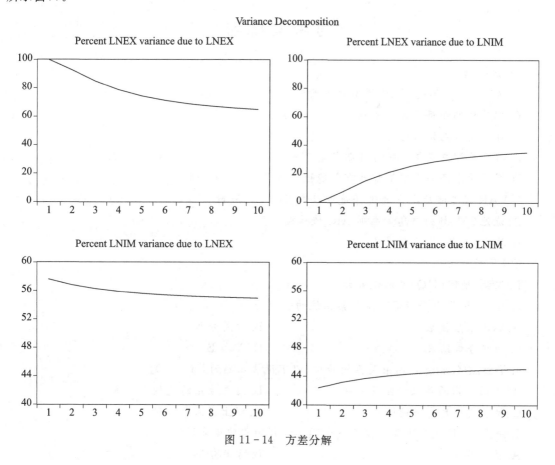

图 11-14 方差分解

图 11-14 中实线为方差分解的时间路径。左上角图形表示为 lnex 对自身的方差分解时间路径,从趋势看,时间路径一直为正且有小幅下降,说明当期出口对后面各期出口的贡献影响下降较小,自身变动的贡献率维持在 65% 以上。其余图形也可以做类似的解释。

11.6.5 Granger 因果关系检验

在 lnex 与 lnim 的群对象的工具栏中点击"View"→"Granger Causality…",在弹出的滞后期选择对话框中输入 1(因为前述 VAR 模型的最佳滞后期为 1),点击"确定",得到 Granger

因果关系检验结果,见表 11-3。

表 11-3 Granger 因果关系检验结果

Null Hypothesis：	Obs	F-Statistic	Prob.
LNIM does not Granger Cause LNEX	41	8.27624	0.0066
LNEX does not Granger Cause LNIM		0.02377	0.8783

可见,对于 lnim 不是 lnex 的格兰杰成因的原假设,拒绝它犯第一类错误的概率是 0.0066,表明至少在 99% 的置信水平下,可以认为 lnim 不是 lnex 的格兰杰成因;同理,lnex 是 lnim 的格兰杰原因的概率是 0.8783,说明进口会刺激出口,且作用显著。

思考与练习

一、选择题

1. 以下（　　）不是 VAR 模型的特点。
   A. 以严格的经济理论为依据
   B. 对参数不施加零约束
   C. 解释变量中不包括任何当期变量
   D. 模型要求每一个变量都具有平稳性

2. VAR 模型滞后期 k 的选择是可以依据（　　）进行。
   A. 赤池（Akaike）信息量准则 AIC 值最大
   B. 施瓦茨（SC）准则值最小
   C. LR 值最大
   D. 汉南-奎因（HQ）准则值最大

3. 对 VAR 模型分析通常是观察系统的（　　）。
   A. 脉冲响应函数　　　　　　　　　B. 方差分解
   C. 回归分析结果　　　　　　　　　D. A 和 B

4. 格兰杰（Granger）因果关系检验中,以下说法正确的是（　　）。
   A. 因果性指的是双向因果关系　　　B. 因果性指的是相关关系
   C. 要求变量具有平稳性　　　　　　D. 以上说法都正确

5. 评价 VAR 模型中各内生变量对预测方差的贡献度采用（　　）。
   A. 脉冲响应　　　　　　　　　　　B. 方差分解
   C. 格兰杰因果关系检验　　　　　　D. Johansen 协整检验

二、简答题

1. VAR 模型具有哪些特点?
2. VAR 模型滞后期 k 的选择方法有哪些?
3. 脉冲响应和方差分解的联系和区别是什么?

三、案例分析题

表 11-4 是 1980 年 1 月至 1988 年 6 月美国民用燃油价格（PHO）、生产量（QHO）和储存

量(NHO)三个变量的一组数据,试建立合适的 VAR 模型,并考察因果关系检验、脉冲响应函数和方差分解。

表 11-4 美国燃油价格、生产量和储存量数据

时间	NHO/万桶	PHO/美元	QHO/万桶	时间	NHO/万桶	PHO/美元	QHO/万桶
1980年01月	212	77.26	93.43	1984年04月	98	86.13	70.26
1980年02月	192	71.07	80.21	1984年05月	98	80.07	81.34
1980年03月	178	74.42	79.29	1984年06月	113	76.66	86.40
1980年04月	177	77.20	73.83	1984年07月	124	70.38	84.28
1980年05月	183	75.75	76.69	1984年08月	133	77.33	82.49
1980年06月	197	74.89	79.41	1984年09月	143	81.47	81.21
1980年07月	214	75.74	83.39	1984年10月	152	76.58	83.42
1980年08月	226	73.80	76.32	1984年11月	161	79.31	84.78
1980年09月	232	77.21	80.58	1984年12月	161	72.68	86.73
1980年10月	226	81.16	80.29	1985年01月	142	75.95	81.56
1980年11月	222	90.33	81.09	1985年02月	121	80.60	70.11
1980年12月	205	94.49	89.62	1985年03月	99	79.39	70.27
1981年01月	179	102.60	92.65	1985年04月	97	78.42	74.70
1981年02月	173	99.90	78.65	1985年05月	104	70.30	83.26
1981年03月	164	92.04	77.00	1985年06月	110	68.30	79.41
1981年04月	165	92.88	72.54	1985年07月	116	68.94	82.02
1981年05月	172	90.21	76.07	1985年08月	114	76.96	80.35
1981年06月	180	90.11	75.03	1985年09月	117	82.53	77.82
1981年07月	186	92.13	74.24	1985年10月	123	87.40	89.96
1981年08月	200	92.77	82.33	1985年11月	140	93.19	93.06
1981年09月	207	94.07	78.30	1985年12月	144	84.40	98.45
1981年10月	201	98.39	77.03	1986年01月	136	61.97	89.86
1981年11月	200	102.50	81.48	1986年02月	112	59.95	71.76
1981年12月	192	98.27	88.53	1986年03月	99	37.04	81.93
1982年01月	164	89.75	80.32	1986年04月	96	48.32	83.64
1982年02月	147	94.47	67.95	1986年05月	99	37.99	88.59
1982年03月	126	79.66	70.92	1986年06月	108	36.85	81.87
1982年04月	108	91.89	70.74	1986年07月	119	31.77	84.01
1982年05月	114	91.79	81.15	1986年08月	138	42.05	90.58
1982年06月	124	93.39	81.87	1986年09月	152	39.88	85.95
1982年07月	148	88.13	84.75	1986年10月	152	39.32	84.22

续表

时间	NHO/万桶	PHO/美元	QHO/万桶	时间	NHO/万桶	PHO/美元	QHO/万桶
1982年08月	159	93.33	77.71	1986年11月	158	43.27	87.51
1982年09月	161	99.57	79.71	1986年12月	155	48.41	91.23
1982年10月	170	99.35	87.97	1987年01月	141	55.03	85.99
1982年11月	186	89.86	85.80	1987年02月	124	43.25	72.07
1982年12月	179	83.38	82.30	1987年03月	110	50.02	73.90
1983年01月	168	77.57	71.95	1987年04月	100	49.82	76.59
1983年02月	148	75.04	59.78	1987年05月	102	49.51	79.51
1983年03月	118	74.83	61.78	1987年06月	104	53.43	80.67
1983年04月	103	86.56	65.13	1987年07月	115	53.95	83.70
1983年05月	109	77.51	75.76	1987年08月	125	51.66	84.04
1983年06月	114	80.03	76.38	1987年09月	127	53.52	82.50
1983年07月	131	81.72	80.72	1987年10月	121	57.59	86.11
1983年08月	142	83.38	81.06	1987年11月	129	58.16	91.29
1983年09月	154	80.11	82.17	1987年12月	134	53.40	100.40
1983年10月	163	78.91	83.11	1988年01月	127	49.81	93.24
1983年11月	161	80.40	80.40	1988年02月	110	49.37	77.80
1983年12月	140	86.82	78.18	1988年03月	89	47.58	84.32
1984年01月	119	99.87	80.32	1988年04月	94	54.02	86.07
1984年02月	132	79.29	83.14	1988年05月	104	46.31	90.86
1984年03月	110	78.22	76.84	1988年06月	111	40.52	86.79

资料来源:张晓峒.EViews使用指南与案例[M].北京:机械工业出版社,2007.

参考答案

第五篇
计量经济学模型应用篇

第 12 章　如何进行课程论文写作

第 12 章
如何进行课程论文写作

前面各章介绍了计量经济学分析问题的基本理论与方法。学会运用计量经济学的基本理论和方法对实际经济管理问题进行实证研究,是学习计量经济学的根本目的,也是计量经济学重要的教学环节。以课程论文的形式对一些问题运用计量经济学方法进行分析,并将其作为计量经济学教学的组成部分,对于提高学生运用规范的经济学方法分析解决问题的能力非常有效。本章将以完成一个学期的计量经济学课程论文为例,对实证项目的计量经济研究的构成要素、基本步骤等提出建议,包括对一般性原则和常用方法、有关选题、文献综述与评价、数据搜集、论文写作以及一些具体的计量经济建模分析技术等方面的内容展开讨论。应当强调的是,对实际经济问题计量研究的方式并不是唯一的,也不存在什么万能或统一的神奇模式,熟能生巧,实践才是学习实证项目计量经济研究的唯一方法。

12.1 课程论文选题

12.1.1 确定选题与论文题目

计量经济学的课程论文是指运用学到的计量经济学方法对经济管理问题进行实证研究,并将研究结果以论文的形式呈现。计量经济实证研究要求对所分析的经济问题得出数量上的结论,需要对研究问题涉及的经济因素之间的内在联系有相当的认识,也就是说要有一定的理论准备和研究问题的深入分析。对于初学者来说,能够将所学习的方法在实际经济问题中加以准确应用,领会实证研究过程的要点,撰写符合规范形式的论文,就达到了学习的基本目标。因此,在确定"做什么和如何开始"的时候,可以结合已经学习过的经济管理课程,选择需要做实证分析的题目;另外,有些领域虽然别人已经做过理论上的研究,但缺乏数量上的概念和界线,如果对这方面的数量结论感兴趣,也可以将其列为自己的选题目标。

选题是一个不断探索、逐步深化认识的过程,一般而言,"做什么和如何开始"的问题可从两个层面考虑:首先选定研究领域,例如"关于中国利率的研究";然后在研究领域中确定具体题目,例如"关于提高住房贷款利率对北京房地产市场的影响分析"。这是选题的两个不同层面,前者只是在金融问题中的利率研究方面确定了一个总的领域,而后者则是具体化地明确一个真正的研究问题。显然,研究领域要依据自身的专业,或者结合自己在经济学、管理学、社会学等方面的知识结构进行选择。如何从确定的领域中具体地选择合适的题目是初学者感到困惑的问题。具体的研究题目大体上可分为两种类型,一类是关于理论验证方面的研究,另一类是关于实证应用分析方面的研究。当然,有些研究也可以是两者的结合。对理论的验证,主要是指对某些已有的观点、理论、命题等,采用定量分析的手段进行具体验证,看这些理论是否符合观测到的现实。这里强调的是定量分析的验证,而不是对理论本身的定性分析。例如,在经济学类的相关课程中的消费收入决定理论、投资决定理论,或者诸如奥肯定律等。选择这类题目时,要分析理论中需要用定量分析手段进行验证的问题是什么,哪些理论值得进行定量验证,定量验证过程中理论是否有进一步完善的可能。实证应用分析研究是针对现实经济中的经验或已存在的看法,运用计量经济分析来阐释自己的观点,或者去发现新的结论。例如,关于中国农村居民收入增长的影响因素,存在着不同的观点和不同的研究方法,可以运用某地区农村经济的相关数据进行计量经济研究,并将其结果与已有的观点和方法进行比较分析。

如上所述,课程论文的选题具有多样性和灵活性,尽管不存在万能或神奇的方法和公式,但如下的几个基本方面可在选题过程中供参考。

(1) 要尽量选择在经济和社会领域中受到广泛关注的问题。所研究问题的题目要具体化,不宜空洞。题目应当体现出对所要研究问题的了解程度,要明确究竟是要对理论做验证,还是要对现实经济活动做实证分析。这是进行计量经济学建模的前提。

(2) 要明确研究的范围。研究的范围可以是宏观经济领域,例如国民经济的运行、经济政策的传导评价等;研究的范围也可以是微观方面的,例如对某企业的管理、财务分析,或对一所大学的学生管理工作的研究。研究的范围也决定了收集数据的范围。

(3) 所选题目的大小要适中。应当充分考虑研究的条件和现实可能性,包括理论把握的程度、数据获得的难易、计量分析方法的条件、完成项目研究的人力和时间的条件等。作为课程论文,特别要考虑完成实证项目的时间约束。题目不能选得太大或过于综合,否则工作量太大,在半个学期的时间内是难以完成的。

(4) 要充分考虑数据来源的可能性。没有变量数据来源的模型是不可能进行具体计量研究的。

经过上述各方面的工作后,对所要研究的问题就会有大致的了解,对计量经济实证项目的选题,就会有个大致的判断。这时需要整理自己的思路,对选题所研究的问题进行较为清晰的说明,从而确定具体的题目。

12.1.2 文献资料的搜集与利用

在选题过程中除了自己做深入研究以外,还要充分借鉴他人的研究成果,包括图书、期刊等文献,也包括网络资源。充分有效地利用各种文献和互联网提供的信息,可以避免重复做别人已经完成的工作,也可以从中发现自己可能的创新之处。因此就要围绕选题中心搜集相关的文献。检索文献要全面、权威、代表性、可靠。常用的方法是用检索法。通过键入关键词、主题等,就可以查询到与关键词或主题相关的内容。在检索过程中,要注意搜索引擎的专业化和搜索查询的效率。一般使用较多的搜索引擎是谷歌(google)和百度(baidu)。从专业化的角度看,中国知网、西文过刊数据库(JSTOR)、经济文献数据库(EconBase)、外文电子期刊全文数据库(ScienceDirect)等都是很好的关于经济学和其他社会科学分类的数据库。另外还有一些免费的数据库,比如国家哲学社会科学文献中心、IDEAS 和 NBER。文献收集除了利用各种检索工具外,从综述性文章、专著、教科书等的参考文献中,摘录出有关的文献目录也是获得文献资料的快捷方法。

搜集好与选题有关的参考文献后,就要对这些参考文献进行阅读、归纳、整理,从这些文献中选出具有代表性、科学性和可行性强的单篇研究文献进行重点研读。在阅读文献时,要明确别人的主要的观点和分歧,对那些与自己所选题目相似或密切相关的文献,应当特别关注以下问题:建立计量经济学模型的基本思路,被解释变量和解释变量是如何确定的,采用的数据是哪些类型,数据来源以及测度方法,使用了哪些估计和假设检验方法,等等。要写好读书笔记、读书心得,做好文献摘录卡片,并用自己的语言写下阅读时得到的启示、体会和想法。这样不仅能为下一步写文献综述提供有用的资料,而且对于训练自己的表达能力、阅读水平都有好处,特别是将文献整理成文献摘录卡片,对写文献综述极为有利。

12.1.3 文献综述写作

文献综述是在对选题所涉及的研究领域的文献进行广泛阅读和理解的基础上,对该研究领域的研究现状,即主要学术观点、前人研究成果和研究水平、争论焦点、存在的问题及可能的原因等内容进行综合分析、归纳整理,并提出自己的见解和研究思路。

文献综述的结构一般包括四个部分:一是引言(或前言)。引言不必列标题,只用一小段文字简要说明写作本综述的目的和范围,必要时可简要介绍有关本专题的历史背景、最近的发展以及当前争议的焦点。二是主体,这是综述的核心部分。主体部分主要介绍作者阅读的文献资料中各学派的观点和争议,以及当前新发现和存在的问题。作者在介绍各种观点时,可有倾向性地稍加评论,但不能歪曲原作者的观点。三是文献评述。文献评述对相关文献的现有研究成果给出自己的判定和评价,指出现有研究成果中存在的不足,发现其他尚未涉足的研究领域和内容。对相关文献的评价是一种基本的训练,也有利于发现实证研究项目可能的创新之处。四是参考文献。一般需要在文末列出参考文献,参考文献力求精而准确。

相关文献综述是论文不可缺少的组成部分。从课程论文的写作看,文献综述要考虑研究目的、个人写作偏好、论文的长短等因素。有些人习惯于在专门的一章内,对与课程论文相关的文献进行综述,表明作者对所研究问题国内外发展现状的系统把握;也有人将文献综述作为某章(一般是引言或概论的章节)中的一部分,以保持整个课程论文在结构上的连贯性。不过关键不在于形式,而是要注意文献综述的内容与实质。

12.2 模型设定与数据处理

12.2.1 建模的基本思路

常用的建模思路,主要有结构模型方法和动态建模方法。结构模型方法是传统计量经济学主导的建模思路。其基本要点是:从先验经济理论出发,在理论模型右边加上一个满足古典假设的误差项,然后采用某种统计方法,如普通最小二乘法,进行估计和检验。如果模型通不过检验,则通过增加变量、删除变量、更换变量、改变函数形式等方式修改模型,重新进行估计和检验,直到模型通过各种检验为止。从少数方程和变量的简单模型入手,经过不断修改和补充,直至得到一个更为一般的模型,这种建模方法又被称为从"特殊到一般"的建模方法过程。从建模思路上看,这是一种以先验经济理论为建立模型的出发点,重点关注模型参数的估计,并将参数估计值与其理论预期值是否一致作为判断标准,以进行不同层次的检验和修正的思路,也称为"理论驱动型"建模思路,这一思路在建模中得到普遍应用。

动态建模方法是针对"从特殊到一般"建模思路提出的一种建模方法论,将计量经济模型研究的重心从模型估计和检验,转向模型设定方法的探讨,从统计理论和经济理论两个方面,强调逻辑上的一致性。从统计理论角度,分析设定的计量经济模型是否与实证数据具有一致性;从经济理论角度,看设定的计量经济模型是否与经济理论保持了一致性。因此,模型设定过程中的一致性问题是计量经济学研究的中心环节。动态计量经济学的建模过程,是一个"从特殊到一般"的动态建模过程。首先,建立一个包含所有信息的一般模型,以保证随机扰动项为独立同分布的正态变量;其次,对模型参数加以变化使其向经济理论靠近,并依据各种类型的检验结果,将模型简化为变量和参数都较少的模型;然后,再对模型进行严格检验;最后,求出模型中内含的长期稳态解,用于检验经济理论、评价政策和预测未来等。这里需要强调的是,动态建模有着双重含义:一是对数据分布信息的动态挖掘,二是建模过程中有个不断反思与改进的过程。

12.2.2 模型设定的要求

模型的建立有理论问题,更为重要的是实践问题。关于建模的依据、变量的选择、模型形式的选择等在前面章节已经讨论过,只有根据这些原则反复调整、反复检验才能得到较为理想的模型。一般说来,判别模型优良程度总有一定的标准,可供参考的标准主要有以下几个方面。

(1)模型应当与数据所表现的现实相一致,这是建模的基本准则。

(2)模型应当与经济理论相一致,当存在若干相矛盾的理论时,一个模型至少应与一种理论相一致。

(3)模型必须有外生变量构成其回归变量,并且模型中含有明确的因果关系。

(4)模型中的参数应当具有相对稳定性,这是模型能用于预测和政策分析的必备条件,即估计出的模型参数必须可靠,并具有时不变性,即使将来新数据的协方差与原估算时用的样本数据的协方差不同了,参数的估计值也应不受影响。

(5)模型必须具有对数据的代表性和优良的拟合性,即由模型算出的内生变量估计值与实际观测值之差,只是随机误差。所谓随机是指误差值无法由历史数据预测出来,否则就一定存在强于现有模型的设定形式。例如,随机误差出现序列相关,除了采用某些变通的估计方法处理序列相关问题以外,还应把序列相关视为模型设定有误的征兆,通常采用扩充滞后回归变量、重新设定模型的方法来解决。

(6)模型应当具有尽可能大的包容性。当一个模型能够完全解释另一个模型的结论时就称前者包容后者,包容性是衡量模型优劣的一个重要标准。一个成功的模型,应当不仅仅能反映数据中所含的规律性,而且还能解释其他运用同样数据的对立模型的长处与不足。包容性较强的计量经济模型一般能较好地揭示更普遍的经济规律。

(7)模型的简洁性。从实践上考虑,模型越简洁,其自由度也就越大;从认识论上考虑,模型越复杂,人们全盘把握它的困难程度就越大,而且,复杂的设计常常能掩盖设计方案中的纰漏。简洁性准则迫使模型设计者采取科学的诚实态度。

能满足上述标准的模型,即可称为与理论和数据保持一致性的模型。总而言之,计量经济模型的设定过程,是一个综合考虑经济理论、样本数据、模型特征、使用要求等因素,依据前述标准进行科学性创作的过程。

12.2.3 数据的收集与处理

1. 数据来源

课程论文写作最基本的数据主要来自各种统计年鉴、月报、季报等,如《中国统计年鉴》,其中也包括各地区或各部门编制的年鉴、报告等,如《中国环境统计年鉴》。一些信息类的报刊也经常提供经济数据。现在许多年鉴等数据报告已经通过网络对公众提供,这里仅列举部分中国国内常用的网上数据来源:

①中国经济信息网(简称中经网);
②中国经济统计数据库(WEB版);
③国家统计局统计数据网页;
④中国人民银行统计数据网页;
⑤中国证券监督管理委员会统计数据网页。

当所研究的问题无法从公众信息渠道获得时,则需要通过专门组织的调查去获取数据,这当然会面临很多特别的困难。从各种渠道获取的数据,不能不加分析地拿来就用,应认真分析这些数据的内涵、数据包含的范围、数据的计算方法、数据所说明的问题、与其他数据的关系等。如果数据与模型中变量的要求不一致,则应当对数据做必要的加工或调整,或者应当重新寻求符合模型要求的数据。

2. 数据类型与数据处理

经济数据的类型有多种,不同的数据类型有其自身的性质,需要采用有针对性的估计方法。在实证项目计量研究中,常用的数据类型包括横截面数据、时间序列数据、混合横截面数据、面板数据、虚拟变量数据等。有些变量没有统计数据,需要通过对公开数据进行处理后才能得到,比如:二氧化碳排放数据需要通过能源消耗数据进行估算,资本存量数据需要根据投资数据进行估算,等等。在进行模型估计前,这一类数据处理需要进行详细说明。另外,如果经济变量采用的数据是时间序列数据,为了避免"伪回归",应该对时间序列数据的平稳性进行单位根检验。如果经检验表明时间序列变量为非平稳,则应进行协整分析。需特别强调的是,对变量的平稳性检验和对变量之间的协整检验,是利用时间序列变量建立计量经济模型的先决条件。

12.3 计量经济分析

12.3.1 模型的估计

模型设定以后,即可用收集的数据去估计模型中的参数。课程论文写作所用的估计方法主要是最小二乘法(OLS)。最小二乘法不仅简便易用,而且在很多情形下都是既简便又适用的估计方法。模型中参数的估计与对模型的检验通常是个反复的过程,如果模型估计和检验的结果表明模型完全满足古典假定的要求,模型也通过各项检验,则参数的估计值就是计量的结果。如果经检验发现某些古典假定不能满足,则应对模型加以适当调整,或者采用其他估计方法,如加权最小二乘(WLS)、广义差分、工具变量等方法去估计模型中的参数。

12.3.2 模型的检验

计量经济模型的检验主要包括经济意义的检验、统计推断检验、计量经济学检验、模型预测检验。此外还有模型的诊断性检验，主要包括对变量的检验、残差检验和稳定性检验。对变量的检验包括参数约束、遗漏变量、包含多余变量的检验。残差检验包括正态性、ARCH、White 等检验。

模型的经济意义检验，首先要检验所估计的模型参数的数值和符号是否符合特定的经济含义。如果所估计的参数与经济理论或实际经验的结论不符合，应当分析模型设定是否有问题，分析是否违反了基本假定。在确认模型、数据、假定、估计方法均无问题的情况下，应当反思经济理论和经验是否不完备，或许你还会发现理论与经验有某些值得创新之处。

模型的统计推断检验，主要是可决系数的分析、t 检验、F 检验，通过检验分析模型和各个变量是否显著。若模型或某些变量不显著，则应认真分析其原因，特别是要分析是否违反了某种基本假定条件。估计模型并分析 F 统计量、R^2 等可以捕获对被解释变量中变动百分比的解释信息，t 统计量可能表明所选变量显著性的信息，回归系数的符号可能提供估计值的经济背景合理与否的信息。

模型的计量经济学检验，主要是对多重共线性、异方差性、自相关以及设定误差的检验。在对模型的检验中，除了例行的计量经济检验外，要特别注意解释变量与随机扰动项相关关系的检验，因为在选定了 OLS 作为估计方法后，解释变量与随机扰动项的相关关系将使参数的 OLS 估计具有不一致性。对解释变量与随机扰动项是否相关的检验，可从模型设定误差检验入手，因为如建立模型时所讨论的，各种模型设定的误差，最终均表现为随机扰动项与解释变量相关。此外，还可检验解释变量的测量误差和联立方程偏倚是否严重，因为解释变量的测量误差和联立方程偏倚也表现为解释变量与随机扰动项的相关性。若测量误差和联立方程偏倚问题不严重，则表明解释变量与随机扰动项的相关程度较弱，不会导致参数估计量较为严重的不一致性。

此外，模型的计量经济学检验中还应考虑对总体回归函数设定的检验，分析设定的条件期望方程的具体函数形式是否恰当，某些变量是否应该表述为对数形式，某些变量是否只取水平值还是需要取其平方值，定性因素的引入方式，虚拟变量的选择是否足够，交互效应的数量分析是否需要，等等。

在模型的计量经济学检验中，对于不同数据类型的模型，通常残差统计检验所关注的重点有所差异。一般说来，对横截面数据应当着重考证异方差性是否存在，对时间序列数据应当特别检验自相关性是否存在。但这并不意味着截面数据不会产生自相关，也不表明时间序列数据不会产生异方差。对时间序列数据的进一步应用需要格外小心。例如，关于方程的估计，所采用的样本数据是水平值还差分值？若为水平值，是否需要时间趋势变量？或者采用数据的差分形式是否更为合适？时间序列数据是否需要考虑季节性因素？从动态角度考虑，在分布滞后模型中滞后期应当如何选择？

显然，在模型检验中不存在什么"通行的模式"可以在模型检验过程中遵照执行，因为在模型检验的每个阶段都需要进行大量的判断，并且不同的人所使用的检验方法也不尽相同。鉴于此，某些一般性的建议和指导原则，可能对于完成实证分析是很有益的。首先，要避免在没有对模型进行更多分析之前就仓促地给出结论。建议先依据一些经济理论框架或对一些基本经济行为的理解去分析模型;其次,运用所学的计量经济学方法对所建模型进行一连串的诊断性检验,以确保所得结论对模型设定的改变不是太敏感。例如,检验是否应当在模型中加入省略变量,检验是否非线性,检验是否存在滞后被解释变量,等等。最后,在若干类似的模型中,运用所选择统计量的数值来判断某个模型是否优于其他的模型。

12.3.3 模型的调整

模型的调整,是指对模型检验提出的问题如何予以解决,包括多重共线性、异方差性、自相关性以及模型设定误差、测量误差等。多重共线性、异方差性、自相关性等的弥补措施在本书相关章节中已进行了详尽的讨论,在实证分析中只是如何灵活运用的问题。例如,若是发现时间序列数据的模型中存在自相关,则或是重新建立模型,或是采用科克伦-奥克特等方法进行校正弥补;若是发现在横截面数据模型中存在异方差性,则可采用加权最小二乘法进行参数估计;若是发现解释变量与随机扰动项之间存在相关性,则应采用工具变量法或二段最小二乘法估计参数,以避免参数估计的不一致性。

值得注意的是,模型的检验与调整并不是截然分离的。模型的估计、检验和调整通常是一个统一体中的不同侧面,相辅相成;并且模型的估计、检验和调整要进行若干次的重复,即所谓的重新估计、重新检验和重新调整,直到模型满意为止。

12.3.4 模型的计量结果分析

经过检验证明所估计的模型是符合要求的,最后应对模型所提供的数量信息做具体的分析。建立模型的目的,可能是经济结构分析、经济预测、政策评价,其中经济预测和政策评价都要以所确立的经济结构为基础。所谓经济结构分析主要指模型中变量间的数量关系,这种数量关系是由所估计的参数体现的,所以应对所估计的参数数值与符号的经济意义做具体研究和评价。对实证分析结果的解释力度做出说明,主要体现在对回归系数的符号、大小以及检验结果的解释方式上。除了如回归系数的符号、大小和统计显著性等一般性的解释外,还可从灵敏度分析、弹性分析等多个角度,对回归系数的经济意义进行说明,也可从不同估计方法差异性比较的角度进行解释。

12.4 研究结果报告

得到实证项目的计量经济研究的结论以后,为了让别人了解研究的成果,应形成研究报告(或课程论文)。研究报告并没有固定的格式,这里对通常可以考虑包括的内容提供一些建议。

1. 引言

引言包含对所研究问题或研究基本目标的陈述,并说明所研究项目的理论意义或应用价值所在,还可包括相关文献综述及评论,以及本项目研究中所得主要结论的简单描述。

2. 文献综述

文献综述主要对所阅读的相关文献资料的研究问题、分析方法以及结论或观点进行简要概括,并对相关文献进行评价,指出现有研究成果中存在的不足,并提出自己的研究思路。在文末列出所参考的文献。

3. 理论分析与研究思路

理论分析与研究思路部分主要对所要研究的问题做简要的理论描述,一般没有必要对经济理论进行完整陈述,只需说明理论上对所研究问题有什么结论,对所提出的有关概念、范畴给出明确的界定和解释,并且从理论上对计量分析的前提条件、基本思路和预计达到的目标做简要说明。

4. 计量经济模型与估计方法

这是对自己所建的计量经济学模型进行系统全面的论述。其主要包括两个方面的内容:一是关于模型的描述,对整个建模思路进行说明,特别是研究的主要对象(被解释变量)的确定、影响因素的分析及解释变量的选择、模型函数形式的假设等。二是关于推断方法的描述,主要是所选择的估计和假设检验的方法,指出所用方法与他人在研究类似问题时所使用的方法有何差别等。

5. 数据说明及处理

这部分说明数据的来源及对数据所做的加工处理。如果采用了代用数据,应说明代用的理由和处理方式。另外,关于数据的初步挖掘分析也应说明,包括对数据进行的描述性统计分析、平稳性检验、协整分析等,这些关于数据的初步挖掘分析,有利于对所设定的模型形式进行改进和完善。

6. 结果分析

结果分析包括按照第二章给出的规范格式报告回归分析计算的结果,以及估计和假设检验结果经济意义的解释,还可包括关于模型解释力度的讨论等。对估计和假设检验结果的解释,应当对估计和检验的每个阶段进行详细的说明。建议重点放在陈述所得结果的多种特征上,并与建模前对所研究问题的若干假设和期望值的认识进行比较分析,若出现了意料之外的结果,则应给出相应的解释。模型的估计(重新估计)、检验(重新检验)和调整(重新调整)的所有步骤和结果都应当在此部分有所记录,包括中间的失败经历。

7. 结论

结论主要是对实证项目研究的结论和观点等进行总结,或者根据计量分析结果提出政策建议。另外,在结论部分应当包含本项研究的局限性和进一步应当做的工作。对研究的局限性还应提出相应的建议和打算。

附 录

- 附录 A　EViews 软件的基本操作
- 附录 B　常用统计年鉴
- 附录 C　常用统计表

附录 A
EViews 软件的基本操作

A1 EViews 简介

EViews:Econometric Views(经济计量视图),是美国定量微软件公司(Quantitative Micro Software Co.,简称 QMS 公司)开发的运行于 Windows 环境下的经济计量分析软件,也称计量经济软件包。EViews 是应用较为广泛的经济计量分析软件——MicroTSP 的 Windows 版本,它引入了全新的面向对象概念,通过操作对象实现各种计量分析功能。

EViews 软件功能很强,能够处理以时间序列为主的多种类型数据,进行包括描述统计、回归分析、传统时间序列分析等基本数据分析以及建立条件异方差、向量自回归等复杂的计量经济模型。

A2 EViews 的启动、主界面和退出

A2.1 EViews 的启动

单击 Windows 的"开始"按钮,选择"程序"选项中的"EViews 6",单击其中的"EViews 6";或者在相应目录下用鼠标双击" "图标启动 EViews 6 程序,进入主窗口,如图 A-1 所示。

A2.2 EViews 的主界面

1. 标题栏

EViews 窗口的顶部是标题栏,标题栏左边是控制框,右边是控制按钮,有"最小化""最大化(或还原)""关闭"三个按钮。

2. 菜单栏

标题栏下面是菜单栏。菜单栏中排列着按照功能划分的九个主菜单选项,用鼠标单击任意选项会出现不同的下拉菜单,显示该部分的具体功能。九个主菜单选项提供的主要功能如下:

【File】有关文件(工作文件、数据库、EViews 程序等)的常规操作,如文件的建立(New)、打开(Open)、保存(Save/Save As)、关闭(Close)、导入(Import)、导出(Export)、打印(Print)、运行程序(Run)等;选择下拉菜单中的 Exit 将退出 EViews 软件。

【Edit】通常情况下只提供复制功能(下拉菜单中只有 Cut、Copy 项被激活),应与粘贴(Paste)配合使用;对某些特定窗口,如查看模型估计结果的表达式时,可对窗口中的内容进行剪切(Cut)、删除(Delete)、查找(Find)、替换(Replace)等操作,选择 Undo 表示撤销上步操作。

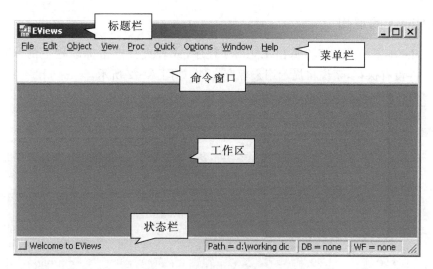

图 A-1　EViews 软件界面

【Object】提供关于对象的基本操作,包括建立新对象(New Object)、从数据库获取/更新对象(Fetch/Update from DB)、重命名(Rename)、删除(Delete)。

【View】和【Proc】二者的下拉菜单项目随当前窗口不同而改变,功能也随之变化,主要涉及变量的多种查看方式和运算过程。

【Quick】下拉菜单主要提供一些简单常规用法的快速进入方式。如改变样本范围(Sample)、生成新序列(Generate Series)、显示对象(Show)、作图(Graph)、生成新组(Empty Group)以及序列和组的描述统计量、新建方程和 VAR。

【Options】系统参数设定选项。与一般应用软件相同,EViews 运行过程中的各种状态,如窗口的显示模式、字体、图像、电子表格等都有默认的格式,用户可以根据需要选择 Options 下拉菜单中的项目对一些默认格式进行修改。

【Windows】提供多种在打开窗口中进行切换的方式,以及关闭所有对象(Close All Objects)或关闭所有窗口(Close All)。

【Help】EViews 的帮助选项。选择 EViews Help Topics 按照索引或目录方式在所有帮助信息中查找所需项目。下拉菜单还提供分类查询方式,包括对象(Object)、命令(Command)、函数(Function)、矩阵与字符串(Matrix&String)、程序(Programming)等五个方面。

3. 命令窗口

菜单栏下面是命令窗口(Command Windows),窗口内闪烁的"|"是光标。用户可在光标位置用键盘输入各种 EViews 命名,并按回车键执行该命令。

4. 工作区窗口

命令窗口下面是 EViews 的工作区窗口。操作过程中打开的各子窗口将在工作区内显示。

5. 状态栏

EViews 主窗口的底部是状态栏,从左到右分别为:信息框、路径框、当前数据库框和当前工作文件框。

A2.3 EViews 的退出

选择"File"项下的"Exit"将退出 EViews 程序，或者直接点击标题栏上的"Close"按钮。如果工作文件没有保存，系统将提示用户保存文件，如图 A-2 所示。

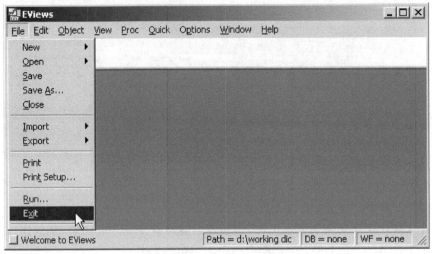

图 A-2　EViews 的退出

A3　EViews 的操作方式

EViews 的操作方式如表 A-1 所示。

表 A-1　EViews 的操作方式

方式		说明	
		面向对象	面向过程
交互方式	菜单方式	A. 对象菜单方式 主要通过主菜单"Object""View"和"Proc"来完成各种操作	B. 快速菜单方式 通过"Quick"菜单操作。通常先选择操作方法，再选择操作对象
	命令方式	C. 对象命令(Object Command)方式 与对象菜单相对应的对象命令及菜单上没有对应项的对象命令，通常采用"对象. 视图(或过程)"的命令格式	D. 辅助命令(Auxiliary Command)方式 与 TSP 语法一致的面向过程命令，通常采用"命令＋参数"的格式。该操作方式主要是为了与 TSP 命令保持一致
	示意图		
程序方式		通过编程实现重复性批处理操作，或者实现交互方式无法完成的复杂操作	

注：四种交互方式可以混合使用，这里着重介绍 A、D 方式。

A4 EViews 应用入门

A4.1 工作文件的创建

EViews 要求数据的分析处理过程必须在特定的工作文件(Workfile)中进行,工作文件在创建和打开之后便一直保存在内存中,这使得对工作文件中的对象进行存取的速度更快。所以在录入和分析数据之前,应创建一个工作文件。每个工作文件都具有特定的样本数据频率(frequency)和范围(range)。

选择"File"→"New"→"Workfile"(或者在命令窗口中输入:"create"),如图 A-3 所示。

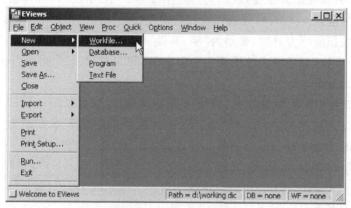

图 A-3 创建工作文件

此时屏幕出现一个工作文件定义对话框,要求用户指定序列观测数据的频率和样本范围,如图 A-4 所示。

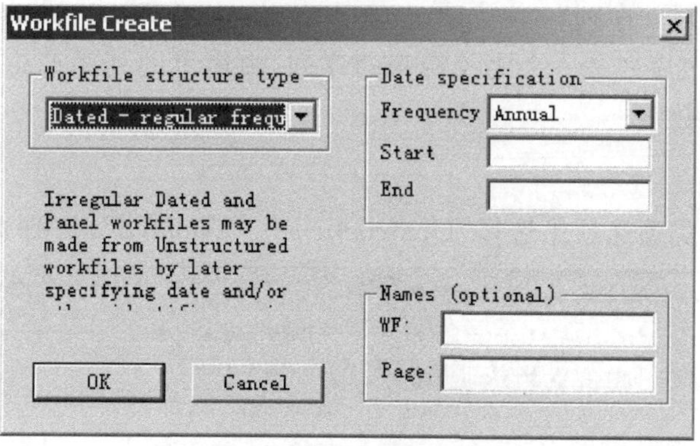

图 A-4 工作文件定义对话框

左上角为工作文件结构类型,其中包括三种,如图 A-5 所示。

图 A-5 三种数据类型

1. 时间序列数据

EViews 默认的结构为"Dated-regular frequency",在右上角为数据频率,在对话框中选择合适的数据频率和起始及结束范围。数据频率各选项为:

【Annual】用 4 位数表示年度,如 1980、1999、2022 等。Start Date 后输入起始年份,End Date 后输入终止年份。如果只有两位数,那么系统将默认为 20 世纪的年份,如 98 默认为 1998。(注意:EViews 无法识别公元 100 年以前的年份。)

【Semi-annual】数据频率为半年,表示为"年:上半年"或"年.上半年"。如起始日期为 2021 年下半年,结束日期为 2022 年上半年,那么表示为在 Start Date 后输入 2021:2(或 2021.2),在 End Date 后输入 2022:1(2022.1)。注意年后面只能跟 1、2,分别代表上下半年。

【Quarterly】数据频率为季度,表示为"年:季度"或"年.季度"。具体输入同上,如"2021:3"。注意年后面只能跟 1、2、3、4,分别代表四个季度。

【Monthly】数据频率为月度,表示为"年:月度"或"年.月度"。如"2021:11""2022:08"(等价于"2022:8")。同样,如果输入数据为"12/6/2021"和"4/7/2022"则 EViews 将自动识别恰好包括该段时间的月份。

【Weekly】数据频率为周,表示为"月/日/年"。在输入起止时间以后,系统将会自动地将时间调整为相隔 7 天的整周时间。(注意:EViews 默认的时间表示方式为"月/日/年",例如"8/10/97"表示 1997 年 8 月 10 日;如果要修改为"日/月/年"的表示方法,点击 EViews 菜单栏上的"Options"→"Default Frequency Conversion & Date Display",在弹出的对话框中将"Format for daily/weekly dates"中的选项改为"Day/Month/Year",那么"8/10/97"表示的时间即为 1997 年 10 月 8 日。下同。)

【Daily(5 day weeks)】数据频率日,表示为"月/日/年"。表示一周 5 天工作日,系统将自动生成每周 5 天的时间序列。如 11/28/2021 表示 2021 年 11 月 28 日。

【Daily(7 day weeks)】数据频率为日,表示为"月/日/年"。表示一周 7 天工作日,系统将自动生成每周 7 天的时间序列。

【Integer Date】该序列是一个比较特殊的序列,由简单的列举产生,其支持任何整数,并可以识别 100 以内的数字。

2. 截面数据

在工作文件结构类型选项中选择"Unstructured / Undated",如图 A-6 所示。

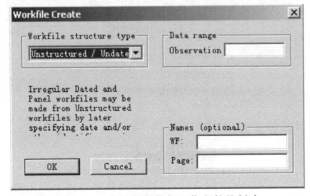

图 A-6 非日期型数据工作文件的创建

只要在右上角"Dated range"的"Observation"输入序列个数,即可生成一个区间在 1 到序列个数范围内的截面数据集。

3. 平衡面板数据

在工作文件结构类型选项中选择"Balanced Panel",如图 A-7 所示。

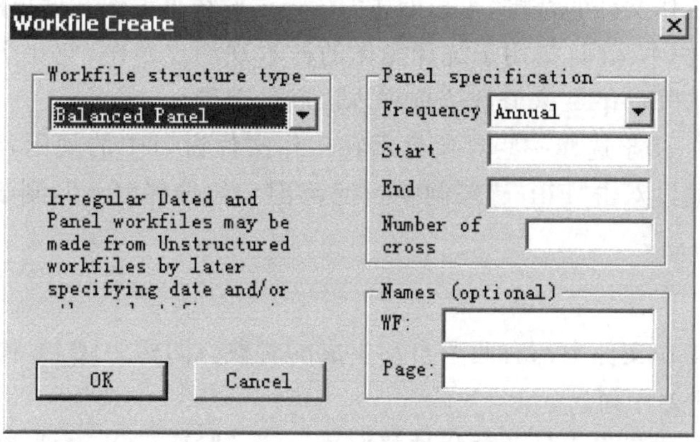

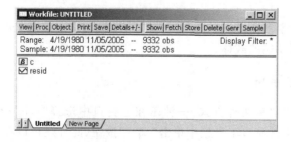

图 A-7 平衡面板数据工作文件的创建

在右上角的"Panel specification"中选择时间序列的频率,并输入起止时间;此外需要在"Number of cross"中输入截面个数用以构造平衡面板数据。

最后在右下角"Names（optional）"的"WF"中输入当前创建的工作文件的名称以及"Page"中输入当前文件的当前工作页面的名称。（该步骤为可选,如果现在不输入也可以在保存时输入。）

输入完毕以后,点击"OK",工作文件创建完毕,工作文件窗口（如图 A-8 所示）同时打开。这时工作文件的文件名为"Untitled",表示该工作文件未保存和命名。

A4.2 工作文件窗口简介

工作文件窗口是各种类型数据的集中显示区域,拥有很多功能。

1. 标题栏

工作文件窗口顶部是标题栏,显示"Workfile:工作文件名",如图 A-8 所示是尚未保存的新创建时间序列工作文件,显示为"Workfile:Untitled"。

图 A-8 工作文件界面

2. 工具栏

标题栏下面是工具栏,它提供常用操作的快捷方式。工具栏左边的三个按钮"View""Proc"和"Object"与主菜单栏上的同名菜单功能完全一样。

3. 信息栏

【Range】显示工作文件的范围,可以双击"Range"来修改工作文件范围。

【Sample】当前样本区间,指用于统计操作的样本观测点范围,它小于或等于工作文件的范围。可以通过双击"Sample"来修改当前样本区间的范围。

【Filter】过滤器,用于选择一些对象显示在工作文件窗口中的规则,默认为"*",表示选择全部对象。可以通过双击"Filter"来调整过滤范围。如选择"f*",则表示显示所有以 f 开头的对象。

4. 对象栏

任何新创建的工作文件中都有两个自动生成的对象。图标为 ![B] c 和 ![✓] resid。c 表示系数向量,resid 表示残差序列。

在主窗口菜单栏或工作文件菜单栏选择"Object"→"New Object",或者在对象栏的空白处单击鼠标右键选择"New Object"。如图 A-9 所示。

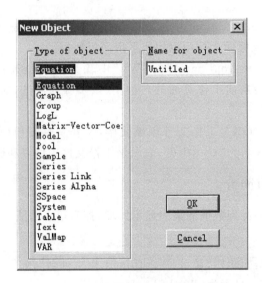

图 A-9 创建新对象

EViews 提供了功能各不相同的 17 种对象。可以认为,对象既是构成工作文件的基本元素,也是实现所有分析功能的载体。

A4.3 工作文件的存储

工作文件的存储主要有两种方式:一种是在主窗口中选择"File"→"Save"或"Save As";另一种也可以在工作文件窗口工具栏中单击"Save"按钮(此外还可以在命令窗口中输入命令:"save name"),如图 A-10 所示。

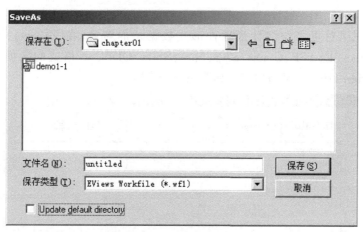

图 A-10　工作文件的存储

保存文件时,用户需要定义保存路径以及文件名。在保存类型中,可以选择性地将工作文件存储为更低版本的格式或其他格式。当用户在对话框中输入文件名后点击"保存"后,系统会弹出一个对话框,如图 A-11 所示。

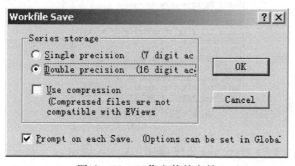

图 A-11　工作文件的存储

在"Series storage"选项中,"Single precision"表示以 7 位精确度保存数据,用该方式保存的数据精度相对较低但是保存的文件所占空间容量较小;"Double precision"表示以 16 位精确度保存数据,该方式保存的数据精度相对较高但文件相对较大。"Use compression"提供了 EViews 保存数据文件的压缩,但是一旦选择该选项,则保存的 EViews 文件将不可被 EViews5.0 以下的版本识别。"Prompt on each Save"为每次保存提示,可以在主窗口的菜单栏中点击"Options"→"Workfile Storage Options",选择禁用该功能,一旦该功能被禁用,则每次保存将直接进行而不会弹出该对话框。最后确定需要保存的属性以后,点击"OK"按钮,EViews 将保存该文件为扩展名为".wf1"的工作文件。

A4.4　工作文件与其他数据文件的打开

调用以前建立的工作文件,在主窗口菜单选项中依次选择"File"→"Open"→"EViews Workfile",然后在对话框中选择指定路径下的".wf1"文件。也可以在命令窗口中输入命令"load name"。EViews 同时也提供改变工作文件默认路径的功能,以方便用户操作;用户可以在存储和调用工作文件对话框中选中"Update default directory",即可使当前目录变成默认工作路径。

EViews 提供了对更多经济计量软件形式数据包的兼容,在 EViews 中可以直接打开 Access、Excel、dBASE、TSP、Guass、SAS、Spss、Stata、ODBC 等格式的数据。点击"File"→"Open"→"Foreign Data as Workfile",如图 A-12 所示。

图 A-12 存储类型的选择

双击…\chapter01 下的 save.xls 文件,如图 A-13 所示。

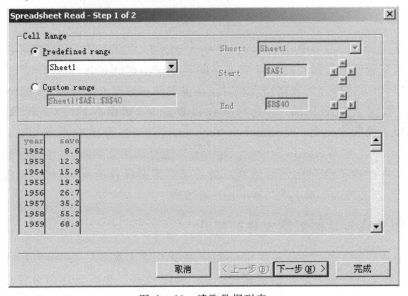

图 A-13 读取数据列表

对话框左上角为单元格定义范围,默认为"Predefined range",在该定义下,将自动打开 Excel 文件的第一张工作表(Sheet1),如果该文件存在多张工作表,可以通过下拉菜单选择工作表。此时第一行为变量名,其余的数据则全部被圈中。也可以自定义单元格范围,点击"Custom range",如图 A-14 所示。

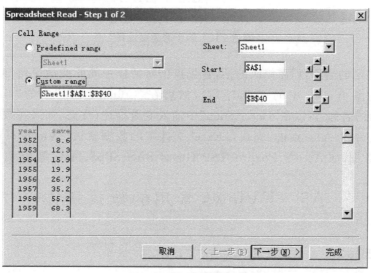

图 A-14 读取数据

可以在右上角的"Sheet"对话框中选择所需的工作表,并可以利用"Start"和"End"旁边操作方向的按钮来选择所需的数据范围。点击"下一步",如图 A-15 所示。

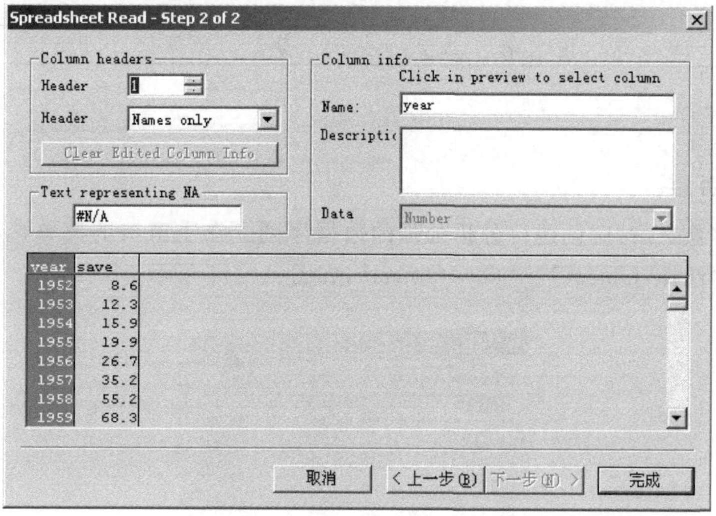

图 A-15 读取数据时题头的设置

在左上角的"Column headers"中可以定义列标题所占的行数,默认为 1;并且可以定义列标题的性质,默认为"Names Only",如需要更改列标题的属性,点击该下拉菜单,如图 A-16 所示。

可以根据实际需要选择适当的列标题属性。在右上角"Column info"中可以修改列标题

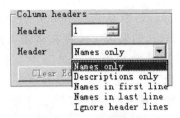

图 A-16　题头的类型选择

在 EViews 中显示的名称,如需修改的话,首先点击对话框中间的变量序列(系统自动会将选中的列显亮,如图 A-15 中的 year 序列),然后在"Column info"中的"Name"中输入在 EViews 中显示的名称,可以在"Description"中输入变量描述(注意:如果在数据中出现文本,EViews 将默认为 N/A)。点击"完成",Excel 文件中的数据就被 EViews 以组的形式打开。其他文件格式数据(如 Access、Foxpro、TSP、Guass、SAS、SPSS、Stata 等)不再赘述。

A5　EViews 常用的数据操作

A5.1　表达式

EViews 的表达式通常由数据、序列名称、函数、数学和关系运算符构成。EViews 中表达式的各种运算符见表 A-2。

表 A-2　EViews 中的运算符

运算符	+	-	*	/	^	>	<	=	<>	<=	>=
意义	加	减	乘	除	幂	大于	小于	等于	不等于	小于等于	大于等于

A5.2　序列

1. 序列的创建

工作文件建立之后,应创建待分析处理的数据序列。在主窗口的菜单选项或者工作文件窗口的工具栏中选择"Object"→"New Object",如图 A-17 所示。

图 A-17　创建新序列

用户在对话框左侧列表中选择"Series",并可以在对话框右上方的空格处为新序列命名,默认名为"Untitled",如果命名为 B1,定义完毕后单击"OK"。也可以在命令窗口中输入命令:"series name"。

注意:在给包括序列在内的所有的对象命名时,不能使用下列 EViews 软件的保留字符:

ABS	ACOS	AR	ASIN	C	CON	CNORM	COEF	COS	D
DLOG	DNORM	ELSE	ENDIF	EXP	LOG	LOGIT	LPT1	LPT2	MA
NA	NRND	PDL	RESID	RND	SAR	SIN	SMA	SQR	THEN

EViews 软件不区分序列名称字母大小写,如 mn、Mn 和 MN 等都被视为同一序列名称。如果要同时生成多个序列可以使用命名"data name name …"。

2. 序列窗口简介

生成新序列以后,在工作文件窗口中双击该序列名称,即可显示序列窗口,如图 A-18 所示。

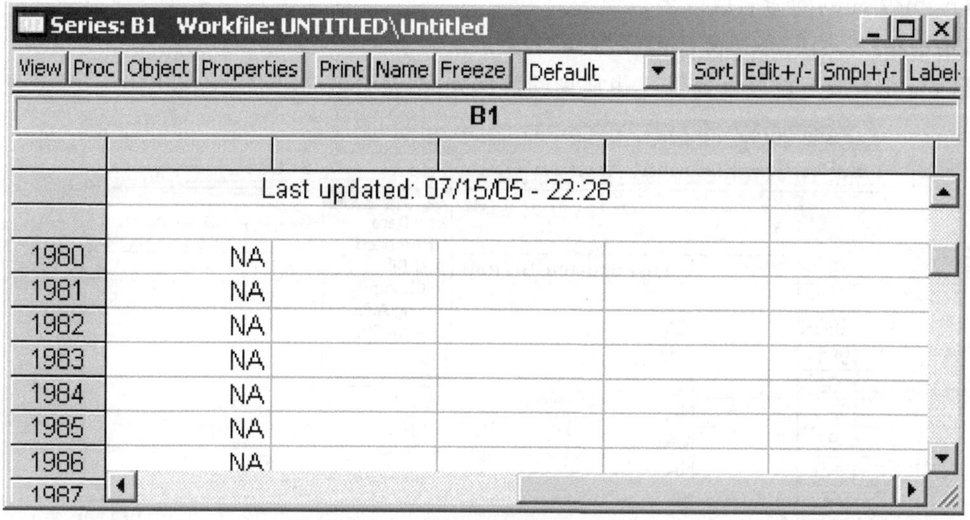

图 A-18 新序列窗口

窗口上方的工具栏中有多个按钮,主要功能如下:

【View】改变序列在窗口中的显示模式,可以显示为电子表格形式、线性图、条形图以及一些描述统计与检验。

【Proc】提供关于序列的各种过程。

【Object】进行有关序列对象的存盘、命名、删除、拷贝和打印等。

【Properties】提供数据格式和显示模式的改变,具体功能见图 A-19。

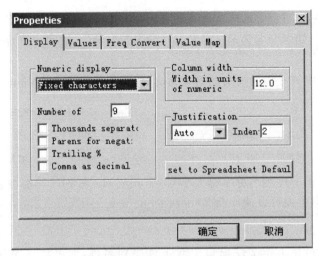

图 A-19 数据格式和显示模式的改变

【Name】序列的命名或改名。

【Freeze】以当前序列窗口内容为基础,生成一个新的文本类型的对象。

【Default】该下拉菜单提供一些常见的数据处理,具体功能见图 A-20。

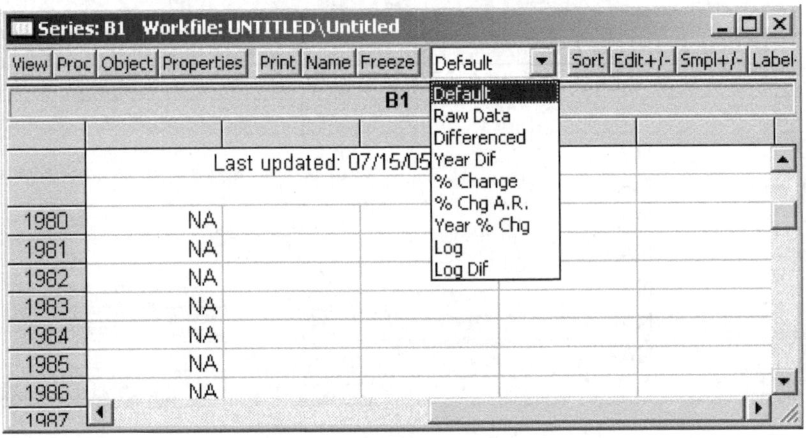

图 A-20 Default 下拉菜单

【Edit+/-】可以在是否编辑当前序列两种模式之间切换。

【Smpl+/-】可以在显示工作文件时间范围内全部数据和只显示样本数据(样本期可以为工作文件时间范围的一个子区间)之间切换。

【Label+/-】在是否显示对象标签两种模式之间切换。

【Wide+/-】在单列显示和多列显示序列之间切换。

3. 时间序列的自动生成

EViews 可以自动生成一个数值为整数的时间序列。在创建工作文件之后,可以在命令窗口中输入:"series t=@trend(时间)",生成一个以该时间为 0 基准的整数的时间序列。例如在命令窗口中输入:"series t=@trend(1980)",就将自动生成一个以 1980 年为数值 0 的整数时间序列,如图 A-21 所示。

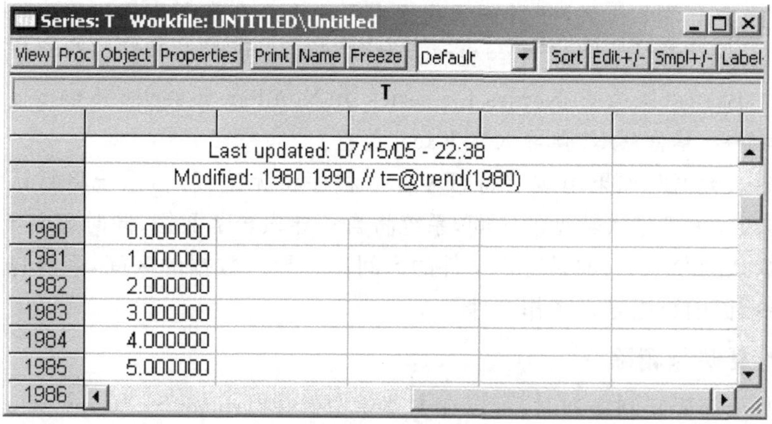

附录A EViews软件的基本操作

图A-21 时间序列窗口

4. 序列数据录入与导入

数据录入：建立新序列以后，可以在工具栏上选择"Edit+/-"进入编辑状态，用户可以进行录入、修改等编辑操作。

数据导入：EViews可以导入数据格式有ASCⅡ、Lotus和Excel工作表。用户可以从主菜单选择"File"→"Proc"→"Import"→"Read Text-Lotus-Excel"，然后找到并打开目标文件，相对应不同类型的文件将会出现不同的对话框，下面将以Excel为例加以具体说明。

【例A-1】在"…\chapter01"目录下名为"save"的Excel工作簿中，序列year和save分别代表年份和居民储蓄额，现将其导入EViews。

首先，按照A4.1的方法创建一个时间范围在1980到1990年的工作文件，然后在主菜单中选择"File"→"Proc"→"Import"→"Read Text-Lotus-Excel"，找到该文件存储路径后，双击文件名，屏幕会出现如图A-22所示的对话框。

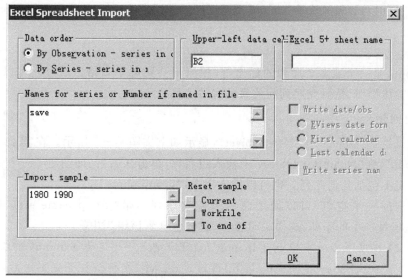

图A-22 调用Excel表

对话框左上方有两个选项，分别表示数据在 Excel 工作簿中的排列方式——按列和按行排序。右边"Upper-left data cell"下的空格应填写 Excel 工作簿中第一个有效数据单元的地址，在本例中是 B2。中间选项"Names for series or Number of series if named in file"填写导入后该序列的名称，单击"OK"便导入了 Excel 数据。

注意：在导入数据时如果出现字符，EViews 程序将无法读入，系统将默认为"N/A"。如果工作文件的区间大于导入数据的区间，系统将自动导入全部数据，同时超出导入数据区间的部分，系统将默认为"N/A"；如果工作文件的区间小于导入数据的区间，系统将自动选取导入数据区间中最前面的数据导入工作文件。

5. 序列的复制与删除

序列复制：当需要复制序列时，可以在主菜单中选择"Object"→"Copy selected"或者在工作文件窗口中选中序列然后单击鼠标右键选择"Object Copy"，屏幕出现如图 A-23 所示对话框。用户在对话框上面空行中输入复制源序列名称，在下面空行中输入新序列名称，输入完成以后点击"OK"。此时便复制成功了一个序列。

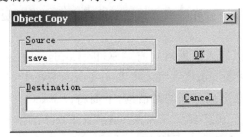

图 A-23　序列复制

序列删除：当需要删除序列时，工作文件窗口中选中序列，然后在主菜单中选择"Object"→"Delete selected"或者在选中序列以后单击鼠标右键选择"Delete"，在弹出对话框中选择"Yes"即可。同时可以输入命令"delete name"。

A5.3　组

组（Group）是一个或多个序列的标志符，相当于一张电子表格。通过它可以实现很多针对群序列的整体操作，是研究序列间关系的有效工具。

1. 组的创建

选择工具栏中"Object"→"New Object"，显示如上文图 A-9 所示。在"Type of Object"中选择"Group"，在"Name for Object"中输入组名称，单击"OK"。即创建了一个新的空组，但是这时这个组不包括任何序列。也可以输入命令："group name"。

根据创建的一个空组，可以使用命令来包含序列。如"group name ser1 ser2"。其中 ser1、ser2 是已经产生的序列，这样 *ser1*、*ser2* 就被包含到该组当中。

【例 A-2】将以下四个序列 cs、gdp、gov_net、inv 纳入一个名为 economy 的组中。

首先，打开"…\EViews5\Example Fils\data\cs.wfl"文件。打开完毕之后，在命令窗口中输入："group economy cs gdp gov_net inv"。这时工作区窗口便多生成一个"economy"图标，见图 A-24。再双击该图标，就进入了 economy 组的界面，见图 A-25。

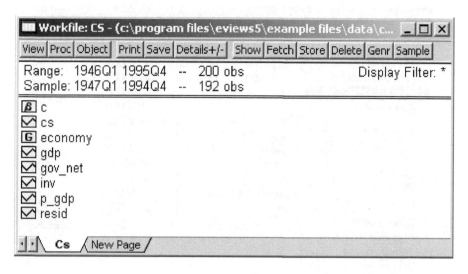

图 A－24　数据组

obs	CS	GDP	GOV_NET	INV
1947Q1	784.0000	1239.500	14.70000	43.00000
1947Q2	796.8000	1247.200	13.40000	42.30000
1947Q3	796.7000	1255.000	9.900000	43.00000
1947Q4	795.7000	1269.500	15.40000	49.00000
1948Q1	803.3000	1284.000	13.90000	49.80000
1948Q2	811.6000	1295.700	11.10000	51.00000
1948Q3	814.5000	1303.800	7.000000	51.40000
1948Q4	822.6000	1316.400	4.900000	49.80000
1949Q1	823.9000	1305.300	0.800000	43.10000
1949Q2	834.3000	1302.000	-3.100000	35.60000
1949Q3	831.3000	1312.600	-4.000000	37.80000
1949Q4				

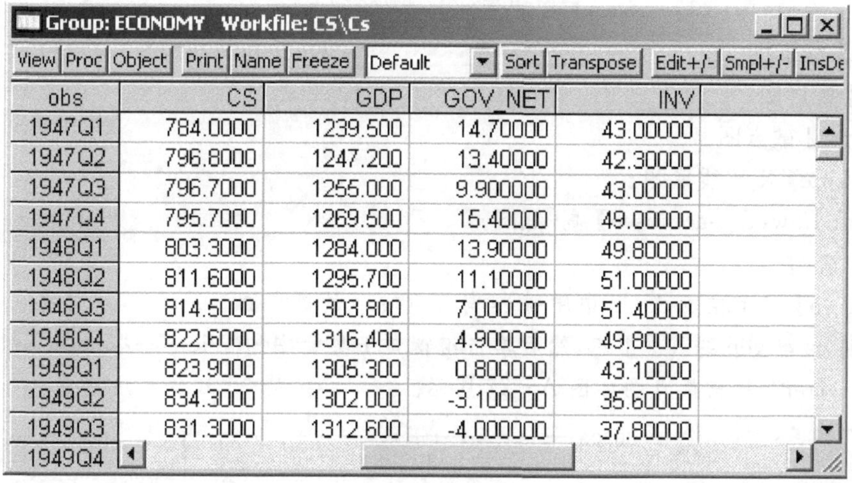

图 A－25　数据组的显示

在工作窗口中，也可以先按下“Ctrl”键，再用鼠标分别点击需要纳入组的序列，在选中这些序列之后，单击鼠标右键，选择“Open”→“as Group”，这样也可以打开一个包含被选中序列的组，但是这个组尚未命名保存。

如果按照创建对象的一般方法，逐个创建所有序列，再创建包含这些序列的组，那么该创建过程是十分烦琐的。在实际应用中，可以使用“data”命令来实现。在命令窗口中输入：“data ser1 ser2 ser3”。系统将创建一个包含这些序列的未命名的组。

2. 组的视图

EViews 为组提供丰富的视图功能，可以通过单击组窗口工具栏中的“View”→“Graph”实现，如图 A－26 所示。

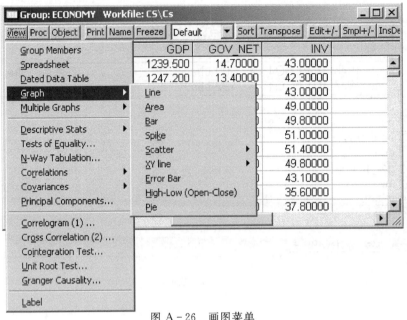

图 A-26 画图菜单

【Line】线形图。

【Bar】条形图。

【Scatter】散点图。

【XY Line】X-Y 线形图。

【Hight-Low(Open-Close)】高-低图。

【Pie】饼图。

【例 A-3】显示在例 A-2 中序列 cs 与序列 gdp 的散点图。

首先将 cs 与 gdp 纳入一个组，然后单击组窗口工具栏中的"View"→"Graph"→"Scatter"→"Simple Scatter"，输出散点图如图 A-27 所示。

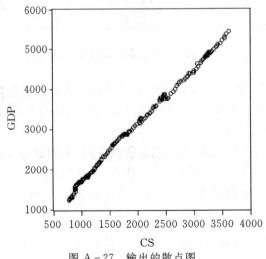

图 A-27 输出的散点图

附录 B
常用统计年鉴

《中国统计年鉴》
《中国工业年鉴》
《中国经济年鉴》
《中国经济贸易年鉴》
《中国审计年鉴》
《中国财政年鉴》
《中国投资年鉴》
《中国会计年鉴》
《中国金融年鉴》
《中国商务年鉴》
《中国商业年鉴》
《中国保险年鉴》
《中国物价年鉴》
《中国轻工业年鉴》
《中国纺织工业年鉴》
《中国证券业年鉴》
《中国信托业年鉴》
《中国建筑业统计年鉴》
《中国房地产统计年鉴》
《中国工业经济统计年鉴》
《中国第三产业统计年鉴》
《中国高技术产业统计年鉴》
《中国科技统计年鉴》
《中国环境统计年鉴》
《中国能源统计年鉴》
《中国社会统计年鉴》
《中国城市统计年鉴》
《中国农村统计年鉴》

《中国人口统计年鉴》
《中国劳动统计年鉴》
《中国大型工业企业年鉴》
《中国中小企业年鉴》
《中国产权市场年鉴》
《中国教育经费统计年鉴》
《中国住户调查年鉴》
《中国农村住户调查年鉴》
《中国农产品价格调查年鉴》
《中国政府采购年鉴》
《中国非公有制经济年鉴》
《中国企业并购年鉴》
《中国风险投资年鉴》
《中国农业机械工业年鉴》
《中国汽车工业年鉴》
《中国橡胶工业年鉴》
《中国电器工业年鉴》
《中国汽车市场年鉴》
《中国海关统计年鉴》
《中国国土资源统计年鉴》
《中国国有资产监督管理年鉴》
《中国固定资产投资统计年鉴》
《中国农业发展银行统计年鉴》
《上海证券交易所统计年鉴》
《上海期货交易所交易统计年鉴》
《世界经济年鉴》
《中国—东盟商务年鉴》

附录 C

常用统计表

表 C-1 标准正态分布概率表

z	$F(z)$	z	$F(z)$	z	$F(z)$	z	$F(z)$
0.00	0.0000	0.65	0.4843	1.30	0.8064	1.95	0.9488
0.01	0.0080	0.66	0.4907	1.31	0.8098	1.96	0.9500
0.02	0.0160	0.67	0.4971	1.32	0.8132	1.97	0.9512
0.03	0.0239	0.68	0.5035	1.33	0.8165	1.98	0.9523
0.04	0.0319	0.69	0.5098	1.34	0.8198	1.99	0.9534
0.05	0.0399	0.70	0.5161	1.35	0.8230	2.00	0.9545
0.06	0.0478	0.71	0.5223	1.36	0.8262	2.02	0.9566
0.07	0.0558	0.72	0.5285	1.37	0.8293	2.04	0.9587
0.08	0.0638	0.73	0.5346	1.38	0.8324	2.06	0.9606
0.09	0.0717	0.74	0.5407	1.39	0.8355	2.08	0.9625
0.10	0.0797	0.75	0.5467	1.40	0.8385	2.10	0.9643
0.11	0.0876	0.76	0.5527	1.41	0.8415	2.12	0.9660
0.12	0.0955	0.77	0.5587	1.42	0.8444	2.14	0.9676
0.13	0.1034	0.78	0.5646	1.43	0.8473	2.16	0.9692
0.14	0.1113	0.79	0.5705	1.44	0.8501	2.18	0.9707
0.15	0.1192	0.80	0.5763	1.45	0.8529	2.20	0.9736
0.16	0.1271	0.81	0.5821	1.46	0.8557	2.22	0.9722
0.17	0.1350	0.82	0.6878	1.47	0.8584	2.24	0.9749
0.18	0.1428	0.83	0.5935	1.48	0.8611	2.26	0.9762
0.19	0.1507	0.84	0.5991	1.49	0.8638	2.28	0.9774
0.20	0.1585	0.85	0.6047	1.50	0.8664	2.30	0.9786
0.21	0.1663	0.86	0.6102	1.51	0.8690	2.32	0.9797
0.22	0.1741	0.87	0.6157	1.52	0.8715	2.34	0.9807
0.23	0.1819	0.88	0.6211	1.53	0.8740	2.36	0.9817
0.24	0.1897	0.89	0.6265	1.54	0.8764	2.38	0.9827
0.25	0.1947	0.90	0.6349	1.55	0.8789	2.40	0.9836
0.26	0.2051	0.91	0.6372	1.56	0.8812	2.42	0.9845
0.27	0.2128	0.92	0.6424	1.57	0.8836	2.44	0.9853
0.28	0.2205	0.93	0.6476	1.58	0.8859	2.46	0.9861
0.29	0.2282	0.94	0.6528	1.59	0.8882	2.48	0.9869
0.30	0.2358	0.95	0.6579	1.60	0.8904	2.50	0.9876

续表

z	$F(z)$	z	$F(z)$	z	$F(z)$	z	$F(z)$
0.31	0.2334	0.96	0.6629	1.61	0.8926	2.52	0.9883
0.32	0.2510	0.97	0.6680	1.62	0.8948	2.54	0.9889
0.33	0.2586	0.98	0.6729	1.63	0.8969	2.56	0.9895
0.34	0.2261	0.99	0.6778	1.64	0.8990	2.58	0.9901
0.35	0.2737	1.00	0.6827	1.65	0.9011	2.60	0.9907
0.36	0.2812	1.01	0.6875	1.66	0.9031	2.62	0.9912
0.37	0.2886	1.02	0.6923	1.67	0.9051	2.64	0.9917
0.38	0.2961	1.03	0.6970	1.68	0.9070	2.66	0.9922
0.39	0.3035	1.04	0.7017	1.69	0.9090	2.68	0.9926
0.40	0.3108	1.05	0.7063	1.70	0.9109	2.70	0.9931
0.41	0.3182	1.06	0.7109	1.71	0.9127	2.72	0.9935
0.42	0.3255	1.07	0.7154	1.72	0.9146	2.74	0.9939
0.43	0.3328	1.08	0.7199	1.73	0.9164	2.76	0.9942
0.44	0.3401	1.09	0.3243	1.74	0.9181	2.78	0.9946
0.45	0.3473	1.10	0.7287	1.75	0.9199	2.80	0.9949
0.46	0.3545	1.11	0.7330	1.76	0.9216	2.82	0.9952
0.47	0.3616	1.12	0.7373	1.77	0.9233	2.84	0.9955
0.48	0.3688	1.13	0.7415	1.78	0.9249	2.86	0.9958
0.49	0.3759	1.14	0.7457	1.79	0.9265	2.88	0.9960
0.50	0.3829	1.15	0.7499	1.80	0.9281	2.90	0.9962
0.51	0.3899	1.16	0.7540	1.81	0.9297	2.92	0.9965
0.52	0.3969	1.17	0.7580	1.82	0.9312	2.94	0.9967
0.53	0.4039	1.18	0.7260	1.83	0.9328	2.96	0.9969
0.54	0.4168	1.19	0.7660	1.84	0.9342	2.98	0.9971
0.55	0.4177	1.20	0.7099	1.85	0.9357	3.00	0.9973
0.56	0.4215	1.21	0.7737	1.86	0.9371	3.20	0.9986
0.57	0.4313	1.22	0.7775	1.87	0.9385	3.40	0.9993
0.58	0.4381	1.23	0.7813	1.88	0.9399	3.60	0.99968
0.59	0.4448	1.24	0.7850	1.89	0.9412	3.80	0.99986
0.60	0.4515	1.25	0.7887	1.90	0.9426	4.00	0.99994
0.61	0.4581	1.26	0.7923	1.91	0.9439	4.50	0.999993
0.62	0.4647	1.27	0.7959	1.92	0.9451	5.00	0.999999
0.63	0.4713	1.28	0.7995	1.93	0.9464		
0.64	0.4778	1.29	0.8030	1.94	0.9476		

表 C-2　t 分布临界值表

自由度	a＝0.25　0.50	0.10　0.20	0.05　0.10	0.025　0.05	0.01　0.02	0.005　0.010
1	1.0000	3.0777	6.3138	12.7062	31.8207	63.6574
2	0.8165	1.8856	2.9200	4.3027	6.9646	9.9248
3	0.7649	1.6377	2.3534	3.1824	4.5407	5.8409
4	0.7407	1.5332	2.1318	2.7764	3.7469	4.6041
5	0.7267	1.4759	2.0150	2.5706	3.3649	4.0322
6	0.7176	1.4498	1.9432	2.4469	3.1427	3.7074
7	0.7111	1.4149	1.8946	2.3646	2.9980	3.4995
8	0.7064	1.3968	1.8595	2.3060	2.8965	3.3554
9	0.7027	1.3830	1.8331	2.2622	2.8214	3.2598
10	0.6998	1.3722	1.8125	2.2281	2.7638	3.1693
11	0.6974	1.3634	1.7959	2.2010	2.7181	3.1058
12	0.6955	1.3562	1.7823	2.1788	2.6810	3.0545
13	0.6938	1.3502	1.7709	2.1604	2.6503	3.0123
14	0.6924	1.3450	1.7613	2.1448	2.6245	2.9768
15	0.6912	1.3406	1.7531	2.1315	2.6025	2.9467
16	0.6901	1.3388	1.7459	2.1199	2.5835	2.9208
17	0.6892	1.3334	1.7396	2.1098	2.5669	2.8982
18	0.6884	1.3304	1.7341	2.1009	2.5524	2.8784
19	0.6876	1.3277	1.7291	2.0930	2.5395	2.8609
20	0.6870	1.3253	1.7247	2.0860	2.5280	2.8453
21	0.6866	1.3232	1.7207	2.0796	2.5177	2.8314
22	0.6858	1.3212	1.7171	2.0739	2.5083	2.8188
23	0.6853	1.3195	1.7139	2.0687	2.4999	2.8073
24	0.6848	1.3178	1.7109	2.0639	2.4922	2.7969
25	0.6844	1.3163	1.7081	2.0595	2.4851	2.7874
26	0.6840	1.3150	1.7056	2.0555	2.4786	2.7787
27	0.6837	1.3137	1.7033	2.0518	2.4727	2.7707
28	0.6834	1.3125	1.7011	2.0484	2.4671	2.7633
29	0.6830	1.3114	1.6991	2.0452	2.4620	2.7564
30	0.6828	1.3104	1.6973	2.0423	2.4573	2.7500

续表

自由度	$\alpha=0.25$ 0.50	0.10 0.20	0.05 0.10	0.025 0.05	0.01 0.02	0.005 0.010
31	0.6825	1.3095	1.6955	2.0395	2.4528	2.7440
32	0.6822	1.3086	1.6939	2.0369	2.4487	2.7385
33	0.6820	1.3077	1.6924	2.0345	2.4448	2.7333
34	0.6818	1.3070	1.6909	2.0322	2.4411	2.7284
35	0.6816	1.3062	1.6896	2.0301	2.4377	2.7237
36	0.6814	1.3055	1.6883	2.0281	2.4343	2.7195
37	0.6812	1.3055	1.6883	2.0262	2.4314	2.7154
38	0.6810	1.3049	1.6871	2.0244	2.4286	2.7116
39	0.6808	1.3042	1.6860	2.0227	2.4258	2.7079
40	0.6807	1.3036	1.6849	2.0211	2.4233	2.7045
41	0.6805	1.3025	1.6829	2.0195	2.4208	2.7012
42	0.6804	1.3020	1.6820	2.0181	2.4185	2.6981
43	0.6802	1.3016	1.6811	2.0167	2.4163	2.6951
44	0.6801	1.3011	1.6802	2.0154	2.4141	2.6923
45	0.6800	1.3006	1.6794	2.0141	2.4121	2.6896

表 C-3 χ^2 分布临界值表

自由度	显著性水平						
	0.005	0.010	0.025	0.050	0.100	0.250	0.500
1	7.87944	6.63490	5.02389	3.84146	2.70554	1.32330	0.454937
2	10.5966	9.21034	7.37776	5.99147	4.60517	2.77259	1.38629
3	12.8381	11.3449	9.34840	7.81473	6.25139	4.10835	2.36597
4	14.8602	13.2767	11.1433	9.48773	7.77944	5.38527	3.35670
5	16.7496	15.0863	12.8325	11.0705	9.23635	6.62568	4.35146
6	18.5476	16.8119	14.4494	12.5916	10.6446	7.84080	5.34812
7	20.2777	18.4753	16.0128	14.0671	12.0170	9.03715	6.34581
8	21.9550	20.0902	17.5346	15.5073	13.3616	10.2188	7.34412
9	23.5893	21.6660	19.0228	16.9190	14.6837	11.3887	8.34283
10	25.1882	23.2093	20.4841	18.3070	15.9871	12.5489	9.34182
11	26.7569	24.7250	21.9200	19.6751	17.2750	13.7007	10.3410
12	28.2995	26.2170	23.3367	21.0261	18.5494	14.8454	11.3403
13	29.8194	27.6883	24.7356	22.3621	19.8119	15.9839	12.3398
14	31.3193	29.1413	26.1190	23.6848	21.0642	17.1170	13.3393
15	32.8013	30.5779	27.4884	24.9958	22.3072	18.2451	14.3389
16	34.2672	31.9999	28.8454	26.2962	23.5418	19.3688	15.3385
17	35.7185	33.4087	30.1910	27.5871	24.7690	20.4887	16.3381
18	37.1564	34.8053	31.5264	28.8693	25.9894	21.6049	17.3379
19	38.5822	36.1908	32.8523	30.1435	27.2036	22.7178	18.3376
20	39.9968	37.5662	34.1696	31.4104	28.4120	23.8277	19.3374
21	41.4010	38.9321	35.4789	32.6705	29.6151	24.9348	20.3372
22	42.7956	40.2894	36.7807	33.9244	30.8133	26.0393	21.3370
23	44.1813	41.6384	38.0757	35.1725	32.0069	27.1413	22.3369
24	45.5585	42.9798	39.3641	36.4151	33.1963	28.2412	23.3367
25	46.9278	44.3141	40.6465	37.6525	34.3816	29.3389	24.3366
26	48.2899	45.6417	41.9232	38.8852	35.5631	30.4345	25.3364
27	49.6449	46.9630	43.1944	40.1133	36.7412	31.5284	26.3363
28	50.9933	48.2782	44.4607	41.3372	37.9159	32.6205	27.3363
29	52.3356	49.5879	45.7222	42.5569	39.0875	33.7109	28.3362
30	53.6720	50.8922	46.9792	43.7729	40.2560	34.7998	29.3360
40	66.7659	63.3907	59.3417	55.7585	51.8050	45.6160	39.3354
50	79.4900	76.1539	71.4202	67.5048	63.1671	56.3336	49.3349
60	91.9517	88.3794	83.2976	79.0819	74.3970	66.9814	59.3347
70	104.215	100.425	95.0231	90.5312	85.5271	77.5766	69.3344
80	116.321	112.329	106.629	101.879	96.5782	88.1303	79.3343
90	128.299	124.116	118.136	113.145	107.565	98.6499	89.3432
100	140.169	135.807	129.561	124.342	118.498	109.141	99.3341

表 C-4 F 分布分位数表(上侧,$\alpha=0.05$)

f_2	f_1											
	1	2	3	4	5	6	7	8	9	10	20	∞
1	161.448	199.500	215.707	224.583	230.162	233.986	236.768	238.883	240.543	241.882	248.013	254.313
2	18.513	19.000	19.164	19.247	19.296	19.330	19.353	19.371	19.385	19.396	19.446	19.496
3	10.128	9.552	9.277	9.117	9.013	8.941	8.887	8.845	8.812	8.786	8.660	8.526
4	7.709	6.944	6.591	6.388	6.256	6.163	6.094	6.041	5.999	5.964	5.803	5.628
5	6.608	5.786	5.409	5.192	5.050	4.950	4.876	4.818	4.772	4.735	4.558	4.365
6	5.987	5.143	4.757	4.534	4.387	4.284	4.207	4.147	4.099	4.060	3.874	3.669
7	5.591	4.737	4.347	4.120	3.972	3.866	3.787	3.726	3.677	3.637	3.445	3.230
8	5.318	4.459	4.066	3.838	3.687	3.581	3.500	3.438	3.388	3.347	3.150	2.928
9	5.117	4.256	3.863	3.633	3.482	3.374	3.293	3.230	3.179	3.137	2.936	2.707
10	4.965	4.103	3.708	3.478	3.326	3.217	3.135	3.072	3.020	2.978	2.774	2.538
11	4.844	3.982	3.587	3.357	3.204	3.095	3.012	2.948	2.896	2.854	2.646	2.404
12	4.747	3.885	3.490	3.259	3.106	2.996	2.913	2.849	2.796	2.753	2.544	2.296
13	4.667	3.806	3.411	3.179	3.025	2.915	2.832	2.767	2.714	2.671	2.459	2.206
14	4.600	3.739	3.344	3.112	2.958	2.848	2.764	2.699	2.646	2.602	2.388	2.131
15	4.543	3.682	3.287	3.056	2.901	2.790	2.707	2.641	2.588	2.544	2.328	2.066
16	4.494	3.634	3.239	3.007	2.852	2.741	2.657	2.591	2.538	2.494	2.276	2.010
17	4.451	3.592	3.197	2.965	2.810	2.699	2.614	2.548	2.494	2.450	2.230	1.960
18	4.414	3.555	3.160	2.928	2.773	2.661	2.577	2.510	2.456	2.412	2.191	1.917
19	4.381	3.522	3.127	2.895	2.740	2.628	2.544	2.477	2.423	2.378	2.155	1.878
20	4.351	3.493	3.098	2.866	2.711	2.599	2.514	2.447	2.393	2.348	2.124	1.843
21	4.325	3.467	3.072	2.840	2.685	2.573	2.488	2.420	2.366	2.321	2.096	1.812
22	4.301	3.443	3.049	2.817	2.661	2.549	2.464	2.397	2.342	2.297	2.071	1.783
23	4.279	3.422	3.028	2.796	2.640	2.528	2.442	2.375	2.320	2.275	2.048	1.757
24	4.260	3.403	3.009	2.776	2.621	2.508	2.423	2.355	2.300	2.255	2.027	1.733
25	4.242	3.385	2.991	2.759	2.603	2.490	2.405	2.337	2.282	2.236	2.007	1.711
26	4.225	3.369	2.975	2.743	2.587	2.474	2.388	2.321	2.265	2.220	1.990	1.691
27	4.210	3.354	2.960	2.728	2.572	2.459	2.373	2.305	2.250	2.204	1.974	1.672
28	4.196	3.340	2.947	2.714	2.558	2.445	2.359	2.291	2.236	2.190	1.959	1.654
29	4.183	3.328	2.934	2.701	2.545	2.432	2.346	2.278	2.223	2.177	1.945	1.638
30	4.171	3.316	2.922	2.690	2.534	2.421	2.334	2.266	2.211	2.165	1.932	1.622
40	4.085	3.232	2.839	2.606	2.449	2.336	2.249	2.180	2.124	2.077	1.839	1.509
50	4.034	3.183	2.790	2.557	2.400	2.286	2.199	2.130	2.073	2.026	1.784	1.438

续表

f_2	f_1											
	1	2	3	4	5	6	7	8	9	10	20	∞
60	4.001	3.150	2.758	2.525	2.368	2.254	2.167	2.097	2.040	1.993	1.748	1.389
80	3.960	3.111	2.719	2.486	2.329	2.214	2.126	2.056	1.999	1.951	1.703	1.325
100	3.936	3.087	2.696	2.463	2.305	2.191	2.103	2.032	1.975	1.927	1.676	1.283
125	3.917	3.069	2.677	2.444	2.287	2.172	2.084	2.013	1.956	1.907	1.655	1.248
150	3.904	3.056	2.665	2.432	2.274	2.160	2.071	2.001	1.943	1.894	1.641	1.223
300	3.873	3.026	2.635	2.402	2.244	2.129	2.040	1.969	1.911	1.862	1.606	1.150
500	3.860	3.014	2.623	2.390	2.232	2.117	2.028	1.957	1.899	1.850	1.592	1.113
∞	3.841	2.996	2.605	2.372	2.214	2.099	2.010	1.938	1.880	1.831	1.571	1.000

注：$P(F > F_{0.05}(f_1, f_2)) = 0.05$，其中 f_1 为分子自由度，f_2 为分母自由度。

表 C-5 杜宾-沃森检验临界值表

5%的上下界

n	K=2		K=3		K=4		K=5		K=6	
	d_L	d_U	d_L	d_U	d_L	d_U	d_L	d_U	d_L	d_U
15	1.08	1.36	0.95	1.54	0.82	1.75	0.69	1.97	0.56	2.21
16	1.10	1.37	0.98	1.54	0.86	1.73	0.74	1.93	0.62	2.15
17	1.13	1.38	1.02	1.54	0.90	1.71	0.78	1.90	0.67	2.10
18	1.16	1.39	1.05	1.53	0.93	1.69	0.82	1.87	0.71	2.06
19	1.18	1.40	1.08	1.53	0.97	1.68	0.86	1.85	0.75	2.02
20	1.20	1.41	1.10	1.54	1.00	1.68	0.90	1.83	0.79	1.99
21	1.22	1.42	1.13	1.54	1.03	1.67	0.93	1.81	0.83	1.96
22	1.24	1.43	1.15	1.54	1.05	1.66	0.96	1.80	0.86	1.94
23	1.26	1.44	1.17	1.54	1.08	1.66	0.99	1.79	0.90	1.92
24	1.27	1.45	1.19	1.55	1.10	1.66	1.01	1.78	0.93	1.90
25	1.29	1.45	1.21	1.55	1.12	1.66	1.04	1.77	0.95	1.89
26	1.30	1.46	1.22	1.55	1.14	1.65	1.06	1.76	0.98	1.88
27	1.32	1.47	1.24	1.56	1.16	1.65	1.08	1.76	1.01	1.86
28	1.33	1.48	1.26	1.56	1.18	1.65	1.10	1.75	1.03	1.85
29	1.34	1.48	1.27	1.56	1.20	1.65	1.12	1.74	1.05	1.84
30	1.35	1.49	1.28	1.57	1.21	1.65	1.14	1.74	1.07	1.83
31	1.36	1.50	1.30	1.57	1.23	1.65	1.16	1.74	1.09	1.83
32	1.37	1.50	1.31	1.57	1.24	1.65	1.18	1.73	1.11	1.82
33	1.38	1.51	1.32	1.58	1.26	1.65	1.19	1.73	1.13	1.81
34	1.39	1.51	1.33	1.58	1.27	1.65	1.21	1.73	1.15	1.81
35	1.40	1.52	1.34	1.58	1.28	1.65	1.22	1.73	1.16	1.80
36	1.41	1.52	1.35	1.59	1.29	1.65	1.24	1.73	1.18	1.80
37	1.42	1.53	1.36	1.59	1.31	1.66	1.25	1.72	1.19	1.80
38	1.43	1.54	1.37	1.59	1.32	1.66	1.26	1.72	1.21	1.79
39	1.43	1.54	1.38	1.60	1.33	1.66	1.27	1.72	1.22	1.79
40	1.44	1.54	1.39	1.60	1.34	1.66	1.29	1.72	1.23	1.79
45	1.48	1.57	1.43	1.62	1.38	1.67	1.34	1.72	1.29	1.78
50	1.50	1.59	1.46	1.63	1.42	1.67	1.38	1.72	1.34	1.77
55	1.53	1.60	1.49	1.64	1.45	1.68	1.41	1.72	1.38	1.77
60	1.55	1.62	1.51	1.65	1.48	1.69	1.44	1.73	1.41	1.77
65	1.57	1.63	1.54	1.66	1.50	1.70	1.47	1.73	1.44	1.77
70	1.58	1.64	1.55	1.67	1.52	1.70	1.49	1.74	1.46	1.77

续表

n	K=2		K=3		K=4		K=5		K=6	
	d_L	d_U	d_L	d_U	d_L	d_U	d_L	d_U	d_L	d_U
75	1.60	1.65	1.57	1.68	1.54	1.71	1.51	1.74	1.49	1.77
80	1.61	1.66	1.59	1.69	1.56	1.72	1.53	1.74	1.51	1.77
85	1.62	1.67	1.60	1.70	1.57	1.72	1.55	1.75	1.52	1.77
90	1.63	1.68	1.61	1.70	1.59	1.73	1.57	1.75	1.54	1.78
95	1.64	1.69	1.62	1.71	1.60	1.73	1.58	1.75	1.56	1.78
100	1.65	1.69	1.63	1.72	1.61	1.74	1.59	1.76	1.57	1.78

1%的上下界

n	K=2		K=3		K=4		K=5		K=6	
	d_L	d_U	d_L	d_U	d_L	d_U	d_L	d_U	d_L	d_U
15	0.81	1.07	0.70	1.25	0.59	1.46	0.49	1.70	0.39	1.96
16	0.84	1.09	0.74	1.25	0.63	1.44	0.53	1.66	0.44	1.90
17	0.87	1.10	0.77	1.25	0.67	1.43	0.57	1.63	0.48	1.85
18	0.90	1.12	0.80	1.26	0.71	1.42	0.61	1.60	0.52	1.80
19	0.93	1.13	0.83	1.26	0.74	1.41	0.65	1.58	0.56	1.77
20	0.95	1.15	0.86	1.27	0.77	1.41	0.68	1.57	0.60	1.74
21	0.97	1.16	0.89	1.27	0.80	1.41	0.72	1.55	0.63	1.71
22	1.00	1.17	0.91	1.28	0.83	1.40	0.75	1.54	0.66	1.69
23	1.02	1.19	0.94	1.29	0.86	1.40	0.77	1.53	0.70	1.67
24	1.04	1.20	0.96	1.30	0.88	1.41	0.80	1.53	0.72	1.66
25	1.05	1.21	0.98	1.30	0.90	1.41	0.83	1.52	0.75	1.65
26	1.07	1.22	1.00	1.31	0.93	1.41	0.85	1.52	0.78	1.64
27	1.09	1.23	1.02	1.32	0.95	1.41	0.88	1.51	0.81	1.63
28	1.10	1.24	1.04	1.32	0.97	1.41	0.90	1.51	0.83	1.62
29	1.12	1.25	1.05	1.33	0.99	1.42	0.92	1.51	0.85	1.61
30	1.13	1.26	1.07	1.34	1.01	1.42	0.94	1.51	0.88	1.61
31	1.15	1.27	1.08	1.34	1.02	1.42	0.96	1.51	0.90	1.60
32	1.16	1.28	1.10	1.35	1.04	1.43	0.98	1.51	0.92	1.60
33	1.17	1.29	1.11	1.36	1.05	1.43	1.00	1.51	0.94	1.59
34	1.18	1.30	1.13	1.36	1.07	1.43	1.01	1.51	0.95	1.59
35	1.19	1.31	1.14	1.37	1.08	1.44	1.03	1.51	0.97	1.59
36	1.21	1.32	1.15	1.38	1.10	1.44	1.04	1.51	0.99	1.59

续表

n	$K=2$		$K=3$		$K=4$		$K=5$		$K=6$	
	d_L	d_U	d_L	d_U	d_L	d_U	d_L	d_U	d_L	d_U
37	1.22	1.32	1.16	1.38	1.11	1.45	1.06	1.51	1.00	1.59
38	1.23	1.33	1.18	1.39	1.12	1.45	1.07	1.52	1.02	1.58
39	1.24	1.34	1.19	1.39	1.14	1.45	1.09	1.52	1.03	1.58
40	1.25	1.34	1.20	1.40	1.15	1.46	1.10	1.52	1.05	1.58
45	1.29	1.38	1.24	1.42	1.20	1.48	1.16	1.53	1.11	1.58
50	1.32	1.40	1.28	1.45	1.24	1.49	1.20	1.54	1.16	1.59
55	1.36	1.43	1.32	1.47	1.28	1.51	1.25	1.55	1.21	1.59
60	1.38	1.45	1.35	1.48	1.32	1.52	1.28	1.56	1.25	1.60
65	1.41	1.47	1.38	1.50	1.35	1.53	1.31	1.57	1.28	1.61
70	1.43	1.49	1.40	1.52	1.37	1.55	1.34	1.58	1.31	1.61
75	1.45	1.50	1.42	1.53	1.39	1.56	1.37	1.59	1.34	1.62
80	1.47	1.52	1.44	1.54	1.42	1.57	1.39	1.60	1.36	1.62
85	1.48	1.53	1.46	1.55	1.43	1.58	1.41	1.60	1.39	1.63
90	1.50	1.54	1.47	1.56	1.45	1.59	1.43	1.61	1.41	1.64
95	1.51	1.55	1.49	1.57	1.47	1.60	1.45	1.62	1.42	1.64
100	1.52	1.56	1.50	1.58	1.48	1.60	1.46	1.63	1.44	1.65

注：n 是观察值的数目；K 是解释变量的数目,包含常数项。

表 C-6 ADF 分布临界值表

模型形式	样本数	显著性水平			
		0.01	0.025	0.05	0.10
无常数项和趋势项	25	−2.66	−2.26	−1.95	−1.60
	50	−2.62	−2.25	−1.95	−1.61
	100	−2.60	−2.24	−1.95	−1.61
	250	−2.58	−2.23	−1.95	−1.62
	300	−2.58	−2.23	−1.95	−1.62
	∞	−2.58	−2.23	−1.95	−1.62
有常数项但无趋势项	25	−3.75	−3.33	−3.00	−2.62
	50	−3.58	−3.22	−2.93	−2.60
	100	−3.51	−3.17	−2.89	−2.58
	250	−3.46	−3.14	−2.88	−2.57
	300	−3.44	−3.13	−2.87	−2.57
	∞	−3.43	−3.12	−2.86	−2.57
有常数项和趋势项	25	−4.38	−3.95	−3.60	−3.24
	50	−4.15	−3.80	−3.50	−3.18
	100	−4.04	−3.73	−3.45	−3.15
	250	−3.99	−3.69	−3.43	−3.13
	300	−3.98	−3.68	−3.42	−3.13
	∞	−3.96	−3.66	−3.41	−3.12

参考文献

[1] 庞皓.计量经济学[M].2版.成都:西南财经大学出版社,2005.
[2] 杜江.计量经济学及其应用[M].2版.北京:机械工业出版社,2015.
[3] 李子耐,潘文卿.计量经济学[M].4版.北京:高等教育出版社,2015.
[4] 张晓峒.EViews使用指南与案例[M].北京:机械工业出版社,2007.
[5] 孙敬水.计量经济学教程[M].北京:清华大学出版社,2005.
[6] 高铁梅.计量经济分析方法与建模:EViews应用及实例[M].北京:清华大学出版社,2009.
[7] 李宝仁.计量经济学[M].北京:机械工业出版社,2008.
[8] 王升.计量经济学导论[M].北京:清华大学出版社,2006.
[9] 古扎拉蒂,波特.经济计量学精要[M].4版.张涛,译.北京:机械工业出版社,2010.
[10] 李子耐.计量经济学[M].北京:高等教育出版社,2000.

图书在版编目(CIP)数据

计量经济学 / 王芹,康玉泉,田杰主编;杨勇,闫文娟,孙佳佳副主编. — 2版. — 西安:西安交通大学出版社,2023.8(2024.12 重印)
ISBN 978-7-5693-3023-6

Ⅰ.①计… Ⅱ.①王…②康…③田…④杨…⑤闫…⑥孙… Ⅲ.①计量经济学 Ⅳ.①F224.0

中国版本图书馆 CIP 数据核字(2022)第 256263 号

书　　名	计量经济学(第二版)
	JILIANG JINGJIXUE(DI-ER BAN)
主　编	王　芹　康玉泉　田　杰
责任编辑	袁　娟
责任校对	李逢国
封面设计	任加盟
出版发行	西安交通大学出版社
	(西安市兴庆南路1号　邮政编码 710048)
网　　址	http://www.xjtupress.com
电　　话	(029)82668357　82667874(市场营销中心)
	(029)82668315(总编办)
传　　真	(029)82668280
印　　刷	西安五星印刷有限公司
开　　本	787mm×1092mm　1/16　印张 14.5　字数 364千字
版次印次	2017年8月第1版　2023年8月第2版　2024年12月第2次印刷
书　　号	ISBN 978-7-5693-3023-6
定　　价	44.80元

如发现印装质量问题,请与本社市场营销中心联系。

订购热线:(029)82665248　(029)82667874
投稿热线:(029)82665379　微信号:yy296728019
读者信箱:jyuan_2@163.com

版权所有　侵权必究